라이프 트렌드

Life
Trend
2023

지은이 김용섭

Trend Insight & Business Creativity를 연구하는 '날카로운상상력연구소' 소장. 트렌드 분석가이자 경영 전략 컨설턴트, 비즈니스 창의력 연구자다. 삼성전자, 현대자동차, LG, GS, CJ, SK, 한화, 롯데, 포스코, 신세계 등 대기업 그룹사 및 주요 계열사와 기획재정부, 국토교통부, 외교부 등 정부 기관에서 2800회 이상의 강연과 비즈니스 워크숍을 수행했고, 300여 건의 컨설팅 프로젝트를 수행했다. 《한국경제신문》《한겨레신문》《주간동아》《머니투데이》《세계일보》 등에서 칼럼니스트로 활동했고, 〈최경영의 경제쇼〉 〈박종훈의 경제쇼〉 〈함께하는 저녁길 정은아입니다〉 〈성공예감 김방희입니다〉 등 KBS 라디오 주요 프로그램에서 10년간 트렌드 관련 고정 코너를 맡아 방송했다. SERICEO에서 트렌드 브리핑 〈트렌드 히치하이킹〉을, 휴넷CEO에서 〈트렌드 인사이트〉를 통해 대한민국 CEO들에게 최신 트렌드를 읽어 주고 있으며, 다수 기업을 위한 자문과 다양한 프로젝트를 진행했다.

저서로 《ESG 2.0》《라이프 트렌드 2022: Better Normal Life》《결국 Z세대가 세상을 지배한다》《프로페셔널 스튜던트》《라이프 트렌드 2021: Fight or Flight》《언컨택트 Uncontact》《펭수의 시대》《라이프 트렌드 2020: 느슨한 연대 Weak Ties》《요즘 애들, 요즘 어른들: 대한민국 세대분석 보고서》《라이프 트렌드 2019: 젠더 뉴트럴 Gender Neutral》《라이프 트렌드 2018: 아주 멋진 가짜 Classy Fake》《실력보다 안목이다》《라이프 트렌드 2017: 적당한 불편》《라이프 트렌드 2016: 그들의 은밀한 취향》《라이프 트렌드 2015: 가면을 쓴 사람들》《라이프 트렌드 2014: 그녀의 작은 사치》《완벽한 싱글》《라이프 트렌드 2013: 좀 놀아 본 오빠들의 귀환》《아이의 미래를 망치는 엄마의 상식》《트렌드 히치하이킹》《페이퍼 파워》《날카로운 상상력》《대한민국 디지털 트렌드》, 공저로는 《코로나 사피엔스, 새로운 도약》《집요한 상상》《디자인 파워》《소비자가 진화한다》 등이 있다.

이메일 trendhitchhiking@gmail.com **| 페이스북** facebook.com/yongsub.kim
트렌드 전문 유튜브 youtube.com/c/김용섭INSIGHT

라이프 트렌드 2023 과시적 비소비

초판 1쇄 발행 2022년 10월 12일

지은이 김용섭 **| 발행인** 박윤우 **| 편집** 김동준, 김송은, 김유진, 성한경, 장미숙, 최진우 **| 마케팅** 박서연, 이건희, 이영섭 **| 디자인** 서혜진, 이세연 **| 저작권** 김준수, 백은영, 유은지 **| 경영지원** 이지영, 주진호 **| 발행처** 부키(주) **| 출판신고** 2012년 9월 27일 **| 주소** 서울 서대문구 신촌로3길 15 산성빌딩 5-6층 **| 전화** 02-325-0846 **| 팩스** 02-3141-4066 **| 이메일** webmaster@bookie.co.kr **| ISBN** 978-89-6051-946-6 13320

만든 사람들 편집 김동준, 최진우 **| 디자인** 이세연 **| 조판** 김지희

당신이 미처 몰랐던 일상 속의 진짜 트렌드!

라이프 트렌드

Life Trend **2023**

소비 욕망의 진화, 새로운 과시 패러다임을 주목하라!

김용섭 지음

과시적 비소비

Conspicuous Non-Consumption

부·키

당신의 욕망은 얼마나 바뀌고 있는가?

2022년 7월 21일, 《뉴욕타임스》에 'I Was Wrong About Inflation(인플레이션에 대해 내가 틀렸다)'란 제목으로 폴 크루그먼Paul Krugman의 칼럼이 실렸다. 그는 노벨 경제학상을 받은, 세계에서 가장 영향력 있는 경제학자 중 한 명이다. 그는 1997년 한국을 비롯한 아시아에 발생한 외환 위기를 사전에 예측했었다. 2005년에는 부동산 버블이 악재가 되어 2006~2010년 세계 경제의 위기가 닥칠 수 있다고 예측했고, 실제로 2008년 글로벌 금융 위기가 발생하며 그의 식견은 더 주목받게 되었다. 코로나19 팬데믹이 시작되었을 때도, 인플레이션이나 각종 경제적 이슈가 등장했을 때도 세계가 그의 말을 주시했다.

그는 수학계의 필즈상처럼, 40세 이하 경제학자에게 수여하는 존 베이츠 클라크 메달John Bates Clark Medal을 1991년에 수상하기도 했다. 탁월한 학문적 성과로 늘 노벨 경제학상 후보로 꼽혔으며 결국 2008년

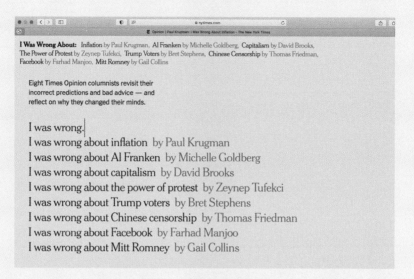

▶▶▶ '인플레이션에 대해 내가 틀렸다'는 폴 크루그먼 외에도 세계적인 석학들이 자신의 잘못을 시인하는 칼럼을 썼다.

에 수상했다. MIT, 프린스턴대학교, 뉴욕시립대학교 등에서 경제학 교수로 40년 이상 재직했고, 《뉴욕타임스》의 대표 칼럼니스트이기도 하다. 그런 그가 자신의 예측이 틀렸다며 자신의 오류를 반성하는 칼럼을 쓴 것이다. 2021년 초 민주당과 바이든 정부가 1조 9000억 달러 규모의 천문학적 예산을 풀어 경기 부양을 하려던 때, 경제학자들 사이에서 격렬한 토론이 있었다고 한다. 인플레이션을 우려하는 학자들도 있었지만, 크루그먼은 그럴 걱정이 없다고 했었다. 하지만 지금 와서 보니 자신이 틀렸다는 것이다.

2022년 미국은 40여 년 만의 인플레이션을 맞고 있다. 폴 크루그먼은 2008년 글로벌 금융 위기에 맞춰진 인플레이션 예측 모델이 당시에 효과적이었기 때문에 2021년에도 적용했다고 한다. 하지만 코로나19 팬데믹이 만들어 낸 변수와 이례적 상황에 대해서 면밀하게 대응하지 못했음을 반성했다. 러시아의 우크라이나 침공과 중국의 도시 폐쇄 등 변수도 예측이 틀리는 데 영향을 줬다. 물론 인플레이션이 곧 정점에 도달할 거라는(이미 정점에 이르렀을 수도 있다) 예측도 덧붙였다. 그의 예측을 믿어 본다면 인플레이션 상황이 더 나빠지진 않을 것이고, 2023년에는 위기로부터 벗어나기 시작할 것이라 해석할 수도 있다. 물론 팬데믹이 어떻게 끝날지, 아니면 다른 국면으로 전개될지, 러시아 전쟁은 어떻게 마무리될지, 중국, 러시아, 인도 등이 미국, 유럽과 긴장감을 키우며 신냉전 상황이 만들어질지, 세계화의 종말이 현실이 될지 등에 따라서 예측은 얼마든지 달라질 수 있다. 이렇게 예측이 어렵다. 변수가 너무 많고, 각기 변수가 다 살아 있는 생물과 같아서 수시로 새로운 변수를 만들기도 한다. 그럼에도 불구하고 우리는 예측 정보를 원한다. 예측이 다 맞을 수는 없지만, 아무런 예측 없이 미래를 무방비로 맞이하는 것보다는 예측이 가진 가능성에 따라 대비하는 것이 필요하기 때문이다.

《뉴욕타임스》는 폴 크루그먼을 비롯해 토머스 프리드먼Thomas Friedman, 데이비드 브룩스David Brooks, 파라드 만주Farhad Manjoo 등《뉴욕타임스》가 자랑하는 대표 칼럼니스트 8명의 반성문 같은 칼럼을 실었다. 신문사에서 이런 기획을 한 것도 놀랍지만, 그 신문사가《뉴욕타임스》라는 것이 더 놀랍다. 세계적 영향력을 가진 신문사와 세계적인 오피니언 리더들이 과거에 자신이 한 예측이나 의견이 틀린 것을 훗날 반성하듯 고백하는 칼럼을 남겼기 때문이다. 이는 용감한 일이다. 자신의 잘못을 인정하면 우리는 더 나아갈 수 있다. 아무리 탁월한 전문가여도 급변하는 시대, 극단화하는 정치 환경과 기술적, 산업적 변화 속에서 놓치는 것이 생기고, 실수도 하며, 자기 확증 편향에 빠지기도 한다. 남들은 몰라도 자신은 안다. 자기 생각이나 주장에서 무엇이 틀렸고, 맞는지를 말이다. 진보는 과거에 멈추는 것이 아니라 더 나은 것을 지향하기 위해 변화를 추구하는 것이다. 변화는 멈춰 있지 않다.

과거에는 변화에 앞장선 사람들도 어느 순간 현실에 안주하다 보면 변화를 거부하기도 한다. 자신이 늘 옳다고만 생각해서는 변화를 거부하는 사람이 되기 쉽다. 우리는 늘 자신이 틀릴 수도 있음을, 새롭고 더 나은 답이 나올 수 있음을 염두하고 살아야 한다. 코로나19 팬데믹 기간인 2020~2022년은 역사상 가장 크고 많은 변화가 생긴 시기다. 우리의 관성을 언제든지 버릴 수 있어야 하고, 새로운 변화를 얼마든지 흡수해야만 한다는 것을 더 절실히 느낀 시기이기도 하다. 트렌드 변화에 대해 더 민감하게 대응해야 할 시기이고, 트렌드 변화 속에서 자신의 중심도 잘 잡아야 할 시기다. 2023년은 그런 해다. 변화도, 위기도, 기회도 많은 해다.

이 책에도 예측이 담겨 있다. 2021년 이전부터 이어져 오고, 2022년에 더 증폭된 트렌드 이슈들을 토대로 2023년에 우리가 주목할 의식주와 라이프스타일, 소비와 비즈니스, 사회와 문화, 우리의 욕망의 흐름을 들여다본다. 〈라이프 트렌드〉 시리즈는 《라이프 트렌드 2013:

좀 놀아 본 오빠들의 귀환》을 시작으로《라이프 트렌드 2022: Better Normal Life》까지 첫 번째 10년이 지났다. 큰 흐름에서는 트렌드 예측이 많이 적중했다. 그럴 수밖에 없는 것이 트렌드가 매년 새롭게 리셋되는 것이 아니라 적어도 수년간 이어지는 흐름 속에 있는 것이다 보니 책에서 제시한 트렌드는 '뜨기 시작하는 트렌드' '이미 뜨는 트렌드' 등이 많고, 그해뿐 아니라 그다음 해, 다음다음 해까지 이어지는 것들이 많다. 지난〈라이프 트렌드〉시리즈를 다시 꺼내 보면 '아, 그때 이런 트렌드를 소개했는데 실제로 이후부터 지금까지도 계속 유효한 트렌드구나'라는 것을 꽤 알 수 있을 것이다. 책이 가진 속성상 좀 더 크고 넓고, 긴 흐름을 가진 트렌드 위주로 다룰 수밖에 없다. 책만 본 독자보다는 내가 진행하는 강연이나 워크숍에 참석한 사람들은 좀 더 최신 트렌드 이야기도, 좀 더 민감하고 짧은 흐름의 트렌드 이야기도 들을 수 있다. 트렌드 자문을 받는 경우라면 더 민감한 트렌드 이야기도 듣는다. 물론〈라이프 트렌드〉시리즈 책만 꼼꼼하게 읽어도 한국 사회를 둘러싼 사회적, 문화적, 경제적 트렌드와 우리의 일상, 의식주, 라이프의 욕망과 트렌드를 충분히 들여다볼 수 있다.

그럼에도 불구하고, 반성하고픈 것이 있다면 책 외에도 다른 매체를 통해 좀 더 자주 트렌드 정보를 제시했어야 한다는 점이다. 아마 책이 아니라 계간지 형태로, 아니면 월간지 형태로 트렌드 북을 만든다면 더 다양한 이야기가 담길 수 있겠다. 가령《계간 라이프 트렌드》《월간 트렌드》같은 식이 될 텐데, 사실 이렇게 하기에는 내가 너무 바빠지고 힘들다. 그래서 만든 것이 유튜브 채널 '김용섭 INSIGHT'다. 트렌드 이슈에 대해 브리핑하는 것으로 시작해, 주로 연구하고 관심 갖는 트렌드 이슈에 대해 소개하기도 한다. 앞으로는 유튜브 라이브로 일상의 다양한 트렌드 이슈에 대한 실시간 토크도 하고, 책에서 제시한 트렌드 이슈가 어떻게 전개, 진전되고 있는지를 주기적으로 알려 주는 기회도 만들고자 한다. 물론 이를 위해서는 독자들의 적극적 참여와 관심, 응원이 필요하다. 유튜브 채널이 활성화되면 온라인, 오프라인에서 다양한 형태의 토크나 모임을 만들어서 상시로 트렌드를 공유하는 것도 가능하고, 그 과정에서 다양한 사람들이 〈라이프 트렌드〉 작업에 직간접적으로 참여할 수도 있을 것이다.

트렌드 분석가로서 매년 가을에 나오는 애뉴얼 트렌드 분석/예측서인 〈라이프 트렌드〉 시리즈와 별도로, 하나의 메가 트렌드 이슈를 깊이 있고 폭넓게 분석하는 〈트렌드 인사이트〉 시리즈도 작업하고 있다. 2020년 《언컨택트 Uncontact》를 필두로 《프로페셔널 스튜던트》《결국 Z세대가 세상을 지배한다》《ESG 2.0》까지 나왔고, 다음 주제도 연구 중이다. 〈라이프 트렌드〉와 〈트렌드 인사이트〉, 두 시리즈가 서로 연결도 되고 상호 보완도 되며 트렌드의 넓이와 깊이를 채워 줄 것이다. 고백하자면, 트렌드 분석과 집필은 아주 고단하고 외로운 작업이기도 하다. 엄청난 양의 정보를 수집, 연구해야 하기 때문이다. 이런 작업을 지속적으로 하는 데는 많은 에너지가 필요하다. 빅데이터를 분석하는 등 기술적 진화가 연구를 도와주긴 하지만, 결국 중요한 인사이트는 서로 다른 영역에서 나온 정보들을 교차하고 연결시켜 겉으로 드러나지 않는 답을 찾는 것이기에 사람의 역할이 절대적이다. 〈라이프 트렌드〉 시리즈와 〈트렌드 인사이트〉 시리즈를 연구, 분석, 집필하는 과정에서 쌓은 인사이트를 공유하는 자리도 만들고자 하는데, 이는 〈라이프 트렌드〉 시리즈가 맞는 두 번째 10년을 위한 과정 중 하나다. 혼자 끌고 온 첫 번째 10년과 달리, 두 번째 10년은 함께 끌고 가고 싶어서다. 보다 많은 정보와 인사이트를 공유해 주고 싶어서다. 단순히 10년이 지나서가 아니라, 2023년은 특별한 해라서다. 2020~2022년 3년간의 팬데믹이 바꾼 변화의 영향을 받는 데다, 역대급 인플레이션과 경기 침체가 만들 경제 위기 상황의 영향도 크게 받는다. 이럴수록 우리는 더 적극적으로 트렌드 변화를 이해하고 대응해야 한다. 이럴 때일수록 우리는 더 치열하게 트렌드를 공부해야 한다.

2023년의 부제는 '과시적 비소비Conspicuous Non-consumption'다. 소비가 아닌 비소비를 과시하는 것을 메가 트렌드로 꼽은 것은, 이것이 파생시킬 수많은 트렌드 이슈가 많아서다. 2023년 우리를 둘러싼 소비, 라이프, 사회, 경제, 비즈니스의 변화를 이야기하면서 비소비는 핵심 퍼즐이 될 것이다. 인플레이션의 해가 된 2022년, 하지만 2023년은 인플레이션이 어느 정도 해소될 것으로 보는 시각도 많다. 반대로 스태그플레이션stagflation으로 악화될 것으로 보는 시각도 있다. 분명한 것은 2가지 서로 상반되어 보이는 상황 중 어떤 것이 오더라도 우리가 가진 소비의 욕망에 근본적 변화가 찾아올 수 있다는 점이다. 팬데믹과 경제 위기가 겹친 시기를 보낸 우리의 욕망이 진화를 필요로 하기 때문이다. 소

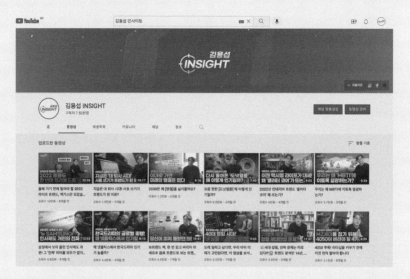

▶▶▶ 좀 더 다양한 트렌드 주제를 더 자주 다루기 위해 마련한 유튜브 채널 '김용섭 INSIGHT'.

비 트렌드는 기업 마케팅의 영향을 크게 받지만, 라이프 트렌드는 우리의 욕망 변화가 미친 영향, 사회적 변화가 미친 영향을 크게 받는다. 물론 라이프 트렌드가 소비 트렌드를 좌우하기도 한다. '과시적 비소비'는 단지 소비 코드가 아니라, 우리를 둘러싼 라이프스타일이자 의식주의 욕망, 그리고 사회적인 거대 흐름이기도 하다.

그리고 빈티지vintage가 새로운 럭셔리가 되어 욕망을 어떻게 주도하는지, 테니스가 왜 2030세대 여성들에게 새로운 욕망이 되었는지를 다루면서 '과시적' 욕망의 새로운 방향도 엿본다. 대기업과 빅 테크 기업들이 원격/재택근무를 정착시키면서 확산될 워케이션workation 트렌드와 주요 국가들에서 만들어지는 디지털 노마드 비자Digital Nomad Visa

가 우리의 라이프스타일에 미칠 영향, 주 4일 근무가 현실이 되고 있는 상황과 그 속에 드러나는 욕망과 새로운 기회도 주목하고, 이 과정에서 5도 2촌, 4도 3촌이 보편적 욕망으로 자리 잡으며 세컨드 하우스이자 전원주택에 대한 욕망이 어떤 비즈니스 기회를 만들지도 주목한다.

클린 테크clean tech가 가진 확장성이 새로운 부를 어떻게 이끌어 갈지, 그 속에서 나올 기회가 기업과 개인에게 어떤 영향을 줄지도 보고, 로봇 택시와 반려 로봇이 일상에 들어오는 시대가 더 이상 미래가 아닌 현재라는 점을 다룬다. 기술적 진화와 산업적 진화가 만들어 낼 일상의 변화는 라이프 트렌드에서 더 중요해질 이슈다. 아울러 디테일이 중요해진 도시, 스케일이 중요해진 외곽이자 로컬이 우리의 라이프스타일과 욕망을 어떻게 바꿔 놓았는지, 절제의 시대가 만든 축소 지향과 극단적 효율성이 소비와 인간관계, 비즈니스는 어떻게 바꾸고 있는지도 살펴본다.

《라이프 트렌드 2023: 과시적 비소비》는 〈라이프 트렌드〉 시리즈의 11번째이자, 두 번째 10년을 시작하는 첫 책이다. 〈라이프 트렌드〉 시리즈의 2.0 버전이 되는 셈이다. 따라서 형식과 내용의 변화를 시도했다. 기존에는 세 부분, 'Culture Code, Lifestyle, Business & Consumption'으로 나눠서 트렌드를 제시했었는데, 이제 이들 세 부분의 구분을 하지 않기로 했다. 각각의 트렌드 이슈보다 이들 세 부분 모두에 해당되는 것들이 많아서다. 그리고 '과시적 비소비'처럼 책의 부제에 해당되는 트렌드 이슈는 책에서 첫 번째 순서로 다뤄지는 트렌드 이슈이지만, 이것은 엄밀히 1번 타자라는 순서의 의미가 아니라 가장 중요하고 전체적으로 다른 트렌드에 영향을 많이 미치는 트렌드라는 의미다. 그래서 부제에 해당되는 트렌드 이슈는 분량을 크게 늘렸다. 표지 콘셉트와 편집도 변화를 꾀했고, 시각적인 콘텐츠도 더 늘렸다. 물론 그렇다고 완전 새로운 트렌드 분석서가 되는 것은 아니다. 지난 10년간 쌓아 온 〈라이프 트렌드〉 시리즈의 정보와 인사이트를 더 심화시키고, 더 흥미롭게 트렌드 분석과 예측을 흡수할 수 있도록 했다. 2023년은 결코 호락호락하지 않다. 위기와 기회가 더 엇갈리는 해, 양극화가 더 커지는 해다. 책에서 제시한 트렌드 속에 담긴 기회와 위기를 잘 대응하고 적용하기를 응원한다.

2022년 10월,
트렌드 분석가 **김용섭**

2023년을 위한 20가지 질문, 그리고 16부류의 사람들

2023년, 라이프 트렌드에서 주목할 문제의식은 무엇이고, 여기서 나올 기회는 무엇일까?

2023년 우리를 둘러싼 트렌드에 대한 문제의식이자 연구 과정에서 집중적으로 관심을 가진 질문들은 아래의 20가지다. 20가지라고 했지만 각 질문 속에서 서로 연결된 다양한 질문이 있기 때문에 실제로는 훨씬 더 많은 질문이자 문제의식인 셈이다. 이 질문에 대한 답을 찾기 위해 단서와 방향, 이슈를 분석해서 제시하는 것이 이 책의 역할이고, 질문을 자기 상황에 적용해서 재해석하고, 자기만의 답으로 고민해 보는 것이 독자들의 역할이다. 과연 우리는 2023년에 무엇을 해야 할 것인가? 어디에서 기회를 잡아야 할 것인가? 어떤 일상을 누릴 것인가?

1. 인플레이션과 경기 침체, 자산 가치 하락 속에서 우리는 어떤 욕망을 드

러낼까? 팬데믹 위기와는 다른 위기에서는 어떤 욕망을 주목해야 할까?

2. 전방위적으로 확대되는 인플레이션이 우리의 소비를 어떻게 바꿀까? 절약과 절제가 소비의 욕망이 될 수 있을까?

3. 소비가 아닌 비소비가 과연 새로운 과시 욕망이 될 수 있을까? 과시적 비소비는 소비와 라이프스타일에 어떤 영향을 줄까?

4. 과시의 방향성이 바뀌는 이유는 무엇일까? 럭셔리(명품)는 어떤 기회와 위기를 맞을까?

5. 과시적 비소비의 욕망에 대해 기업은 어떻게 대응해야 할까? 어떤 새로운 마케팅 기회가 있을까?

6. 팬데믹이 끝나고 엔데믹이 되면, 우리의 라이프스타일에서 어떤 것을 가장 주목해야 할까?

7. 러시아 전쟁 이후 심화된 세계화의 위기, 공급망의 위기, 자국 이기주의가 트렌드를 어떻게 변화시킬까?

8. 빈티지는 어떻게 새로운 럭셔리가 될까? 빈티지 소비의 핵심 욕망은 어떤 것일까?

9. 테니스가 새로운 욕망이 된 배경에서, 새로운 마케팅 기회와 넥스트Next 트렌드의 단서를 찾을 수 있지 않을까?

10. 대기업은 왜 워케이션을 선택하는 것일까? 워케이션이 새로운 업무 방식으로 자리를 잡을 수 있을까?

11. 디지털 노마드 비자가 한국에게 기회가 될까? 지방 자치 단체는 원격 근무 확대를 어떻게 기회로 만들까?

12. 주 4일 근무제가 만들 기회는 무엇일까? 2023년은 국내에서 주 4일 근

무제가 확산되는 원년이 될 수 있을까?

13. 세컨드 하우스에 대한 욕망은 얼마나 커질 수 있을까? 국내에서 세컨드 하우스와 농어촌은 어떻게 연결될까?

14. 개인의 위기가 심화되는 시대에, 샤덴프로이데와 잘코사니 욕망은 소비와 라이프 트렌드에서 어떻게 기회를 만들까?

15. 클린 테크가 만드는 기회의 실체는 무엇일까? 클린 테크는 어떻게 새로운 부의 중심이 될까?

16. 로봇 택시가 상용화되고 배달 로봇을 일상에서 접하게 되는 시대, 서비스업과 일상에 어떤 위기와 기회가 있을까?

17. 무인 공장의 확산이 초래할 일자리 구조의 근본적 변화가 어떤 위기와 기회를 가져다줄까?

18. 노동과 소비, 라이프스타일 등 전방위적으로 '효율성'과 '생산성'이 대두되는 상황은 누구에게 기회가 될까?

19. 극단적 효율성이 주도하는 절제의 시대, 우리의 욕망이 만들 변화와 기회는 무엇일까?

20. 취향의 디테일을 소비하고 과시하는 사람들이 늘어나는 것은 소비와 라이프 트렌드에서 어떤 기회가 될까?

2023년, 라이프 트렌드에서 주목할 사람들은 누구인가?

▼

2023년 컬처와 라이프스타일, 비즈니스와 소비에 영향을 미치고, 트렌드를 주도할 16부류의 사람들을 기억해 두자. 당신이 바로 그 사람일 수도 있고, 당신 주변에 있는 사람일 수도 있다. 이들이 무엇을 하는지를 지켜보자. 당신의 2023년이 달라질 것이다.

1. 과시적 비소비에 나서는 소비자들의 욕망에서 기회를 찾는 사람들
2. 중고 패션 시장, 럭셔리 빈티지 비즈니스에서 새로운 기회를 만드는 사람들
3. 테니스에 열광한 2030 여성들을 공략하고, 다음 트렌드 코드에도 대응하는 마케터
4. 워케이션에 적극 투자하고 지원하는 경영자(성과주의와 노동 생산성에 집중하는 경영자)
5. 디지털 노마드 비자를 비롯한 원격 근무자 유치에 적극 나서는 정부 및 지자체 리더
6. 주 4일 근무제를 통해 조직 내 생산성과 효율성을 강화하는 경영자와 조직 관리 담당자
7. 농어촌 주택과 세컨드 하우스에서 비즈니스 기회를 만드는 사업가 및 지자체 리더
8. 불행과 불안에 대응하는 마케팅 기회를 만드는 마케터와 사업가
9. 클린 테크가 만들 미래의 기회에 투자하는 스타트업과 투자자
10. 넷제로net-zero와 ESG에 대한 공격적 대응을 위하여 ESG 2.0으로 인식 전환한 경영자와 리더
11. '최악의 상황에 대비하라'는 말을 진짜 실천하는 사람들(개인이든 기업이든 모두 해당)

LIFE TREND 2023

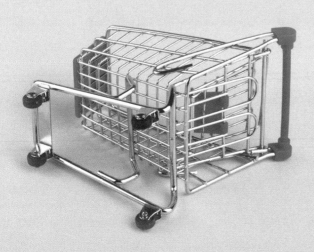

지속가능성　느슨한 연대　겸직 허용　1인 기업　조직문화　ESG

극단적 효율성　자발적 고립　관계의 절제　관성 거부　효율성　GIG 고용

아싸 전성시대　자발적 아싸　　　장기휴가

축소 지향

비동기 소통　미니멀리즘　　극단적 개인주의　　경험　취미

Diet　비혼주의　제로탄산　알콜제로　절제의 시대　Wellness　테니스 레슨　액티비티　개성

MBTI　스탠딩 워크　스탠딩 바　스탠딩 카페　본질　인스타그래머블

과잉소비에 대한 저항　소비 효율성　핫플레이스　명품 시계　**Tennis boor**

도시재생　취향　롤렉스　스타일　욕망　테니스 스커트

DE&I　Diversity & Inclusion　History　Repair　자원순환　OOTD

Adaptive Fashion　Detail　새로운 럭셔리　Resale　지

젠더 플루이드　젠더리스　희소성　경매　**Vintage Watch**　비소비　Non

젠더뉴트럴　인플루언서　빈티지 가구　빈티지 자동차　빈티지 시계　중고 명품 플랫폼　과시　두

취향의 디테일　빈티지 오디오　중고　Mulberry Exchange　중고 명품패션

디테일 과시　커스텀　1990년대　당근마켓　비주류(非主流) 소비

한정품　컬래버레이션　오픈런　명품　FLEX　Resell　Co

K-Detail　FRIEZE　KIAF　아트페어　미술 투자　취향 큐레이션　파인다이닝　절제　소식먹방

꾸꾸(꾸미고 꾸민)　원피스 수영복　프레피룩　Y2K 패션　스몰브랜드　미식가　취향　동물권　PC

패션 플랫폼　개인화　빅데이터

D2C(direct to consumer)　재고관리　RPA　노동시간　노동 생산성　공허 노동(empty labor)

스마트 팩토리　삼성전자 무인공장　스마트조선소　로봇세　제조 혁신　테슬라　기가캐스팅　생산

구조조정　제조인력 감소　자동화　일자리 대체　AI 상담원　**무인공장**　Die-Casting

TaaS (Transportation as a Service)　　**로봇택시**　배달로봇　로봇산

OTA　Software　Level 3~4　자율주행　효율성 극대화

AAM (미래항공모빌리티)　UAM　현대차 로봇택시　SDV(Software Defined Vehicle)　Digital Transfor al Transformation | 직원교육 | 노동 생산성 | **Great Upgrade** | 자기계발 | 노동시간 | 워라밸

성 | **성과주의** | 능력주의 | 합리성 | 수시채용 | 원격근무 | 직원복지 | 안식년 | 이직

4일 근무 | 인재상 | FIRE족 | 일의 본질 | **Great Resignation** | 자발적 퇴사

업무평가 | 효율성 | **workation** | Digital Nomad | 이민

여행산업 | 4도3촌 | 국내여행 | 로컬 | 지방 | **Location Independent**

가 | 5도2촌 | 지자체의 기회 | 인구소멸 | **디지털 노마드 비자** | 발리 | 관광 | 세계시민

트 | 이동식 주택 | **세컨드 하우스** | 전원주택 | 캠핑카 | 별장 | 탈 서울

화 | 모듈식 주택 | 농어촌주택 | 빈집세 | 탈 아파트

월든 | 농막 | 1가구 2주택 | **대도시 탈출** | 농촌빈집 | 빈집 | 자연인 | 부동산 하락

극단적 양극화

n | 만원의 행복 | **Buy Nothing Day** | 슈링크플레이션 | 애그플레이션 | 체감 경제고통지수 | 파산

지출 챌린지 | 가계부 | 인플레이션 | 금리인상 | 달러 강세 | 자영업의 위기 | 실직 | 불행 | 이혼 | 자살

적 비소비 | 구조조정 | 스태그플레이션 | 경기침체 | **잘코사니**

재고 증가 | 재고떨이 | **샤덴프로이데**

nsumption | YOLO | **Refurbish** | B급 상품 | 반품률

린지 | **Meat Free Monday** | **Vegan Reset** | 블랙프라이데이 | 명상 | 힐링 | 차별주의 | 불행지수

ctness) | 친환경 | 재활용 | **Sustainability** | 이기주의 | 과잉근심사회 | 공동체 | 불안

기후위기 | 엔데믹 | 자국이기주의

상 위기 | 지구온난화 | 세계화의 위기 | 신 냉전 | 탄소 국경세 | 보호무역

인플레이션 감축법 | 탄소제거 | **Net Zero** | 전방위적 클린테크 투자 | **Carbon Negative**

소포집 | 탄소배출권 | 재생에너지 | **Clean Tech** | ESG 경영

게임 체인저 | 새로운 부의 중심 | ESG 보고서

Breakthrough Energy Ventures | 빌 게이츠 | 스타트업 | 미래 비즈니스 | 빅테크 | R&D

G 2.0 | **Twin Transformation** | 그린본드

차례

1장

과시적
비소비

LIFE TREND 2023

지금까지는 소비와 플렉스가 욕망의 대상이자 과시의 수단이었다. 하지만 경제 위기와 인플레이션, 소비의 양극화 등으로 관심도가 변화하고 있다. 이제 비소비와 무지출 트렌드는 사람들이 적극적으로 선택하는 새로운 소비 취향이자 과시 수단이 되고 있다.

당신은 살면서 '소비消費'가 아닌 '비소비非消費'를 과시의 수단으로 자랑해 본 적 있는가? 샤넬과 롤렉스를 사겠다고 오픈 런open run을 하고, 해외여행과 멋진 호텔에서의 호캉스를 자랑하고, 공연과 전시를 보며 쌓은 경험을 드러내고, 수입차나 비싼 아파트를 대놓고 자랑하는 이도 많았다. 힙합 스타들의 플렉스flex 문화를 2030세대와 심지어 10대까지도 받아들여, 소위 '영끌'하듯 소비하며 맘껏 플렉스를 했었다. 분명 소비가 과시의 원천이었다. 이것은 지금의 밀레니얼 세대, Z세대만 그런 게 아니다. 기성세대들도 2030세대 때 과시적 소비를 했었고, 심지어 나이가 많은 중장년들이 되어서도 과시적 소비, 즉 돈 자랑을 한다. 자본주의를 살아가는 인간이 가진 가장 기본적인 욕망이 소비를 통한 과시다. 그런데 '과시적 비소비'라니? 아마도 살면서 과시적 소비라는 말은 흔하게 들어 봤어도 '과시적 비소비'라는 말은 처음 들어 봤을 수 있다. 그만큼 우리에게 욕망이 되던 행동이 아니었다. 무지출, 비주류 소비의 욕망이 확산되는 것은 기업들에게 새로운 숙제를 안겨 준다.

과시적 소비만 우리의 본성일까?

▼

'과시적 소비Conspicuous Consumption'라는 말의 의미는 소비를 통해 자신을 과시한다는 것으로, 자신의 대외적 평판이나 명성, 명예를 위해 고가의 사치품을 호화롭게 소비하는 것을 일컫는다. 과시적 소비에 해당되는 다른 표현이 베블런 효과Veblen effect다. 베블런 효과는 소비자가 남들보다 돋보이고 싶은 심리에서 럭셔리 명품이나 고가의 수입차 등을 소비하는 것을 말한다. 자신의 능력을 과시하는 수단으로 고가 사치품을 이용하는 셈이다. 미국의 사회학자이자 경제학자인 소스타인 베블런Thorstein Veblen이 1899년에 펴낸 책《유한계급론》에는 과시적 소비를 중요하게 다루고 있고, "부자들은 편리성을 고려해 옷을 선택하는 게 아니라 과시적으로 가치가 있는 옷을 선택한다"며 사치품은 가격이 오를수록 더 수요가 많이 발생한다는 이론을 펼쳤다. 이를 그의 이름을 따서 베블런 효과라고 부른다. 사실 요즘 나온 이야기가 아니라 19세기 말에 나온 이야기다. 그때나 지금이나 우리는 자본주의에 살고 있고, 과시적 욕망은 유효하다. 우리는 120여 년간 베블런 효과라는 말을 써 왔다. 수시로 가격을 계속 인상하거나, 초고가 전략을 활용한 마케팅이 베블런 효과를 활용한 것이다.

　미국 경제학자 하비 라이벤스타인Harvey Leibenstein이 1950년에 발표한 스놉 효과snob effect도 있다. 다른 사람들이 많이 소비하는 상품을, 자신은 오히려 줄이거나 소비하지 않는 것을 말한다. 남과 달라 보이고 싶은 욕망이 소비를 중단하는 것으로 이어지는데, 스놉은 잘난 체하는 속물을 일컫는 말이다. 하비 라이벤스타인이 기초를 다진 네트워크

▶▶▶ "부자들은 편리성을 고려해 옷을 선택하는 게 아니라 과시적으로 가치가 있는 옷을 선택한다"고 한 소스타인 베블런. (출처: 위키미디어)

효과Network Effect 이론은 특정 상품에 대한 어떤 사람의 수요가 다른 사람들의 수요에 의해 영향을 받는 것인데, 여기에는 스놉 효과와 반대되는 개념인 밴드 웨건 효과band wagon effect가 포함되어 있다. 무작정 남따라가는 것이 밴드 웨건이라면, 스놉은 남과 다른 희소성을 추구한다. 한정품이나 나만 아는 브랜드 같은 접근이 스놉 효과를 활용한 마케팅이다. 엄밀히 베블런 효과나 스놉 효과 모두 소비를 통한 과시라는 측면은 같다. 한쪽은 남들이 쉽게 살 수 없는 비싼 상품을 소비하며 자기 능력의 우월성을 과시하고, 다른 한쪽은 남과 같은 소비를 하느니 소비를 중단하며 자신은 다르다는 차별성을 과시한다.

프랑스의 철학자이자 사회학자 장 보드리야르Jean Baudrillard가 정의한 파노플리 효과Effet de panoplie는 발표된 지 40년 정도 되었다. 파노플리 효과는 '특정 상품을 소비함으로써 자신이 그 특정 계층에 속한다는 사실을 과시한다'는 이론이다. 트렌드에 민감하게 마케팅하거나, VIP들을 위한 그들만의 리그를 강화하는 마케팅 등이 여기에 해당된다. 우리는 부의 과시를 통해 타인으로부터 부러움도 사고, 존경받고 싶은 욕구도 충족한다. 그동안 우리의 소비에서 과시적 소비의 욕망을 베블런 효과, 스놉 효과, 파노플리 효과 등으로 설명해 왔고, 그동안 기업의 마케팅도 이 이론을 바탕으로 이뤄졌으며, 소비 트렌드의 방향성도 영향을 받았다. 소비는 필요한 물건만을 사는 행위가 아니다. 욕망을 사는 것이 소비다. 과시적 소비는 우리 욕망에 가장 잘 부합한다. 그랬던 우리가 왜 비소비를 과시하려는 걸까?

사전적으로 '소비'는 돈이나 물자, 시간, 노력 따위를 들이거나 써서 없앤다는 의미와 함께, 욕망을 충족하기 위하여 재화나 용역을 소모하는 일을 의미한다. 바로 소비를 하는 사람이 소비자다. 기업이 개인에게 부여하고 부추기는 역할이기도 하지만, 사실 우리는 소비를 하려고 태어난 사람은 아니다. 자본주의 사회에서 살아가고 기업이 우리를 소비자로 명명하다 보니 마치 소비를 위해 살아가는 것처럼 보이긴 해도, 우리에게 소비는 삶의 한 요소일 뿐이지 그 이상도 이하도 아니다. 기업은 사람들이 이런 자각을 하는 걸 원치 않는다. 기업으로서는 늘더 좋은 것을 사고 누리고 과시하기 위해 돈을 벌고 쓰는 것을 당연하게 여기는 사람이 많아야 좋다. 우리 사회는 점점 더 소비 지향적이었고, 우리는 더 소비를 과시하면서 살아왔다. 팬데믹 기간 중 포르쉐 판매량은 몇 배 증가했고 신차 출고 대기 기간만 2년 이상 걸리며, 1억 원이상의 수입차 판매량도 고공 행진했다. 매출 1조 원이 넘는 백화점 점포를 일컫는 '1조 원 클럽' 숫자가 팬데믹 이전보다 2배 늘었다. 럭셔리 패션 브랜드는 판매가를 1년에 몇 번씩 올리는 초강수를 두는데도 없어서 못 팔 정도로 잘 팔렸다. 2020~2021년은 팬데믹 기간이면서 과시적 소비의 새로운 전성기였다.

그런데 2022년 들어 변화가 시작되었고, 과시적 비소비가 2023년을 주도할 트렌드로 부각되고 있다. 산이 높으면 계곡도 깊고, 태양이 밝으면 그림자도 짙다. 과시적 소비의 전성기에 아이러니하게도 우리는 과시적 비소비를 주목해야 한다. 그리고 욕망의 본질은 '과시'에 있다. 소비가 과시의 가장 좋은 도구였다면, 이제 비소비도 새로운 도구가 되는 것이다. 우리는 소비를 하든 소비를 멈추든 소비의 형태를 바꾸든 모든 것에서 과시 욕망이 더 커졌다. 타인과의 공유, 공감보다 자신에 대한 만족이 커진 것은 당연하고, 타인과의 단절도 확대된 데다 설령 타인과의 관계를 맺더라도 더 느슨한 연대가 된다. 모두가 다 주인공이고, 모두의 자아가 다 강하다. 적어도 지금 시대의 2030세대는 과거 어느 시대의 2030세대보다 자기중심적, 자기 주도적이다. 그 덕분에 그들의 과시 수단이 소비뿐 아니라 비소비라는 손바닥 뒤집기도 가능해진 것이다. 자기중심적이고 영리해진 소비자는 더 이상 베블런 효과, 스놉 효과, 파노플리 효과의 힘에 속수무책 따라가기만 하지 않는다.

19세기 말에서 20세기 중반까지 나온 소비 이론은 지금 시대에 맞지 않을 수 있다는 사실은 그리 놀랍지 않다. 한동안 모든 소비, 모든 마케팅, 모든 트렌드에서 '밀레니얼 세대는 어떨까?'가 공통 관심사였고, 그러다 Z세대까지 확장해 '도대체 MZ세대는 어떨까?'가 모든 소비 현장, 마케팅과 비즈니스 현장의 최대 숙제 중 하나였다. 이유는 과거 소비자와 다르다는 것을 알았기 때문이고, 그 다름이자 변화를 받아들이지 못하면 위기를 맞을 것이기 때문이다. 과시적 소비와 과시적 비소비는 엄밀히 반대말이 아니다. 둘 다 과시의 욕망이다.

무지출이 욜로를 앞서다

▼

검색어의 트래픽으로 관심도 추이를 살펴볼 수 있는 구글 트렌드와 네이버 트렌드에서 2022년 7월 말 시점에 '무無지출 챌린지' 검색어를 확인해 봤다. 이 말은 7월 들어 뉴스에서 본격적으로 사용되기 시작한 신조어다. 그 이전까지는 이런 말을 쓰지 않았다. 어떤 키워드에 '챌린지'가 붙는다는 것은 2030세대가 반응한다는 의미이기도 하다. 챌린지는 소셜 네트워크를 중심으로 서로 공유하고 비교하고 함께 노는 문화다. 그만큼 중요하게 여기는 욕망이라는 의미다. 일상을 드러내는 것이 보편적인 2030세대에게는 돈 쓰는 것이 욕망이었지, 절대 돈을 안 쓰는 게 욕망이지는 않았다. 도대체 무엇이 2030세대가 가진 욕망의 방향을 바꾼 것일까?

무지출 일지, 무지출 가계부, 무지출 데이 등 '무지출'이라는 검색어가 뜨겁게 관심받기 시작한 것은 2022년 7월이다. 세계적인 트렌드 키워드이자 2017년 한국 사회를 뒤흔들 정도로 파괴력이 컸고 그 후로도 2030세대에게 계속 관심도가 높았던 욜로YOLO를 추월한 것도 이 시점이다. 욜로는 글로벌 금융 위기 이후 미래를 위해 오늘을 희생하지 않고, 자신의 오늘을 좀 더 적극적으로 누리겠다는 이들이 선택한 욕망이자 트렌드다. 욜로의 등장은 마치 기성 사회가 정한 것 같고 다들 따

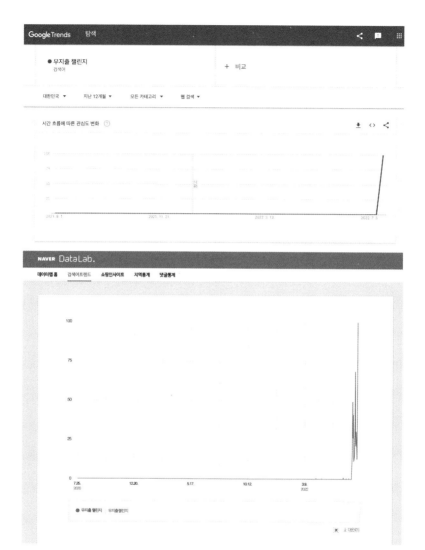

르던 삶의 방식, 즉 언제쯤에는 대학에 가야 하고 취직해야 하고 결혼하고 집을 사는 등등의 시기별 보편적 라이프 사이클이 유효하던 시대가 끝났음을 의미했다. 부모 세대보다 가난해질 첫 번째 자식 세대가

된 밀레니얼 세대가 욜로를 적극 받아들였다.

하지만 욜로를 둘러싼 기성세대와 밀레니얼 세대 간 이견이 컸고, 욜로를 마치 놀면서 막 사는 것으로 오해했던 기성세대도 있었다. 이런 차이가 세대 차이, 세대 갈등이 되었고 이는 곧 직장에서의 세대 갈등이자 조직 내 갈등으로도 이어졌다. 한국 사회에서는 수년째 세대론이 부각되었고 세대 갈등을 다룬 콘텐츠가 쏟아졌다. 욜로에 대한 관심도 사그라들기 시작했다. 아무리 멋지고 좋은 것도 흔해지면 식상해진다. 너무 많은 기업이 욜로를 마케팅 키워드로 이용했고, 언론과 대중문화도 너무 많이 소비했다. 이후 욜로는 하락세를 이어 갔고 팬데믹 기간 중 하락세는 더 커졌다. 그럼에도 욜로가 이렇게 무지출이라는 키워드에 추월을 당할지는 몰랐다. 무지출이란 말이 과거에도 쓰이긴 했지만 트렌드 키워드로서 쓰인 것은 아니다. 말로서는 존재했지만 욕망이 더해진 말이 아니었다. 하지만 2022년 7월에 달라졌다. 욜로를 앞지를 만큼 무지출이 대세가 되기 시작한 것이다.

욜로를 위해서는 돈이 필요하다. 아르바이트를 해서 모은 돈으로 비싼 물건을 사든, 직장 생활로 돈을 모은 뒤 직장을 관두고 해외여행을 떠나든 기본적으로 돈을 벌 수 있었기 때문에 가능한 일이다. 번 돈을 써 버려도 다시 벌 수 있다고 여겨졌기에 욜로적 소비가 가능했다. 그런데 2022년 미국은 40년 만의 인플레이션을 겪고, 세계 경제는 스태그플레이션의 위기를 이야기하며, 한국 경제는 IMF 금융 위기 때와 비교하고 있다. 빅 테크를 비롯해 잘나가던 글로벌 기업들의 구조 조정이 본격화되었고, 심지어 팬데믹 동안 가장 큰돈을 벌고 주가도 크게 올랐던 화이자 같은 기업마저도 구조 조정을 했다. 경기 침체에 대한

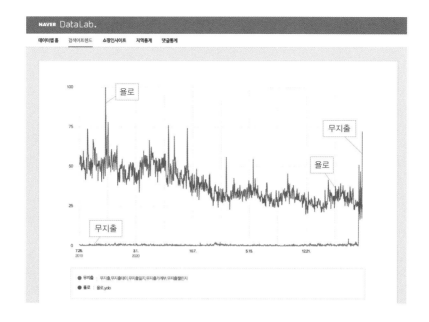

기업의 대응이 이미 2022년 2분기부터 시작되다 보니, 한국의 기업들도 2022년 하반기 채용은 줄이고 구조 조정은 확대한다. 2023년에도 이 흐름이 이어질 가능성이 크다. 번 돈을 욜로하며 써 버리면, 다시 그 돈을 채우기 어려워질 수 있다고 여기는 2030세대로서는 욜로를 버리고 무지출을 선택할 수밖에 없다.

무지출 챌린지와 만 원의 행복

▼

무지출 챌린지는 얼마나 소비를 줄이냐, 불필요한 것을 줄여 얼마나 돈을 절약하느냐가 아니다. 아예 소비 자체를 중단하는 것이다. 절약이 아닌 소비 단절, 소비 중단이다. 물론 절약은 일상적일 수 있지만 무지출은 이벤트에 가깝다. 장기간 무지출만 하다가는 인간관계에도 위기가 올 수 있다. 관계 중심적인 기성세대로서는 어렵지만, 느슨한 연대로 관계하는 2030세대라면 무지출을 좀 더 길게 할 수 있을 것이다. 가령, 직장인이면 출근해서 삼시 세끼를 회사에서 다 해결한다. 회사에서 점심만 먹는다고 생각하면 오산이다. 요즘은 아침을 주는 곳도 있고, 회사 내 간식을 충분히 제공하는 곳도 많아졌으며, 저녁 식사까지 주는 곳도 있다. 일에만 집중하라고 사내에서 식사와 간식을 다 해결해 주는 기업에 다니는 직장인이라면 주중 식비는 제로다. 커피는 회사 탕비실에서 마시면 공짜다. 캡슐 커피나 드립 커피가 있는 탕비실도 있다. 주말에는 외식하지 않고 냉장고 안에 있는 식재료를 활용해 먹으면 식비 지출이 제로다. 출퇴근은 걷거나 자전거를 이용하면 교통비도 제로다. 회사와 가까이 살면 가능한 선택이다. 옷이나 신발 등은 안 사고 기존에 있던 것을 계속 쓰면 된다. 생필품도 기존에 있던 것을 다 쓰기 전까지는 지출이 제로다. 이런 무지출을 무한정 이어 갈 수는 없겠지만, 하루 이틀은 수월하고 1~2주일도 가능하다.

소셜 네트워크에 자신의 무지출 기간과 내역을 인증하며 무지출 챌린지에 동참한다. 무지출하고 있는 자신을 드러내서 칭찬받고 싶고, 비소비를 과시하고 싶은 것이다. 모두가 무지출을 할 수는 없다. 앞선 사례처럼 모두가 삼시 세끼를 다 챙겨 주는 회사에 다니는 것도 아니고, 걸어갈 만한 거리에 회사가 있지도 않다. 밥은 먹어야 하고 식비는 써야 한다. 주거비, 교통비 등 의식주 관련 필수 소비는 무지출하고 싶다고 모두가 가능한 것이 아니다. 그러니 챌린지가 되고, 무지출이 과시할 일이 되는 것이다. 식비를 아끼려고 도시락을 싸거나, 식당 대신

▶▶▶ 소셜 네트워크에 무지출 챌린지를 공유함으로써 자신의 절약을 과시한다.

편의점에서 간단히 먹어서 돈을 아끼거나, 커피도 집에서 내려서 텀블러에 가져오거나 하는 등 무지출은 어려워도 절약은 좀 더 수월하기 때문이다. 절약을 잘하려고 가계부나 지출 일지를 써서 소셜 네트워크에 공유하기도 한다.

사실 무지출 챌린지가 나온 것은 재미 때문이 아니다. 인플레이션과 경제 위기 심화가 초래한 위기의식 때문이다. 소비자 물가 지수는 오르고, 경제 고통 지수The misery index도 높아지는데, 이것을 정부가 단기간에 해결할지는 미지수고, 국내뿐 아니라 미국, 전 세계 모두 경제위기가 심화되는 상황이다. 경기 침체에 대응해 기업은 채용을 줄이고구조 조정에 나서는 등 체감하는 위기 상황이 사람들로 하여금 돈을 아끼게 만든다. 부동산 경기도 하락세고, 주식 투자도 위태롭고, 가상 자산 시장은 더 불안하며, 투자로 돈 벌기가 쉽지 않은 시대에 돈을 버는 최고의 방법은 안 쓰는 것이다. 재테크 커뮤니티에서 무지출을 선언하는 이가 늘고 절약 노하우를 공유한다. 가장 적극적으로 동참하는 것은 2030세대다. 사실 이런 게 이번이 처음은 아니다.

만 원으로 일주일을 살아가는 〈만 원의 행복〉이라는 MBC 예능 프로그램이 시작된 것이 2003년이다. 연예인들이 대결 구도로 펼친 〈만 원의 행복〉은 대중들에게 일상의 행동으로 확산되었고, 누가 더 절약하느냐는 타인과의 비교 우위에 해당되었다. 이는 과시적 비소비와도 맥락을 같이한다. 〈만 원의 행복〉은 IMF 구제 금융 시대의 잔상이다. '아껴 쓰고 나눠 쓰고 바꿔 쓰고 다시 쓰자'를 줄인 아나바다 운동은 1998년 초에 등장했다. 전 국민의 유행어가 되고, 심지어 일부 백화점은 아나바다를 위한 벼룩시장을 열기도 했다. 아나바다가 마케팅 키워드가 된 셈이고, 경제 위기로 인해 절약은 트렌드가 되었다. 한국은 2001년 8월 23일, IMF로부터 구제 금융을 받은 지 3년 8개월 만에 195억 달러를 조기 상환해 IMF 관리 체제를 졸업했다. 그렇다고 위기가 바로 끝나는 것은 아니었지만, 아나바다 운동이 시작될 때보다는 절약을 바라보는 태도가 바뀌었다. 절약하는 것 자체가 목적이 아니라, 절약을 통해서 재테크를 하거나 절약을 예능 콘텐츠화하는 등 절약의 진화가 일어난 셈이다.

2001년에는 '짠테크'가 주목받고, 짠돌이가 방송가와 출판계의 중요 키워드가 되었다. 경제 위기로 인해 돈의 힘을 실감한 시기인 만큼 재테크에 대한 관심이 커졌고 당시 출판계도 재테크 서적이 대세였다. 온라인 커뮤니티에서도 재테크 모임이 많아졌는데 그중 2001년에

▶▶▶ 2001년에 만들어진 다음 카페 '짠돌이'. 20여 년이 지난 지금도 66만 명이 넘는 회원 수를 자랑하고 있다.

만들어진 다음 카페 '짠돌이'는 절약해서 재테크를 하는, 이른바 '짠테크(짠 내 나는 재테크)'를 주도하며 회원 수가 80만 명에 이르기도 했다. 왜 하필 부동산 재테크도, 주식 재테크도 아닌 짠테크가 뜨겁게 주목받았을까?

　부동산과 주식의 위기 때문이다. 1997년 외환 위기를 맞고, IMF 구제 금융 시대가 시작된 한국에서는 경제 위기 극복 차원에서 벤처 기업 육성책이 쏟아졌고, 인터넷과 IT 산업에 돈이 몰렸다. 외환 위기 당시의 주가 최저점이 288이었는데, 2000년 1월의 코스피 지수는 1059였다. 2년여 기간 동안 367%나 오른 것이다. 같은 기간 코스닥 지수는 468% 올랐다. 당시 주식 열풍, 재테크 열풍이 뜨거웠다. 주부와 노인들마저 주식 투자에 나설 정도였다. 하지만 미국을 비롯한 전 세계적으로 2000년부터 닷컴 버블의 버블이 터지기 시작했다. 나스닥 지수는 2000년 3월부터 2002년 10월까지 2년 반 동안 고점 대비 78%나 떨어졌다. 코스피 지수는 2000년 연말에 504로 연초 대비 반토막이 났고, 코스닥은 더 처참하게도 5분의 1 토막 났다.

코로나19 팬데믹이 시작된 2020년 3월의 급락했던 주가가 그해 여름과 가을에 폭등하며 주식 투자를 한 사람은 누구나 다 돈을 벌었을 정도의 시기가 있었다. 이 때문에 2020년 연말부터 2021년 상반기까지 주식 투자에 더 많은 이가 뛰어들었지만 국내 주식은 2021년에 하락세가 되었고, 2022년 상반기는 더더욱 심각해졌다. 2000년 당시의 폭락세와 비교할 바는 아니지만, 2022년의 위기는 2023년으로 이어진다는 점에서 경제 전반의 상황은 과거보다 더 심각할 수 있다. 물론 스태그플레이션으로 이어지지 않기를 모두가 바라기는 하지만, 경기 침체가 악화되면 주식 시장을 비롯한 자산 시장은 물론이고 기업들도 역성장을 하며 일자리가 줄어들어 사람들의 타격도 커진다. 다시 사람들이 짠돌이가 되고 절약을 이야기한다. '만 원의 행복' 콘셉트는 2010년대 〈무한도전〉, 〈1박 2일〉 같은 예능 프로그램에서도 유사하게 재현된 적이 많았는데, 2023년에 다시 만들어도 좋을 콘셉트다.

소비하지 않는 삶과 'Buy Nothing Day'

▼

2022년 7월 15일, 브런치에 '리하'라는 이름의 작가가 '3년간 옷 한 벌 사지 않고 살았다'라는 글을 올렸다. '이제 소비하지 않는 삶에 익숙해지려 한다'라는 부제로, 3년간 소비하지 않는 삶을 살아온 자신의 이야기를 전했다. 수많은 이의 공감 댓글이 달렸다. 사실 '소비하지 않는 삶'을 실천해 본 경험담은 블로그나 소셜 네트워크에 넘친다. 최근뿐 아니라 아주 오래전부터 실천한 이들도 있다. 미국의 주디스 러바인은 2010년 국내에 번역되어 나온《굿바이 쇼핑: 아무것도 사지 않은 1년 그 생생한 기록》이란 책의 저자다. 그는 '인생에서 쇼핑이 차지하는 역할은 무엇일까? 자본주의 사회에서 아무것도 사지 않고 1년을 보낼 수 있을까?'라고 스스로에게 질문을 던지고 여기에 답하기 위하여 2004년에 '1년간 쇼핑 안 하기' 프로젝트를 실행했다. 그리고 그 과정을 담은 책《Not Buying It: My Year Without Shopping》이 2006년 미국에서 출간되어 화제가 되었다.《소비를 그만두다》《아무것도 사지 않는 날》《사지 않는 습관》《사지 않고 삽니다》등 소비하지 않는 삶을 다룬 책도 많다. 2010년대 미니멀 라이프가 전 세계적으로 유행했고 한국에서도 마찬가지였는데, 미니멀 라이프에서 기본적으로 나오는 것 중 하나가 소비에 대한 태도 변화다. 우리는 너무나 풍요로운 세상에서 과잉 소비하고 살아왔다. 자본주의는 우리에게 계속 소비를 요구했지만, 소비에 반기를 든 사람들이 계속 등장한다. 그들이 비주류를 넘어 이제 주류가 되려 한다.

2006년 9월, 영국의 닐 부어맨Neil Boorman은 런던 도심에서 명품 브랜드 제품들을 불태우며 브랜드 없는 삶을 살아 보겠다고 선언했다. 그는 저널리스트로 직접 잡지를 창간하기도 했고, 패션 잡지의 편집장을 지냈으며, 이벤트 프로모터로도 활동했다. 한마디로 트렌드의 중심에서 살았던 사람이다. 자신을 명품 중독자, 브랜드 중독자이자 소비주의에 빠진 사람이라고 밝힌 그는 브랜드 화형식 이후 186일간 브랜드 없이 살아간 기록을 담은 책《Bonfire of the Brands: How I Learned to Live Without Labels》을 같은 해에 냈고 이 책은 영국을 비롯해 전 세계적으로 흥미를 끌었다. 국내에서도 발 빠르게 2007년 12월에《나는 왜 루이비통을 불태웠는가: 한 명품 중독자의 브랜드 결별기》라는 자극적인 제목으로 출간되어 화제를 모았다. 닐 부어맨에게 는 브랜드 화형식이나 186일간의 경험, 그리고 책 출간 모두 자신이 계획한 일들이고, 그 뒤로 그는 영국에서 칼럼니스트, 콘텐츠 디렉터 등 커리어를 쌓았으며 지금은 틱톡 유럽에서 크리에이티브 랩을 이끌고 있다. 그의 커리어 전개 과정을 볼 때, 닐 부어맨이 루이비통을 불태운 것은 그의 인생에서 가장 잘한 일 중의 하나인 셈이다. 대중과 사회의 욕망과 트렌드를 잘 읽어 내고 시의적절할 때 명품과 브랜드를 태운 것이기 때문이다.

2022년 11월 26일은 '아무것도 사지 않는 날Buy Nothing Day'이다. 매년 11월 넷째 주 목요일이 추수 감사절이고, 그다음 날이 블랙 프라이데이다. 연말 쇼핑 시즌의 시작인 블랙 프라이데이와 같은 날을 '바이 낫씽 데이'로 정한 것이다. 소비주의에 저항하는 날이자 과소비 문제를 다루는 날이다. 1992년 멕시코에서 처음 시작되었고, 1997년부터 날짜가 블랙 프라이데이로 정해졌다. 예술가이자 광고업계 종사자였던 테드 데이브가 만들었는데, 캐나다 잡지《애드버스터스》덕분에 전 세계에 알려졌다. 소비하지 않는 삶까지는 아니더라도 과소비하지 않는 삶은 누구나 가능하다. 우리는 21세기가 되기 전부터 소비주의에 대한 저항 목소리를 내고 있었다. 이런 목소리가 커지며 2010년대 미국의 킨포크Kinfolk, 일본의 단샤리斷捨離 열풍, 북유럽의 휘게Hygge 등 전

▶▶▶ 2022년 11월 26일은 연말 쇼핑 시즌의 시작인 블랙 프라이데이이자 아무것도 사지 않는 날 '바이 낫씽 데이'다.

세계적으로 미니멀 라이프가 트렌드가 된 것이다. 기후 위기 대응을 위해서라도 인류는 생산과 소비를 줄여야 한다. 소비주의의 다이어트가 필요한 것이다. 이제 과시적 비소비에 현재의 2030세대가 적극 동참하며 소비하지 않는 삶에 대한 목소리는 커지는 중이다. 소비하지 않는 삶, 명품을 버리는 삶이 누군가에게 '힙한' 욕망이 되고, 이는 과시적 비소비 트렌드가 된다.

비거뉴어리 챌린지와 고기 없는 월요일

▼

영국에서는 매년 비거뉴어리Veganuary 챌린지에 동참하는 사람이 늘어간다. 채식주의자를 일컫는 비건Vegan과 1월January을 결합해 만든 말이다. 2014년부터 시작된 챌린지인데 1월 한 달 동안 완전 채식에 도전하는 것이다. 매년 1월이면 금연 도전을 비롯해 여러 새해 결심을 하는 사람이 많은데 완전 채식도 그중 하나다. 건강 이유로 금연하는 것과 달리 완전 채식은 동물 학대 방지, 기후 위기나 지구 온난화의 이유도 크다. 각자의 건강을 위한 채식이야 굳이 캠페인으로 퍼뜨릴 필요까지는 없지만 사회적 이유로 인한 채식은 다르다. 고기 먹는 것에 대한 태도가 확실히 바뀐 것이다. 매년 참가 인원이 늘어난다는데, 2021년 1월에는 58만 2500여 명이 챌린지에 참여했다. 참여하는 사람들은 조용히 몰래 하는 것이 아니라 자신의 챌린지를 적극 공유한다. 엄밀히 고기에 대한 비소비를 과시하는 셈이다.

구글 트렌드에서 'Veganuary' 검색어에 대한 관심도 추이를 지난 10년간(2012년 8월~2022년 8월) 살펴봤더니, 최근 3년 동안 관심도가 확실히 더 높아졌다. 이는 전 세계 범위로 봤을 때나 영국으로 한정시켜 봤을 때나 비슷했다. 영국에서 시작된 챌린지이지만 영국만 관심을 갖는 게 아니다. 북미와 영국 연방 국가들의 관심이 상대적으로 더 높았다. 물론 '비거뉴어리'라는 말을 안 써도 채식에 도전하는 것은 유럽 전역으로 확산 중이기는 하다.

영국에는 'Meat Free Monday(고기 없는 월요일)'이라는 비영리 단체가 있다. 이 단체를 이끄는 사람이 비틀스의 폴 매카트니다. 그는 2009년 코펜하겐 기후 변화 협약 당사국 회의 직전에 열린 토론회에서 이 캠페인을 제안했다. 폴 매카트니가 그의 딸이자 세계적 포토그래퍼인 매리 매카트니, 세계적 패션 디자이너 스텔라 매카트니와 함께 일주일에 최소 하루는 채식을 할 것을 제안한 것인데, 공장식 축산으로 동

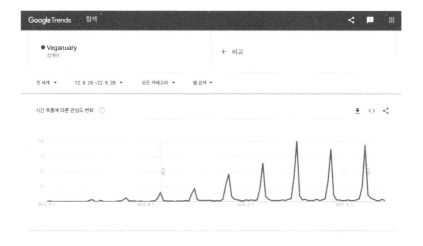

물이 겪는 고통과 동물 윤리 문제, 그리고 축산업이 미치는 탄소 배출과 환경 문제 등이 실천의 이유였다. 폴 매카트니와 그의 가족은 채식주의자이고 환경 운동에 적극 목소리를 내고 있다. 이후 캠페인은 전세계로 확대되었고 40여 개국에 단체가 설립되었다. 한국에도 '한국고기 없는 월요일Meat Free Monday Korea'이 2010년에 만들어졌다.

'고기 없는 월요일'이 영국 서섹스대학교 심리학부와 공동 연구한 결과에 따르면, 5년 이상 고기 없는 월요일을 실천한 사람 중 30% 이상이 육식을 완전히 중단했고, 3~5년 실천한 사람 중에서는 20% 정도가 육식을 중단했다고 한다. 일주일에 하루만 고기를 먹지 않는 삶을 살아도, 수년 후 비건이 될 가능성이 높아지는 것이다.

우리나라에서도 비거뉴어리 챌린지를 한다. 이름은 조금 바꾼 '비건 리셋Vegan Reset' 캠페인이다. 2022년 1월에 NGO '한국 고기 없는 월요일'과 생명 다양성 재단, 기후 변화 청년 모임인 빅웨이브가 '비건

▶▶▶ 우리나라에서도 2022년 1월 한 달간 고기를 먹지 않는 '비건 리셋' 캠페인이 열렸다.

리셋 2022'를 진행했다. 챌린지에 참여하는 이들은 각자 채식 식단을 자기 SNS에 올려 '자신이 지금 고기를 먹지 않고 있음'을 드러낸다. 비싼 한우를 구워 먹거나 파인 다이닝에서 비싼 스테이크를 먹는 사진을 SNS에 올려 과시하는 이도 많지만, 고기를 안 먹는 것도 과시가 된다. 우리는 얼마나 멋진 태도로 어떤 라이프스타일을 누리는지를 서로 비교하며 누군가는 부러워하고 누군가는 과시하며 살아가는데, 육식을 하지 않는 것도 과시의 욕망에 포함된 것이다. 2023년 1월에도 누군가는 고기 안 먹는 것을 과시할 것이다.

소식 먹방은 트렌드가 될 수 있을까?

▼

'먹방'은 영어로 'mukbang'이다. '먹는 방송'의 줄임말인 먹방은 2009년 아프리카TV에서 시작되었다. 먹는 것을 보여 주는 콘텐츠에서 다양한 용어가 쓰였으나 그중 먹방이 자리 잡게 되었고 하나의 장르가 되었다. 유튜브에서도 먹방은 주류 콘텐츠가 되었고 TV로도 넘어와서 주류로 자리를 잡았다. 심지어 해외에서도 한국의 먹방 콘텐츠를 받아들였고 2013년 옥스퍼드 영어 사전에 'mukbang'으로 등재되었다. 분명 영어로는 'Eating Show'라고도 할 수 있겠지만 먹방은 이미 세계적 영향력을 가진 장르가 되어 버렸기 때문에 고유 명사로서 소리 나는 대로 영어식으로 표기한 것이다. 먹방은 한국에서 시작했지만 전 세계 크리에이터가 만들어 내는 콘텐츠가 되었고, 2010년대에 이어 2020년대에도 여전히 인기 장르다.

'맛있게' 먹는 것으로는 한계가 있다 보니 주목을 받기 위해서 먹방의 핵심 콘셉트는 '많이' 먹는 것이나 '특이한 것'을 먹는 것이었다. 비슷한 스타일의 콘텐츠가 반복될수록 식상해지고 질린다. 크리에이터 입장에서는 차별화를 위해서 좀 더 자극적이고 새로운 시도를 할 수밖에 없다. 일종의 음식을 통한 챌린지인데, 사실 이렇게 먹는 게 몸에 좋을까 우려스럽기도 했다. 폭식, 괴식이 쏟아졌던 것도 자극적 관음이자 무모한 도전에 대한 카타르시스를 줬기 때문이다. 하지만 음식 낭비이기도 하고, 때로는 음식에 대한 모독이나 왜곡이기도 하며, 음식을 통한 자학이자 가혹 행위이기도 하다.

코로나19 팬데믹이 초래한 경제 위기의 심각성을 본격적으로 겪은 것은 2022년이었다. 팬데믹이 끝나면 다 괜찮아질 거라는 기대를 가진 사람들에게 팬데믹이 끝나면 더 큰 진짜 위기가 온다는 것을 실감 나게 보여 줬기 때문이다. 극심한 인플레이션과 심화된 스테그플레이션, 글로벌 공급망의 위기와 세계화의 종말에 대한 위험 경고 등 글로벌 금융 위기 때보다 훨씬 더 심각한 경제 위기를 가시화시켰다. 소비자 물가는 폭등하고, 식량 안보도 중요 이슈로 부각되었다. 이상 기후와 팬데믹, 전쟁 등으로 인해 전 세계적으로 식량 생산량 감소와 기아 인구 급증은 음식을 낭비하는 먹방에 대한 불편한 시선을 가진 사람들을 증가시켰다. 중국에서는 과도한 먹방이 규제된다. 2021년 4월, 중국 전국 인민 대표회의 상무 위원회는 폭식, 폭음 콘텐츠에 벌금을 부과할 수 있는 음식 낭비 금지법을 통과시켰다. 과태료가 1만 위안(당시 환율 기준 약 186만 원) 이상 10만 위안(약 1860만 원) 이하다. 중국이니까 가능한 법 같지만 법의 취지에는 공감한다. 식습관과 음식을 대하는 태도는 먹방 콘텐츠로부터 영향을 받을 수 있다. 풍요의 시대만 살아온 1020세대에게 과도한 음식 낭비와 음식을 함부로 대하는 태도가 자리 잡는다면 이는 사회적으로도 부정적인 일이다.

소식 먹방이 등장한 것은 이런 배경에서다. 먹방에서 과식이 과시적이었다면 이제 소식이 과시적일 수 있게 된 것으로, 이 또한 일종의 과시적 비소비다. 그동안의 먹방은 엄밀히 우리의 일상과 동떨어져 있었다. 하지만 소식 먹방은 우리의 일상이 될 수 있다. 다이어트를 위해서, 건강을 위해서 소식을 받아들일 수 있다. 소식을 위해서는 천천히 먹는 것이 좋다. 2022년 7월, 연예인 중 대표적인 '소식좌'로 불리는 박소현, 산다라박을 내세운 〈밥 맛 없는 언니들〉이라는 웹 예능 프로그

▶▶▶ 대표적인 '소식좌' 연예인 박소현, 산다라박이 출연하는 예능 프로그램 〈밥 맛 없는 언니들〉.

램이 런칭되기도 했다. 적게 먹는 사람을 영어로 'Eat Like a Bird'라고 표현한다. 우리도 '새 모이만큼 먹는다'는 표현을 쓰는 걸 보면 비슷하다. 많이 먹는 사람을 'Eat Like a Horse'라고 표현하고 'Horse' 대신 'Pig'를 쓰기도 하지만 이는 좀 경멸의 의미가 된다. 우리도 대식가에게 '돼지 같다'는 표현을 쓰는데 부정적, 경멸적이다. 대식가Glutton의 시대에서 소식가Light Eater의 시대로 옮겨 갈 수 있을까? 폭식Gluttony의 반대말은 절제Temperance다.

극심한 가뭄을 겪는 미국에서는 지자체가 주택의 잔디에 물 주는 횟수와 시간까지 통제했고, 심지어 천연 잔디를 없애고 인조 잔디를 깔아서 물 낭비를 막겠다는 사람도 늘어났다. 단독 주택과 넓은 잔디밭으로 그려지는 아메리칸드림의 주거 이미지에 대한 근본적 문제 제기도 커졌다. 이유는 잔디가 많은 물을 필요로 하기 때문이다. 사람이 쓸 물도 부족한 상황에서 잔디를 계속 유지해야 하느냐에 대한 문제 제기인 것이다. 물을 엄청 줘서 잔디를 잘 자라게 하고서는 또 열심히 깎아 낸다. 그리고 또 자라게 하고 또 깎는다. 푸르른 잔디가 미관상으로는 좋지만 감당해야 할 물과 비용은 아주 큰 낭비로 볼 수 있다. 그래서 천연 잔디를 없애고 인조 잔디를 까는 이가 늘어났다. 풍요의 시대는 끝났다. 이것은 금전적인 문제만이 아니다. 환경과 자원도 더 이상 낭비해서는 안 된다. 이제 절제의 시대다. 오히려 절제를 적극 드러내는것이 멋진, 절제를 과시하는 시대다.

주식 투자보다 절약? 관심도의 역전?

▼

구글 트렌드에서 검색어 '주식 투자'에 대한 관심도 추이를 2017년 7월 말부터 2022년 7월 말까지 5년간 살펴봤다. 가장 높은 2번의 피크는 2020년 3월과 2021년 1월이다. 첫 번째 피크는 코로나19 팬데믹으로 주식이 급락하던 때다. 이때를 기회로 보고 들어온 투자자가 많다. 두 번째 피크는 2020년 역대급 주식 호황기를 지켜보고 많은 이가 후발로 들어온 때다. 주식 투자에 대한 관심도가 극대화되는 시기라는 것은 실제로 돈을 벌었는가 못 벌었는가와 상관없이 기대 심리가 아주 높다. 이때는 예금 이자도 시시해 보여서 자금이 대거 주식 시장으로 이동한다. 하지만 지금은 주식 시장에 들어간 돈이 대거 빠져나와 예금으로 이동했다.

한국은행이 발표한 '7월 중 금융 시장 동향'에 따르면, 2022년 7월 은행에 유입된 정기 예금은 31조 7000억 원으로, 2002년 2월 관련 통

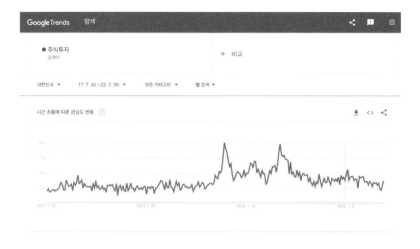

계를 작성한 이래 월간 정기 예금 유입 금액으로는 최대치다. 2022년 7월 말 기준 KB국민, 신한, 하나, 우리, NH농협 등 5대 시중 은행의 정기 예금 잔액은 712조 4491억 원, 정기 적금 잔액은 38조 1167억 원으로 5대 은행에만 750조 원이 예치되어 있다.

돈을 투자하거나 돈을 과감히 쓰는 시대에서, 돈을 아끼고 저축하고 덜 쓰는 시대로 옮겨 가는 중이다. 금융투자협회에 따르면 2022년 7월 투자자 예탁금은 55조 3463억 원으로, 1월 67조 3979억 원보다 6개월 새 12조 원이나 줄었다. 한국거래소에 따르면 2022년 7월의 일평균 거래 대금은 13조 3172억 원인데 1년 전 26조 3459억 원에 비해 절반 정도다.

55쪽 위 그래프는 검색어 '주식 투자'와 '절약'의 관심도 추이를 5년간 비교해 본 것이다. 주식 투자에 대한 관심도가 크게 꺾이고, 절약에 대한 관심도가 주식 투자를 추월하는 상황이 최근에 벌어졌다. 돈을

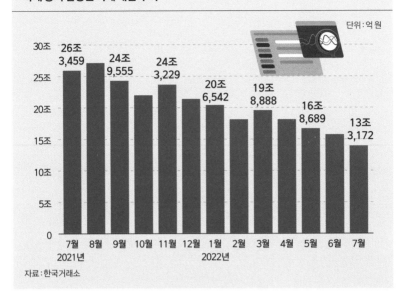

국내 증시 일평균 거래 대금 추이

단위: 억 원

자료: 한국거래소

벌자 돈을 아끼려는 욕망이 보다 커졌다.

　55쪽 아래 그래프는 비교 기간을 2004년 1월부터 2022년 7월 말까지 18년 7개월 동안 살펴본 것이다. 2004~2005년에 절약에 대한 관심도가 아주 높았다. IMF 금융 위기의 여파, 닷컴 버블의 여파 등으로 경제적 상황이 좋지 않은 이도 많았던 그때, 절약에 대한 관심도가 주식 투자에 대한 관심도를 압도했다. 그 흐름은 글로벌 금융 위기 이후로도 한동안 이어졌다가, 2017년부터 주식 투자에 대한 관심도가 절약에 대한 관심도를 추월하더니 2020~2021년에 압도적 격차를 만들었고, 2022년 상반기까지도 우위에 있다가 2022년 7월에 서로 교차하며 근소한 역전이 이뤄졌다. 자산 시장이 커지고 투자를 통해 기회를 누

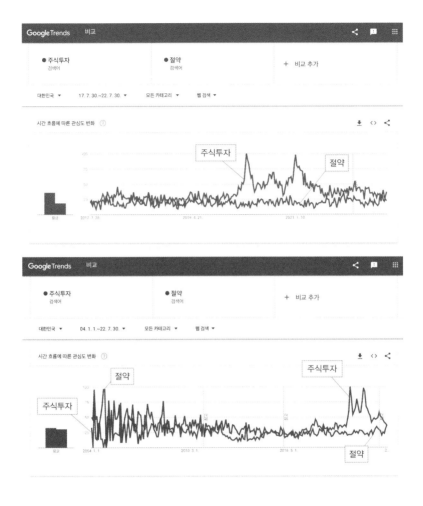

렸던 이가 많았던 2020~2021년의 소비 태도가 2023년에는 이어지지 못한다. 2022년이 변곡점이 되고 있고, '절약'은 중요한 욕망으로 주목해야 한다.

2023년 절약이 얼마나 더 큰 욕망으로 커질지 지켜봐야 한다. 그리고 그에 따른 대응을 해야 한다. 누군가에게는 절약이 생활 태도의 문제겠지만, 절약에 대한 관심 증가는 누군가에게는 새로운 비즈니스의 기회다.

B 소비와 리퍼브, 이것도 과시할 만한가?

▼

품질은 이상 없지만 흠집이 있거나 크기가 조금 작은 것처럼 형태 때문에 상품성이 떨어진 과일을 못난이 과일이라 불렀는데 요즘은 상생 과일, 맛난이 과일 등으로 부르기도 한다. 바로 이것이 B급 제품이다. 정상적인 제품을 A급으로 두고 그보다 떨어지는 것을 일컫는 말이다. 과거에는 아예 상품화되지 못하고 폐기되었다면 이제는 조금 저렴한 가격으로 상품화된다. 농민에게도 이득이고 소비자에게도 합리적인 선택권을 주는 것이다. 롯데마트에 따르면, 2022년 1~7월 판매한 참외, 자두, 블루베리, 사과 등 10여 가지 B급 과일의 누적 매출이 전년 동기 대비 180% 증가했다. 대형 마트에서는 과일뿐 아니라 당근, 오이, 무 등 B급 채소와 농산물도 판다. 소비자들이 흠집 있거나 다소 못난 농산물을 적극 소비하는 것은 가격적인 이유만 있는 것은 아니지만, 고물가 시대에 B급 농산물이 잘 팔리는 것은 확실히 가격 영향이 크다.

유통 기한 임박 상품을 따로 파는 편의점도 늘었다. 유통 기한이 지나면 폐기해야 하는데 그 또한 비용이다. 따라서 이를 유통 기한 직전에 싸게 파는 게 이득이다. 이마트24는 2022년 3월부터 마감 할인 서비스인 '라스트 오더'를 런칭했는데, 이용 건수가 매달 2배씩 성장할 정도라고 한다. 2022년 6월, 이마트24의 라스트 오더 이용 건수는 5월에 비해 122% 증가했다.

리퍼브refurb는 리퍼비시refurbish를 줄인 말이다. 더 줄여서 '리퍼'라고도 부른다. 미세한 흠집이 난 제품이나 소비자가 반품한 제품, 매장의 전시 제품 등 실제 사용에는 문제가 없는데 정상 제품 가격으로 팔기 어려운 제품을 일컫는다. 리퍼브 제품을 산다는 것은 절약한다는 의미다. 리퍼브 시장은 팬데믹 이전부터 주목받았고 매년 높은 성장세를 이어 왔다. 공식적인 통계는 없으나 업계에서는 리퍼브 시장 규모가 2조 원에 이를 것으로 추산한다. 사람들의 절약에 대한 태도가 증가해서 리퍼브 시장이 증가하는 것이 아니다. 리퍼브 시장 증가는 온라인 쇼핑 증가와 연관된다.

온라인 쇼핑은 오프라인에 비해 반품이 많다. 대개 3~4배 정도 높다고 하는데, 전미소매업협회NRF의 자료를 보면 온라인 쇼핑의 평균 반품률이 20% 정도다. 2021년 미국의 전체 소매 매출은 4조 5830억 달러인데, 이 중 온라인 쇼핑은 23% 정도다. 그중에서 20% 정도가 반품된 것이니 액수로 봐도 엄청난 규모다. 국내 쇼핑몰에서도 반품률을 평균 25~30% 정도로 이야기한다. 국내 온라인 쇼핑 거래액을 약 200조 원 정도로 봐도 대략 50~60조 원의 물건이 반품되는 셈이다. 패션 의류업계는 40%의 반품률을 이야기하기도 한다. 이 자체가 다 비용이다. 그리고 반품되는 과정에서 흠이 생기거나 유행이 지나 상품 가치가 더 떨어지기도 한다. 반품된 제품 중 바로 되팔리는 것도 있지만 폐기되는 것도 많다. 많은 브랜드가 브랜드 이미지를 훼손하지 않기 위해 악성 재고를 폐기한다. 업계는 무료 반품, 쉬운 반품을 서비스하고 이는 소비자에게 아주 큰 편리다. 하지만 이런 서비스는 반품 증가에 기여하고, 이런 반품은 결국 배송을 더 늘리게 된다. 배송 증가는 곧 폐기

글로벌 리퍼브 가전 시장 규모

단위 : 억 원

23조 1,800
2017년

45조 7,000
2025년(전망치)

자료 : 퍼시스턴트 마케팅 리서치

증가로 이어지기도 하므로 결국 탄소 배출 감축에 역행하는 일이기도 하다. 그나마 폐기 대신 리퍼브 시장으로 보내지는 것은 긍정적이다. 리퍼브 시장이 커지는 이유는, 온라인 쇼핑 시장이 커지고 반품도 늘어나서 그에 따라 기업들이 반품 제품을 리퍼브 시장으로 많이 보내고 있기 때문이다. 리퍼브 상품을 전문적으로 판매하는 온라인몰도 급증했고, 리퍼브 가전과 가구를 전문적으로 파는 오프라인 리퍼브 매장의 성장세도 커졌다.

B급 소비, 리퍼브 소비는 누가 더 실용적이고 합리적 소비를 했느냐이지 굳이 과시할 일은 아니다. 하지만 역대급 인플레이션 시대, 스태그플레이션까지 가중되는 상황이 도래한다면 B급, 리퍼브도 욕망이 된다. A급이나 새 제품에 비해 '싸지만 조금 아쉬운' 이미지가 아니라 '누가 더 영리한가'의 이미지가 될 수 있기 때문이다.

재고 떨이! 사장님은 안 미쳤다,
이번 블랙 프라이데이를 놓치지 마라

▼

'사장님이 미쳤어요'라는 플래카드를 걸고 재고 떨이를 하는 곳을 봤을 것이다. 아마 2023년에는 미친 사장님을 더 많이 보게 될 가능성이 크다. 사실 절대 사장이 미친 게 아니라는 걸 여러분도 다 알고 있다. 재고 처리 시장에서 자주 쓰는 수법 중 하나이며, 눈물을 머금고 폐업 정리를 한다는 메시지로도 우리를 유혹한다. 소비재 기업의 재고 자산이 증가하면 결국 재고 처리 물량이 크게 늘어나고 떨이 시장은 커진다. 소비자로서는 싸게 살 수 있으니 좋아하겠지만 재고 증가와 재고 처리 확대는 기업의 손실이다. 유통업계는 손해를 줄이기 위해 대규모 세일을 하게 되고 제조업계는 생산을 줄이게 되는데 그 과정에서 구조 조정이 생기기도 한다. 재고 떨이가 누군가의 일자리에 영향을 줄 수 있는 셈이다.

인플레이션은 물가가 급등하는 것을 말하는데 여기에 대응하기 위해 금리도 오른다. 소비자 입장에서는 물가도 높아지고 금리도 올라가는 상황이라 구매 심리가 위축될 수밖에 없다. 가장 먼저 소비를 줄이는 것은 고가 제품이다. 가전제품이나 자동차의 교체 주기를 좀 더 길게 가져간다. 가전 시장에서 삼성전자, LG전자의 재고율도 역대 최고 수준이다. 유통업계에서는 면세점의 재고 문제가 심각하다. 백화점은 매장을 임대해 주고 임대료를 받는 경우가 많다면, 면세점은 제품을 직매입하는 경우가 많아서 재고 문제를 고스란히 면세점이 떠안아야 한다. 백화점에서는 재고 문제를 임대한 매장(업체)이 감당할 문제라서 직접적인 타격은 적다. 국내에서 블랙 프라이데이 비슷한 것을 해도 할인율이 아주 크지는 않기 때문에 미국의 블랙 프라이데이에 해외 직구를 하는 게 더 이익이라는 소비자가 많다. 그리고 2022년 미국 블랙 프라이데이는 역대급 재고 정리가 일어날 것이다. 블랙 프라이데이는 미국의 추수 감사절(매년 11월 넷째 목요일)의 다음날(금요일)부터 시작되는 세일 시즌이다. 1년 중 가장 큰 폭의 할인이 일어나는데 소매, 유통업계로서는 한 해의 재고를 정리하는 기간이기도 하다. 2022년 블랙 프라이데이는 11월 25일이다. 이때부터 연말까지 역대급 세일을 겪게 될 것이다.

기업들은 팬데믹 기간 중 공급망 대란으로 생산에 차질을 겪었다. 팔고 싶어도 물량이 부족해서 못 팔았다. 대표적인 제품이 자동차다. 계약을 해 놓고서 차를 인수받는 데까지 최소 몇 개월에서 1~2년씩 대기해야 하는 경우도 생겼다. 실제로 수요는 급등했어도 팔 물건이 없어서 매출을 줄어든 경우도 있고, 수요자가 무한정 기다려 주지도 않기에 기업들은 적정 재고를 유지해야 한다. 물류 대란을 겪은 기업들은 인플레이션 상황까지 고려해 재고를 충분히 확보하려 했다. 소비자의 수요를 충분히 감당해야 매출이 더 늘어날 수 있기 때문이다.

하지만 확대된 재고에 비해 수요가 따라가지 못하면 재고 자산만 늘어난다. 대표적인 곳이 월마트인데, 2022년 1분기 재고 자산이 전년 동기 대비 33% 증가했다. 재고 자산을 처리하기 위해서는 마진을 줄여 재고 떨이를 해야 한다. 소비자로서는 큰 세일이 좋겠지만 기업으로서는 영업 이익이 감소할 수밖에 없다. 아마존은 2022년 3월 기준, 재고 회전 일수가 57일로 역대 최고치를 기록했다. 그동안 평균

30~40일 정도를 유지했던 것과 비교하면 크게 늘어난 것이다. 이로 인해 7월에 재고 축소를 위한 프라임 데이를 열었는데 이 또한 주기적으로 열 수 있다. 가전제품 유통업체인 베스트바이의 2022년 1분기 재고회전 일수는 74일이다. 평소의 50~60일보다 길어졌다. 의류업체 갭은 2022년 1분기 재고가 전년 동기 대비 34% 증가했다. 재고 관리를 못해 실적 악화로 이어졌고 결국 CEO가 사임했다. 유통업체나 의류업체 등의 재고 증가는 소비재 시장의 위험 신호다. 미국의 재고 지수는 2022년 6월, 57.3으로 1984년 이후 최고치다. 미국 최대 창고인 동부 물류 센터 창고가 있는 지역에서는 재고로 채워져 빈 창고가 없을 정도라고 한다.

2022년 6월 기준 국내 기업 전체의 재고율은 2020년 5월, 팬데믹 초기에 불안과 공포로 소비가 크게 위축되었던 시기와 비슷해졌다. 삼성전자의 2022년 2분기 재고 회전 일수는 평균 94일로 전년 동기 대비 2주일 정도 늘어서 역대 최고치가 되었고, 2022년 상반기 삼성전자 재고 자산은 52조 922억 원으로 2021년 상반기 33조 5924억 원에 비해 55.1% 늘었다. 특히 재고 중에서도 제품 및 상품 재고는 17조 5741억 원으로 전년 동기 8조 3491억 원보다 2배 이상 늘었다. 재고 처리할 물량이 역대급이라는 의미다. IT/전자업종인 SK하이닉스는 재고 자산이 33.2% 늘었고, LG전자는 16.3%, LG디스플레이는 73.4% 늘었다. 석유 화학업종인 롯데케미칼은 2022년 상반기 재고 자산이 전년 동기보다 40.5%, 패션업종인 한섬은 11.4% 늘었다.

여러 업종에서 재고가 늘어간다는 것은 경기 침체의 신호이기도 하다. 특히 삼성전자와 SK하이닉스의 반도체 재고가 계속 늘어나는

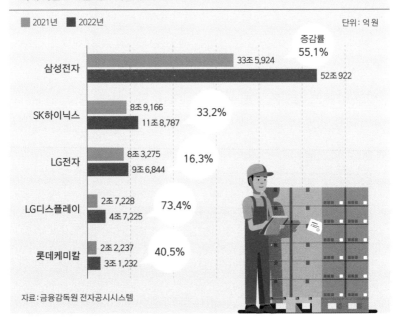

국내 기업 1~6월 재고 자산 추이

■ 2021년 ■ 2022년
단위 : 억 원

기업		증감률
삼성전자	33조 5,924 / 52조 922	55.1%
SK하이닉스	8조 9,166 / 11조 8,787	33.2%
LG전자	8조 3,275 / 9조 6,844	16.3%
LG디스플레이	2조 7,228 / 4조 7,225	73.4%
롯데케미칼	2조 2,237 / 3조 1,232	40.5%

자료 : 금융감독원 전자공시시스템

데, 반도체는 모든 가전과 컴퓨터 등에 들어간다. 이런 제품의 소비가 줄어들면 반도체 재고도 늘어날 수밖에 없고 이를 줄이기 위해 생산 계획이 조정된다. SK하이닉스는 4조 3000억 원을 투자해 건설하려고 계획했던 청주 공장 증설을 보류했다. 기업들에게 2022년 하반기는 이미 불확실성의 시기다. 투자도 채용도 줄어들 수밖에 없다. 불확실성은 2023년으로 이어질 가능성이 크다.

소비의 극단적 양극화: 아주 싼 것과 아주 비싼 것만 팔린다?

▼

기업의 구내식당이 붐비고 도시락을 싸 오는 직원이 늘어난다? 통근버스는 빈자리가 없는데 주차장에는 여유가 생긴다? 중국집의 가장 저렴한 메뉴인 짜장면이 7000원을 넘고 냉면은 1만 원을 넘는다. 김밥도 4000~5000원 정도 하고 김치찌개 백반을 먹으려 해도 1만 원으로는 어림없다. 2021년과 비교해도 2022년의 외식 물가는 두드러지게 올랐다. 겨우 1년 차이지만 10% 이상 올랐다. 점심값에 커피까지 마시면 1만 5000원은 기본이다. 아주 비싼 것을 먹는 게 아니라 그냥 조금 더 비싼 밥과 커피를 곁들이면 2만 원이 든다. 이러니 구내식당으로 몰려갈 수밖에. 심지어 저녁까지 구내식당에서 해결하려는 이들도 있다. 휘발유 가격도 크게 올라서 자동차로 출퇴근하는 데 부담을 가지는 이들도 생긴다. 지하철과 버스 이용객이 더 늘었고, 아예 전기차로 바꾸는 이들도 있다. 상대적으로 휘발유, 경유에 비해서는 절반의 비용으로 이동할 수 있기 때문이다. 고환율, 고물가, 고금리는 3중고다. 생산자와 소비자 모두를 부담스럽게 만드는 3가지 요소다.

기업은 원가 절감에 효율성 극대화를 더 신경 쓸 수밖에 없고, 소비자는 합리적 소비와 절약에 더 신경 쓸 수밖에 없다. 기업의 비용 절감 노력이 확대되어 비용 관리에서도 아주 까다롭고 원칙적인 진행이 늘어날 수밖에 없다. 회식도 출장도 줄고, 일의 방식도 달라질 수밖에 없다. 이는 외식업계의 위기를 가중시킨다. 외식업계에서 슈링크플레이션shrinkflation이 확산되고 있다. 줄인다는 의미의 슈링크shrink와 인플레이션의 합성어인데, 물가 상승에 따른 식자재 가격 인상을 음식값에

국내 소비자 물가 추이

단위 : %, 전년 동월 대비

6.3

한국은행 물가 안정 목표 ▼

0.6

2016년 1월   2022년 7월

자료 : 한국은행

바로 반영하지 못하는 식당에서 반찬을 줄이거나 조금 더 싼 재료를 쓰는 것을 일컫는다. 외식업계에서 이는 결국 악순환의 시작이 된다.

한국은행에 따르면, 2022년 1분기 기준 국내 자영업자 대출 잔액 규모는 960조 7000억 원이다. 2019년 말 684조 9000억 원과 비교하면 40.3% 증가했다. 2년여의 코로나19 팬데믹 기간에 자영업자들은 빚만 크게 늘었다. 자영업자들은 그만큼 돈을 벌지 못했다는 의미이고, 반대로 우리가 자영업자들에게 쓴 돈이 크게 줄었다는 의미기도 하다.

통계청의 '2022년 6월 온라인 쇼핑 동향' 자료에 따르면, 2022년 2/4분기의 온라인 쇼핑 거래액은 50조 5903억 원으로 전년 동기 대비 11.1% 증가했다. 이 중 모바일 쇼핑 거래액은 37조 5562억 원으로 전년 동기 대비 15.3% 증가했다. 전체 온라인 쇼핑 중에서 모바일 쇼핑이 4분의 3 정도를 차지한다. 온라인 쇼핑과 모바일 쇼핑이 증가하는 것은 자영업자들에게는 불편한 이야기다. 팬데믹은 자영업자에게 가장 큰 위기를 선사했다. 전체 소매 판매액 중 온라인 쇼핑 거래액의 비중은 2019년에 21.5%였지만, 2020년 26.3%, 2021년 27.5%로 코로나19 팬데믹이 온라인 쇼핑 가속화에 영향을 주었다. 사실 소매 시장에서 자동차와 연료를 제외하면 온라인 쇼핑의 비중은 47%나 된다. 이미 일상적 소비에서 온라인이 절반이다. 자영업의 위기는 팬데믹이 끝난다고 해소될 리 없다.

통계청에 따르면, 연간 온라인 쇼핑 거래액은 2019년 134조 5830억 원에서 2020년 161조 1234억 원으로, 팬데믹 첫해에 26조 5404억 원이 증가했고 19%의 성장률을 기록했다. 2021년은 187조 845억 원으로 전년보다 25조 9611억 원이 늘었고 전년보다 16% 성장했다. 한국온라인쇼핑협회는 2022년 온라인 쇼핑 시장 규모가 211조 원, 2023년에 241조 원 정도가 될 것으로 전망했는데 연간 성장률 14~15% 정도다. 온라인 쇼핑 시장의 성장률은 둔화될 것이지만 전체 소매 시장 성장률보다는 높을 것이다.

소매 시장에서 온라인의 비중이 계속 올라가면 결국 오프라인의 비중은 줄어들고 자영업의 위기는 지속된다. 살아남은 자영업자로서는 기회가 있을 수 있지만 전체로 보면 자영업자에게는 팬데믹 기간보다 2023년 이후가 더 가혹할 것이다. 팬데믹이 초래한 거리 두기, 영업 제한으로 타격을 받았기에 이 상황이 해소되면 위기도 해소될 것이라고 생각하며 희망을 가졌던 이들도, 소비자의 소비 태도의 근본적 변화

앞에서는 희망을 접는 일이 많아질 것이기 때문이다.

인플레이션이 계속되는 상황에서는 돈의 가치가 지속적으로 떨어지는 것이니 생필품에 대한 비축, 즉 사재기를 하는 일도 생긴다. 라면과 통조림, 가정 간편식 시장은 커질 가능성이 크다. 계속 써야 할 생필품에 대해서는 구매가 늘어나 물자 부족이 되고 가격은 더 올라갈 수 있다. 특히 농업과 인플레이션을 합친 애그플레이션agflation도 문제가 될 수 있는데, 코로나19 팬데믹 기간 중 이상 기후가 심해져 이미 글로벌 농산물 생산에 타격이 있었다. 여기에 러시아 전쟁으로 타격은 더 커졌다. 국제 곡물 가격의 상승은 한국처럼 곡물의 수입 의존도가 높은 나라에서는 밥상 물가 폭등에 이어 식량 안보 위기로도 이어질 수 있다. 이 과정에서 자영업의 위기, 소비 위축은 심화될 수 있다. 그리고 소비 양극화가 불가피하다. 그래서 다이소 같은 저가 유통업과 고가 럭셔리 유통업에게 기회가 된다. 한동안 매스티지masstige가 트렌드가 된 적이 있었다. 명품으로 가긴 비싸고, 대중적 소비재는 아쉽고, 그래서 그 중간에 대중적 명품이라는 매스티지 브랜드들이 주목을 받았다. 그러다가 경기가 좋아지면서 매스티지는 추락했다. 경기 침체기가 돌아왔지만 매스티지가 부활하기는 어려워 보인다. 소비의 극단적 양극화, 아주 싼 것과 아주 비싼 것만 팔릴 것이다.

경제 위기에 대한 당신의 관심도와 위기감은 고조되는가?

▼

구글 트렌드에서 'inflation, stagflation, recession'이라는 검색어를 전 세계에서(2004년 1월~2022년 8월) 얼마나 검색하고 있는지 관심도 추

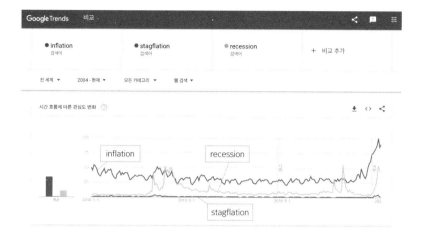

이를 살펴봤다. 3가지 검색어 모두 지금이 역대 최고의 관심도다. 특히 'recession'은 2008년 촉발되어 수년간 이어진 글로벌 금융 위기 때 관심도가 아주 높았고, 코로나19 팬데믹이 되면서 다시 관심도가 높아졌으며 2022년 들어 급상승세다. 'inflation'은 2000년대 이후 꾸준히 관심도가 높았지만 2022년 들어 관심도가 급등하고 있다. 구글 트렌드는 관심도, 즉 검색량의 트래픽이기에 보편적인 사람들이 가진 관심도 추이라 할 수 있다. 경제 전문가들이 아닌 일반적인 사람들이 가진 경제 위기에 대한 관심도이자 위기감으로도 볼 수 있는 것이다. 그래서 우리는 불안할 수밖에 없다. 주식 시장이 급락하는 것을 목격했고, 자산 시장 하락으로 손실도 봤고, 금리 인상으로 대출 이자가 부담스러워진 이도 많다. 대기업도 계속 구조 조정 뉘앙스를 드러내고 있고, 팬데믹은 좀처럼 끝나지 않는다. 위기감이 고조될 수밖에 없고 지갑은 닫을 수밖에 없다.

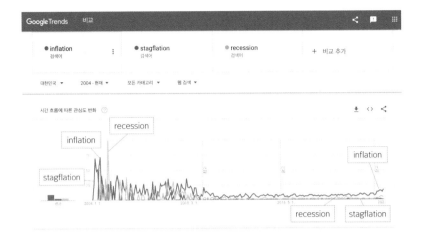

　같은 기간 동안 한국에서 'inflation, stagflation, recession' 검
색어에 대한 관심도를 살펴봤더니 2022년 들어 상승세인 것 같다. 하
지만 우리는 IMF 구제 금융의 여파가 이어지고 닷컴 버블까지 이어
진 2000년대 초반부터 2008년 글로벌 금융 위기 때까지 'inflation,
recession'에 대한 관심도가 가장 높았고, 심지어 'stagflation'에 대
해서도 지금보다 더 높은 관심도를 보였다. 한국 경제의 위기감은 그때
더 컸던 셈이다. 지금도 심각하지만 우리는 훨씬 더 심각한 시기를 이
미 겪었다. 그런데 만약 물가 상승과 경기 침체 상황이 더 악화되고, 위
기감이 더 고조되어 IMF 시대에 맞먹게 된다면 어떻게 될까?

　검색어를 '인플레이션, 경기 침체, 구조 조정'으로 설정해 최근
5년간(2017년 8월~2022년 8월) 각기 관심도 추이를 봤더니, 팬데믹 기간
중 고조된 인플레이션에 대한 관심도는 2022년 들어서도 고조되었다.
한국 경제에게 2022~2023년은 중요한 시험대다. 역대급 구조 조정의

해가 될 수도 있다. 경제 위기 상황에서는 정부의 역할이 무엇보다 중요하다. 우리의 관심은 세계 경제가 회복되고 미국 경제가 되살아나는 것보다, 한국 경제가 위기에서 벗어날 것인가이다. 경제도, 소비도 심리가 중요하다. 두려움과 불안감 앞에서는 패닉panic 행동들이 나오고 이는 상황을 더 악화시키기도 한다.

"디지털 광고 사업에 큰 영향을 미칠 경기 침체기에 진입한 것 같다. 침체가 얼마나 오래, 강력하게 이어질지는 어렵지만 분명 나빠졌다." 메타(페이스북) CEO 마크 저커버그가 2022년 2분기 실적 발표 뒤 기자 회견에서 한 말이다. 2022년 2분기, 메타는 전년 동기 대비 매출이 1% 줄어들었다. 겨우 1%인데 뭐 그러냐, 혹은 회사가 상황에 따라 줄어들 수도 있지 않겠느냐 생각할 수 있겠지만, 메타는 계속 성장세를 이어 온 회사다. 분기 매출이 전년 대비 감소한 것은 처음이다. 순이익은 3분기 연속으로 감소세다.

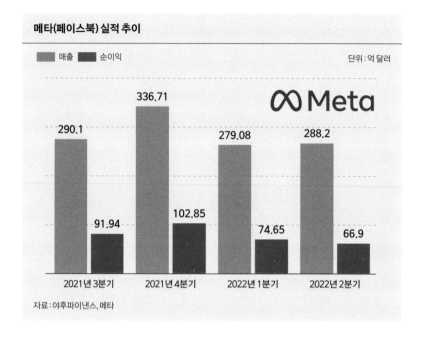

메타(페이스북) 실적 추이

■ 매출 ■ 순이익   단위 : 억 달러

	2021년 3분기	2021년 4분기	2022년 1분기	2022년 2분기
매출	290.1	336.71	279.08	288.2
순이익	91.94	102.85	74.65	66.9

자료 : 야후파이낸스, 메타

    메타의 매출 중 광고 사업의 비중은 95% 정도다. 매출이 줄어들었다는 것은 디지털 광고 시장이 위축되었다는 의미다. 애플의 개인 정보 보호 정책 변화에 따른 맞춤형 광고 수익 감소와 달러화 강세가 컸다. 미국 외 기업들로서는 달러 강세가 광고비 추가 지출이 될 수 있기에, 가뜩이나 경기 침체가 대두되는 상황에서 광고비를 줄이고 있다. 경기 침체가 가속화될수록 광고 사업의 타격은 커지고 기업들도 광고 집행에서 투자 대비 효용성을 더 따지게 된다. 메타의 일일 활성 이용자 수는 19억 7000만 명으로 1분기보다 1000만 명 늘었다. 일일 활성 이용자 수가 늘었는데도 광고 매출이 줄어든 셈이고, 광고 수요 악화는 3분기 이후로도 이어질 수 있다. 이는 메타뿐 아니라 광고 사업 비중이 높

은 구글, 트위터 등도 마찬가지다. 국내에서는 네이버, 카카오도 영향을 받는다. 디지털 광고 시장뿐 아니라 신문, 방송, 잡지 등의 전통적 광고 시장의 타격은 더할 수 있다. 경기 침체기는 이미 시작되었다.

2023년은 스태그플레이션의 해일까?

▼

2022년은 인플레이션의 해였다. 2022년이 되기 전부터 다들 예상했을 정도로, 코로나19 팬데믹 기간 중에 인플레이션이 될 조건들이 계속 쌓여 가고 있었다. 전 세계가 막대한 돈을 풀었고 특히 미국이 이런 흐름을 주도했다. 2022년은 무조건 통화 긴축과 금리 인상을 할 수밖에 없었다. 사실 2008년 미국발 금융 위기가 초래하고 2010년대 초반까지 이어지던 글로벌 금융 위기, 유럽 재정 위기 등의 여파가 완전히 해소되기도 전에 코로나19 팬데믹을 만났다. 코로나19 팬데믹이 초래한 경제 위기를 글로벌 금융 위기 수준으로 파악하고 대응한 미국은 결과적으로 판단 착오했고 이로 인해 위기를 가중시킨 셈이다. 사실 판단 착오라는 것도 결과론적이다. 팬데믹이 초래한 경제 위기 상황은 처음 겪는 것이라 이 정도인 줄은 몰랐고 그래서 대응에도 한계가 있었다.

　미국이 초래한 인플레이션, 중국이 초래한 인플레이션, 거기에 러시아 전쟁이 초래한 인플레이션 등 세계 주요 국가들이 글로벌 인플레이션 상황에 기름을 부었다. 그 여파는 전 세계로 번지고 한국도 초유의 경제 위기 상황을 앞두고 있다. 인플레이션은 당연히 올 것이라고 예상했지만 생각보다 좀 더 심각했고 경기 침체도 가시화되었다. 인플레이션에 그치지 않고 스태그플레이션까지 대두된 것이다. 2022년 상반기 미국은 슬로플레이션slowflation 단계였다. 스태그플레이션보다는 덜하지만 경제 성장이 크게 둔화된 상태에서 인플레이션이 심화되었다. 원자재와 소비재 값이 오르고 인건비도 오르는 등 전반적인 물가가 상승하는 경제 상태에서는 소비가 위축되고 투자도 저하될 수 있다. 여기에 경기 침체까지 더해지면 서로 악순환하며 위기를 증폭시킬 수 있다. 그 상황이 바로 스태그플레이션이다.

전 세계는 스태그플레이션의 심각한 공포를 겪은 적이 있다. 1970년대 오일 쇼크로 고물가와 경기 침체가 동시에 나타난 스태그플레이션이 미국, 유럽을 비롯한 경제 선진국을 필두로 전 세계를 휩쓸었다. 경제 선진국들이 두 자릿수 물가와 마이너스 성장을 기록했을 정도니 다른 나라는 오죽했을까. 1974년 이스라엘과 중동의 아랍 국가들이 전쟁을 벌이면서 1차 오일 쇼크가 생겼다. 당시 원유 가격이 폭등하고 세계 경제는 냉각됐으며 세계 물가 상승률은 16.9%까지 치솟았다. 1979년 이란 혁명으로 2차 오일 쇼크가 생겼고 1980년대 초반까지 이어졌다. 미국은 강력한 통화 긴축 정책을 꺼내서 1981년 미국의 기준 금리를 (1979년 11%에서 단기간에 크게 올린) 19%까지 올리며 물가를 잡았다. 1970~1980년대 초반 한국의 은행 예금 이자는 15~18% 정도 되었다. 지금으로서는 상상도 못 할 이자다. 인플레이션을 방어하는 것은 그때나 지금이나 아주 어려운 숙제이자, 우리 삶과 소비에 많은 영향을 준다. 사람들은 거시적 경제 상황 변화가 자신의 삶과 무관하다고 오해하거나, 인플레이션이나 스태그플레이션이라는 말이 뉴스에 자주 언급되어도 자신과는 상관없는 이슈라고 지나치기도 한다. 하지만 이는 아주 위험하고 심각한 일이다. 우리는 자본주의 경제 체제에 살고 있고, 거시 경제는 결국 우리의 가계와 소비, 소득, 일자리 등 많은 것에 영향을 미친다. 코로나19 팬데믹 기간에 가장 힘들어했던 이들은 자영업자와 서민들이다. 그들로서는 팬데믹이 끝나면 위기가 끝날 것이라는 희망을 품었겠지만 2022년 인플레이션이 초래하는 위기 앞에 이런 희망은 조금 깨졌을 것이다. 그리고 2023년 스태그플레이션이 본격화되면 더더욱 힘겨운 시기를 맞을 것이다.

미국 노동부 고용통계국에서 발표한 2022년 6월 소비자 물가 지수CPI, Consumer Price Index 상승률이 전년 동월 대비 9.1% 상승한 것 때문에 세계 경제는 심각한 위기 신호를 받았다. 세계 증시가 폭락했고 자산 시장 전반에서도 경고음이 커졌다. 소비자 물가 지수 상승률이 뭐길래 이렇게 심각한 경고를 느끼게 한 걸까 싶겠지만, 2022년 6월의 소비자 물가 지수 상승률은 1981년 11월 이후 최대치 상승률이었다. 비교 대상은 오일 쇼크 여파가 있었고 미국 기준 금리가 극단적으로 올라갔던 1981년이다. 41년간 겪지 않았던 수치에 이르렀기 때문에 시장은 흔들렸고, 미국의 경제 위기 대응 능력에 대한 불신도 커졌다.

74쪽 그래프는 1948년 1월부터 2022년 6월까지의 소비자 물가 지수의 전년 동월 대비 상승률 추이다. 2021년부터 시작된 상승이 2022년 들어 얼마나 가파르게 올라가는지, 즉 인플레이션이 얼마나 심해졌는지 짐작하게 한다.

이러니 미국 연방준비제도FED에서 빅 스텝, 자이언트 스텝에 이어 울트라 스텝까지 금리 인상의 폭을 과감히 높여서 대응했다. 2022년 7월, 미국 소비자 물가 지수는 전년 동월 대비 8.5%로 6월에 비해 상승 폭이 줄어들었고 예상치보다도 낮았다. 이 때문에 미국의 인플레

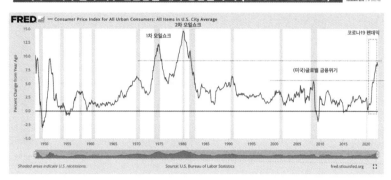

미국 소비자 물가 지수 전년동월 대비 상승률 추이 (1948. 1 ~2022. 8)

이션이 정점에 이르렀다는 분석이 나오고 주식 시장은 급등했다. 하지만 8월 소비자 물가 지수가 전년 동월 대비 8.3%로 여전히 8%대의 상승률을 이어 갔다. 인플레이션은 그리 쉽게 해소될 문제가 아니다. 2022년 8월 25~27일, 잭슨홀 미팅에서 미국 연방준비제도 의장 제롬 파월Jerome Powell은 8분 50초 동안 연설하면서 '인플레이션'을 45번이나 말했다. 월간 물가 지표가 조금 개선되었다고 물가 상승률이 내려갔다고 할 수는 없다며 금리 인상을 중단하거나 멈출 때가 아니라고 했다.

경기 침체 우려가 있더라도 금리 인상은 계속해서 인플레이션을 확실히 해결해야 한다는 메시지였다. 금리가 높아지면 가계와 기업에게 고통이 생길 수 있겠지만 그래도 물가 안정에 실패해서 겪는 고통보다는 적다는 의미다. 제롬 파월의 메시지 영향으로 곧바로 미국 주식 시장은 급락했다. 한국 주식 시장도 일부 영향을 받았고 특히 달러 대비 원화 가치가 하락했다. 2023년까지도 금리 인상은 이어질 것이고,

인플레이션과 스태그플레이션은 2023년 내내 우리를 따라다닐 것이다. 한국은행이 미국 연방준비제도보다 금리 인상을 먼저 종료하는 것은 불가능하다. 우리나라도 2023년에 계속 금리가 인상될 가능성이 높다. 이는 대출 이자 부담을 더 크게 할 것이고, 부동산 경기 하락세도 더 가속화될 수 있다.

캔자스시티 연방준비은행은 매년 8월 미국 와이오밍주의 그랜드 티턴 국립 공원 내 잭슨홀에서 전 세계 중앙은행 총재들의 연찬회이자 잭슨홀 경제 심포지엄을 연다. 미국 연방준비제도 의장을 비롯해 유럽 중앙은행 총재, 전 세계 주요 국가 중앙은행 총재들과 노벨 경제학상 수상자, 경제학자 등 150여 명 정도가 참석하는데 매년 전 세계가 이 행사를 주목한다. 세계 경제의 향방을 결정하는 데 영향을 주는 메시지가 나오기 때문이다. 2005년 잭슨홀 미팅에서는 IMF 수석 이코노미스트 라구람 라잔Raghuram Rajan이 '세계가 자산 거품의 위험에 놓여 있다'고 경고했는데 결국 2008년 글로벌 금융 위기가 왔다. 2007년 잭슨홀 미팅에서는 당시 연방준비제도 의장 벤 버냉키Ben Bernanke가 시장 혼란을 막을 조치를 취할 준비가 됐다며 양적 완화를 시사하는 메시지를 줬고, 2008년에 양적 완화에 돌입했다. 그리고 제롬 파월은 2022년 잭슨홀 미팅에서 인플레이션을 잡겠다는 강력한 의지를 보여 줬다. 이렇듯 잭슨홀 미팅의 메시지는 지금처럼 인플레이션과 경기 침체를 우려하는 상황에서는 더더욱 중요하게 다가온다.

참고로 캔자스시티 연방준비은행은 미국의 12개 연방준비은행 중 하나다. 미국의 연방준비제도는 미국의 중앙은행이고 달러 발행권을 가지고 있어 이들의 결정에 따라 세계 경제가 움직인다고 해도 과언이 아니다. 연방준비제도는 7인의 연방준비제도이사회에 의해 운영되는데, 미국 내 12개의 연방준비은행을 감독하고 국가 통화 정책을 관리한다. 현재 연방준비제도이사회 의장인 제롬 파월은 2012년부터 이사회 일원이었고, 2018년 2월에 의장(4년 임기)에 선출되었으며 연임에 성공해 2026년까지 재임한다. 그의 재임 기간은 미국 경제, 아니 세계 경제의 가장 중요한 시기다. 주요 국가의 중앙은행은 정부와 독립적이다. 한국은행도 마찬가지다. 한국은행이 정권의 메시지보다 미국 연방준비제도의 메시지에 더 영향을 받을 수밖에 없다.

2022년 8월, 미국은 '인플레이션 감축법'을 통과시켰다. 2022년부터 2031년까지 10년간 정책 집행을 위해 지원되는 액수가 4400억 달러 규모다. 바이든 정부가 계속 추진해 왔지만 통과되지 않았던 '더 나은 재건 법안'을 일부 수정해 인플레이션 감축법을 만든 것인데, 2030년까지 온실가스 40% 감축을 위한 기후 변화 대응과 재생 에너지를 비롯한 에너지 안보 강화를 위해서 3690억 달러가 투자된다. 경제 회복의 새로운 중심축이 되는 신재생 에너지 산업으로서는 감세와 보조금 지원으로 새로운 기회가 열린다. 증세와 감세가 복합적으로 구성된 법안인데 대기업 법인세 최저 세율 15% 도입, 자사주 매입세 1% 부과 등 증세되는 세금이 10년간 4550억 달러 규모다. 즉, 증세되는 부분만 가지고도 인플레이션 감축법에서 소요되는 예산을 충당할 수 있는 것이다. 그래서 인플레이션이 정점에서 꺾인 후 내려가고 경기 침체 상황도 해소되면 스태그플레이션에 대한 우려는 지워질 수밖에 없다. 물론 미국은 위기를 가장 먼저 넘어서겠지만, 미국의 위기 탈출이 한국에도 그대로 적용되는 것은 아니다.

위 그래프는 경제 고통 지수 추이다. 팬데믹이 선언된 2020년 4월의 경제 고통 지수는 1983년 이후 최고치였다. 그 후 미국이 열심히 돈을 푼 덕분에 경제 고통 지수는 크게 떨어졌는데 2022년 들어 계속 올라가며 2022년 6월에는 글로벌 금융 위기 때 수준까지 왔고, 소비자 물가 상승률이 1980년대 초와 비교될 수준이 되었듯 경제 고통 지수도 그렇게 될 가능성이 커졌다.

경제 고통 지수는 실업률과 소비자 물가 상승률을 더해서 계산한다. 1970년대 스태그플레이션으로 고물가와 고실업이 동시 발생해 가장 극심한 경제적 고통을 겪었다. 참고로 경제 고통 지수는 미국의 경제학자 아서 오쿤Arthur Okun이 고안한 지표인데, 그는 실업과 경제 성장과의 관계를 밝힌 오쿤의 법칙Okun's law도 고안했다.

1970년대 (국가 간 갈등이자 전쟁이 초래한) 오일 쇼크가 스태그플레이션의 촉매제가 된 것처럼, 지금은 코로나19 팬데믹(자연재해)과 러시아 전쟁(국가 간 갈등)이 초래한 위기가 촉매제가 되고 있다. 2008년 미국 금융 위기가 초래한 글로벌 금융 위기가 2010년대 초반까지 이어질 때도 스태그플레이션 우려는 있었다. '닥터 둠'이라는 별명을 가진 누리엘 루비니Nouriel Roubini 뉴욕대학교 교수가 2011년 6월에 세계 경제를 예측하면서 퍼펙트 스톰Perfect Storm이라는 용어를 처음 썼다. 원래는 개별적으로 보면 위력이 크지 않은 태풍 등이 다른 자연 현상과 동시에 발생하면서 엄청난 파괴력을 갖게 되는 현상을 일컫는 용어다. 그런데 이를 경제에 빗대어, 세계 경제가 동시에 위기에 빠져 대공황이 초래되는 상황을 뜻하는 의미로 쓴 것이다.

코로나19 팬데믹 이전에도 퍼펙트 스톰이 세계 경제와 한국 경제의 화두이기는 했다. 그리고 위기를 예고하는 책들이나 주장이 2018~2019년에 크게 대두되었다. 그런 위기 신호가 있던 상황에서 우리는 코로나19 팬데믹을 만났고 모든 관심사를 그쪽에 뺏겨 버렸다. 분명 세계 경제는 더 악화될 것이 뻔했지만 바이러스와의 싸움과 보건복지에 대한 관심이 더 커지면서 잠시 경제 위기 상황에 둔감해진 이가 많아진 것이다. 결국 팬데믹이 끝나 가는 분위기가 되니 진짜 위기인 경제 위기 상황이 대두되었고, 1차로 부각된 것이 인플레이션이다. 급격한 금리 인상이 이어지면서 대응하고 있지만, 상황은 인플레이션에 그치지 않고 스태그플레이션을 가시화시켰다. 그동안 우리가 숱한 우려 상황을 겪었다면 이제는 우려가 아닌 실제 상황이다. 한국은 퍼펙트 스톰이라 불리는 총체적인 경제 위기를 1997년 외환 위기 때 겪었고, 2008년 미국 금융 위기 때도 겪었으며, 2022년을 시작으로 2023년에도 겪는다. 수출 비중이 높은 한국 경제는 선진국을 필두로 전 세계가 맞을 스태그플레이션에 치명적이다. 한국 기업의 위기, 한국 경제의 위기는 고스란히 국내 경기와 소비의 위기로 이어질 수밖에 없다.

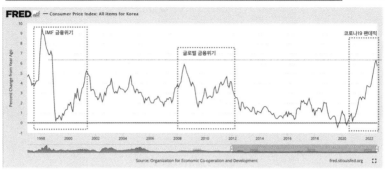

한국 소비자 물가 지수 전년동월 대비 상승률 추이 (1997. 1 ~2022. 8)

위 그래프는 1997년 1월에서 2022년 7월까지 한국의 소비자 물가 지수, 전년 동월 대비 상승률 추이다. 우리에게 가장 큰 경제 위기였던 IMF 구제 금융을 받던 1998~1999년의 수준과 비교해 보라. 이미 2022년 상반기에 글로벌 금융 위기 때의 물가 수준을 능가했다.

앞서 미국의 소비자 물가 지수 추이가 2022년 7월에 상승세가 꺾이며 인플레이션의 정점이라는 이야기를 했던 것과 달리, 한국은 상승세가 이어졌다. 8월이 되어서야 상승세가 일시적으로 꺾이긴 했지만 여전히 고물가인 것은 변함이 없다. 2022년 하반기의 물가 상승 추세가 어디까지 가느냐, 물가를 잡기 위한 금리 인상이 미칠 파급도 지켜봐야 한다. 영끌로 부동산 투자를 한 사람들을 비롯해 가계 부채와 부동산 가격 하락이 미칠 타격, 기업의 구조 조정 대량화와 경기 침체 심화 상황이 초래할 위기도 우리는 지켜봐야 한다. 결국 위기를 극복하기는 하겠지만 그 과정에서 겪을 경제적, 사회적 변화와 욕망, 소비, 라이프스타일의 변화 가능성에 대한 대비와 대응이 필요할 수밖에 없다.

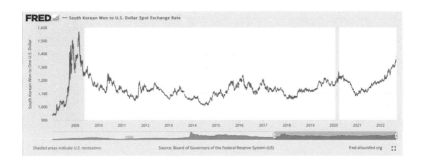

위 그래프는 2008년 1월부터 2022년 9월 초까지 달러 대 원화 가치 비율을 그래프로 본 것이다. 글로벌 금융 위기 이후 원화 가치가 가장 낮다. 이제는 달러 강세로 1달러가 1400원을 돌파했고, 2022년 연말까지 원화 가치 하락은 더 이어질 수도 있다. 한국의 수출 기업에게는 나쁘지 않지만 한국의 소비자에게는 해외여행 비용이나 해외 제품가격 인상으로 추가 지출이 불가피하다. 이런 상황도 국내에서 명품 패션 브랜드 소비가 꺾이는 데 영향을 준다. 글로벌 명품 패션 시장에서 한국은 팬데믹 기간 중에도 크게 성장한 중요 시장이지만 앞으로도 이 흐름이 계속 이어질지는 두고 볼 일이다.

리셀도 컬래버레이션도 명품도 지겨워

▼

2022년 6월, 구찌와 아디다스가 컬래버레이션을 한 한정품을 팔았는데 오픈 런 대란은 일어나지 않았다. 보통 명품과 유명 브랜드의 컬래버레이션 상품은 출시와 동시에 완판되고, 매장 앞에는 사람들이 길게 줄을 선 채 몇 시간씩 기다리는 게 당연한 모습이었다. 하지만 '구찌다스(구찌+아디다스)'는 그렇지 못했다. 출시 전까지만 해도 패션 마니아들 사이에서 관심이 컸던 컬래버레이션이었다. 고가의 명품 브랜드와 대중적 캐주얼 브랜드가 컬래버레이션하는 경우가 많은데, 대부분 보다 젊고 대중적인 고객을 끌어들이기 위한 전략이다. 상대적으로 낮은 가격으로 명품 브랜드를 체험하는 효과가 있는 데다 한정품이어서 더 열광했다. '아디다스×구찌 가젤' 스니커즈는 112만 원이다. 그냥 구찌 스니커즈 가격대다. 아디다스 가젤 스니커즈가 5~6만 원부터 시작해 라인업에 따라 10만 원대도 있다는 것을 감안하면 두 브랜드의 컬래버레이션 제품이면서도 가격은 구찌 기준인 것이다.

코튼 저지 티셔츠, 즉 면 반팔 티는 92만 원, 버킷 모자 70만 원대, 맨투맨 티셔츠는 200만 원 정도이고 반바지도 240만 원 정도다. 신발과 티셔츠 모두 얼핏 보면 아디다스 제품으로만 보인다. 디자인도 기존의 아디다스 디자인에 가깝다. 구찌처럼 보이는 것이 아니라 아디다스처럼 보이는데 구찌 가격을 주고 사야 하는 셈이다. 프랑스 럭셔리 패션 브랜드 아미AMI는 스포츠 브랜드 푸마와 컬래버레이션으로 만든 제품들이 기존 아미 제품의 3분의 1 가격이었다. 스위스 고가 시계 브랜드 오메가가 캐주얼 시계 브랜드 스와치와 컬래버레이션해 만든 '문스와치'는 30만원 대다. 오메가의 스피드마스터 문워치가 700만 원대인 것과 비교하면, 저렴한 가격에 고가 시계 브랜드 제품을 경험할 수 있다는 목적에 아주 부합한다. 그리고 럭셔리 브랜드의 가격과 컬래버레이션 제품의 가격 차이가 크다 보니 출시 때 대란이라 불릴 정도로 오픈 런이 벌어졌고, 제품은 프리미엄이 붙어 리셀Resell이 되는 등 갖고픈 욕망이 계속 이어졌다. 설령 아무리 비싸다 해도 프리미엄이 붙어 리셀

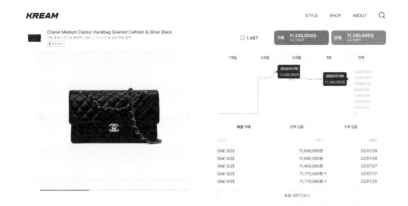

▶▶▶ 리셀 플랫폼 '크림'에서 판매 중인 샤넬 클래식 미디엄 플랩백.

이 된다면 오픈 런이 일어난다. 하지만 지금은 리셀 열풍이 꺾였고, 명품 브랜드가 한정품을 내놓으면 뭐든지 무조건 잘 팔리던 분위기가 아니다. 확실히 달라졌다. 매력적이고 흥미로운 스토리가 있거나, 가격 경쟁력이 있지 않고서는 컬래버레이션 자체만으로는 유인 효과가 약해졌다. 럭셔리 브랜드들이나 대중적 유명 브랜드들이 수년간 컬래버레이션을 너무 많이 해서 식상함과 피로감도 있다.

리셀 플랫폼 크림KREAM에서 샤넬 클래식 미디엄 플랩백의 체결 거래 가격 추이를 살펴보면, 2022년 1월 6월 1400만 원까지 갔던 것이 2022년 7월 29일 1150만 원까지 떨어졌고 즉시 구매가는 1133만 원을 기록했다. 2022년 들어 7개월 새 20% 정도 떨어진 것이다. 같은 시점 샤넬 매장에서 같은 제품의 판매가는 1180만 원이었으니, 매장 판매가보다 50만 원가량 낮게 즉시 구매가 가능하다는 것이다.

리셀은 중고가 아니다. 새 제품을 사서 그대로 되파는 것이다.

2021년에는 매장가보다 리셀가가 더 비쌌다. 단지 되파는 것만으로도 몇백만 원을 벌었지만, 지금은 당장 사서 되파는 게 돈이 되지 않는다. 오히려 손해다. 다만 이전에 구입한 제품을 지금 되판다면 조금 남겠지만 말이다. 2020~2021년 2년간 샤넬 클래식 미디어 플랩백의 인기는 하늘을 찔렀다. 오픈 런의 대상이자 리셀 시장의 아이콘이 된 게 바로 이 백이다. 이런 인기에 힘입어 매장에서 판매가는 2019년 11월에 715만 원, 2020년 5월 846만 원, 2020년 11월 864만 원, 2021년 7월 971만 원, 2021년 11월 1124만 원, 2022년 3월 1180만 원으로 계속해서 올랐다. 같은 제품의 가격이 고공 행진할 수 있었던 것은 욕망의 힘 덕분이다.

리셀가가 떨어졌다는 것은 그만큼 구매가 수월해졌다는 의미다. 공급보다 수요가 훨씬 많을 때는 돈이 있어도 못 사는 사람이 많고, 그런 사람들은 웃돈을 주고서라도 리셀을 선택한다. 하지만 수요와 공급의 균형이 이뤄지면 굳이 리셀을 할 필요 없이 매장에서 사면 된다. 샤넬의 공급량이 늘어난 것은 아니니 수요가 줄어든 것으로 보아야 한다. 아무리 탐나는 제품, 과시하기 좋은 물건도 흔해지면 가치가 떨어진다. 흔해진다는 것은 아무나 가진다는 의미도 되고, 시시해지고 희화화되거나 조롱의 대상이 되기도 한다. 물론 그렇다고 샤넬의 추락이라고 할 수는 없다. 오픈 런의 추락, 리셀 열풍의 추락이라면 몰라도 말이다.

롤렉스 시계 중 가장 인기 있는 모델은 '서브마리너 데이트'다. 그중에서도 리셀 시장에서 유통량이 가장 많은 블랙 베젤 제품(126610LN)의 매장 가격은 1142만 원이다. 리셀가는 리셀 플랫폼 크림 기준, 2022년 2월 중순에 2090만 원으로 정점을 찍었고 7월 말에는 1700만 원까지 내려왔다. 그린 베젤 제품(126610LV)의 매장 가격은 1357만 원이고 리셀가는 2022년 2월 중순에 3120만 원으로 정점이었다가 7월 말 2160만 원까지 내려왔다. 리셀가가 약 5개월 만에 1000만 원이나 떨어졌다. 여전히 리셀가가 정가보다 크게 높지만 분명 2021년에 치솟던 리셀가가 2022년 초반을 기점으로 하락세로 돌아선 것은 맞다. 롤렉스는 워낙 공급량이 적다 보니 샤넬 백의 리셀가 하락 같은 상황을 맞지는 않겠지만 열풍이 꺾인 것은 분명하다.

네이버 트렌드에서 '샤넬, CHANEL' 검색어에 대한 관심도 추이를 2016년 7월에서 2022년 7월까지 살펴보니 확연하게 드러났다. 2022년 1월을 정점으로, 그 이전까지 수년간 지속해서 상승하던 관심도가 2022년 상반기 하락세였다. 이런 결과는 여성 중 19~39세만 대상으로 했을 때다. 남녀 모두를 대상으로 하거나 전체 연령대로 봤을 때 모두 2022년 1월이 정점인 것은 동일했으나, 그 이전까지 상승세가 좀 더 완만하고 2022년의 하락세도 좀 더 완만했다. 즉, 검색어 샤넬에 대한 접근은 2030세대 여성이 가장 적극적으로 하고 있다는 의미이며, 실제로도 이들이 가장 주요 소비자군이다. 샤넬에 대한 이들의 관심이 줄어들었다는 것은 샤넬과 리셀업계로서는 반가운 일은 아니지만 다른 브랜드에게는 새로운 기회이기도 하다.

구글 트렌드에서 2012년 7월부터 2022년 7월까지 10년간을 살펴봤을 때도 관심도의 정점은 2022년 1월이다. 지난 10년 중에서도 초반 5년은 보합세였지만 후반 5년은 상승세가 뚜렷했다. 특히 팬데믹 기간이 이런 상승세 기간과 겹치는 것도 보복 소비, 보상 소비라는 이슈와 연결시켜 볼 여지가 있다. 그리고 수년간의 관심도 상승세에 따른

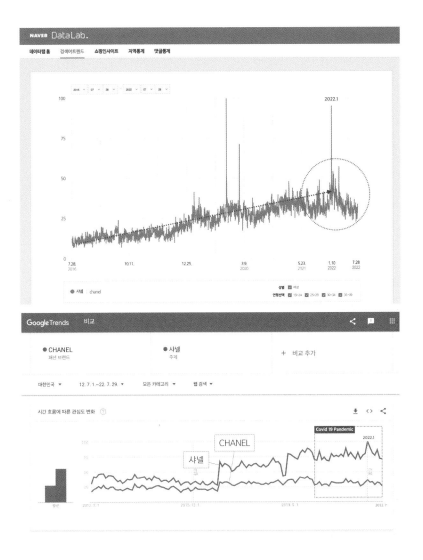

피로감이 2022년 하락 반전의 이유로 볼 여지도 크다.

　물론 샤넬의 인기가 줄었다는 이야기를 하려는 것이 아니다. 여전히 샤넬 제품은 잘 팔리고, 달러화 강세와 유로화 약세에 따라 미국 소비자들이 샤넬을 비롯해 유럽의 패션 브랜드의 고가 제품을 적극적으로 소비하는 유리한 상황도 맞고 있다. 스위스 연방 은행 UBS의 보고서에 따르면, 2022년 6월 프랑스에서 관광객이 제품을 구매한 금액은 2019년보다 11.3% 늘었다는데 그 수혜자는 프랑스 명품 기업들이다. 공급은 한정적인데 수요가 늘면 가격은 올라가기 마련이다. 해외여행이 사라진 시대였던 2020~2021년, 명품 패션의 보상 소비가 호재로 작용한 덕분에 그들은 잦은 가격 인상을 했다. 그리고 2022년에는 미국 달러 강세가 만들어 낸 수요 증가 덕분에 가격 인상을 단행하기 더 좋아졌다. 유럽에서는 2022년 상반기에 고가의 시계, 보석, 명품 가방 등이 잘 팔렸고 이 흐름은 당분간 이어질 가능성이 크다.

LVMH에 이어 명품업계 2위 그룹이자 까르띠에, 피아제, 바쉐론 콘스탄틴, 몽블랑, 끌로에 등 20여 개 브랜드를 소유한 리치몬트 그룹은 2022년 2분기 유럽 매출액이 전년 동기 대비 42% 증가했다. 아메리카 매출액은 25% 증가했다. 반면 중국, 한국, 일본 등 명품 소비 강국이 있는 아시아, 태평양에서는 15% 감소했다. 아메리카 매출 증가도, 유럽 매출 증가도 일등 공신은 미국인들이다. 중국의 코로나19 통제로 인해 2022년 상반기 명품 업체들의 중국 내 매출이 크게 줄었다. 그런데 미국 소비자들 덕분에 중국에서 줄어든 매출 손실을 다 복구했을 정도다. 부가 가치세VAT 환급 제공 업체인 플래닛에 따르면, 2022년 6월에 미국 여행객이 유럽에서 쓴 돈은 2019년 6월보다 56% 많았다. 코로나19 팬데믹 이전 수준의 회복 정도가 아니라 더 크게 늘었다는 것은 1달러가 1유로 정도가 되었기 때문이다. 2008년부터 2022년 7월까지 달러 대 유로화 가치 비율을 그래프로 보면 확실하게 실감이 난다.

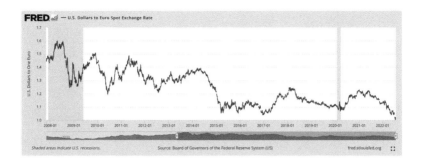

유럽도 물가 폭등을 맞고 있지만 워낙 달러 강세가 이어지다 보니 미국인들 입장에서는 환율 차이에 따른 이득을 본다. 미국인들 입장에서는 갑자기 명품이 세일을 하는 느낌일 것이다. 미국인들이 적극적으로 유럽으로 여행을 가고 패션 명품도 적극 소비한다. 결과적으로 패션 명품에 대한 가치와 욕망은 예전만 못 할 수 있다. 아무리 좋은 것이라도 흔해지고 쉬워지는 순간 우리의 욕망에서 멀어지기 시작한다.

왜 팬데믹 기간 중 명품 시장은 뜨거웠을까?

▼

2020~2021년 국내에서 20대의 명품 소비는 크게 늘었고, 명품업계는 새로운 명품 소비 세력으로 부상한 MZ세대에 고무되었다. 금융감독원 전자공시시스템에 따르면, 에르메스 코리아의 2021년 매출은 5275억 원으로 전년 대비 25.8% 증가했다. 영업 이익은 1704억 원으로 전년 대비 27.8%, 순이익은 27.1% 증가했다. 루이비통 코리아는 2021년 매출 1조 4680억 원으로 전년 대비 40.2% 증가했고 영업 이익은 3018억 원으로 98.7%, 순이익은 2249억 원으로 무려 219.8%

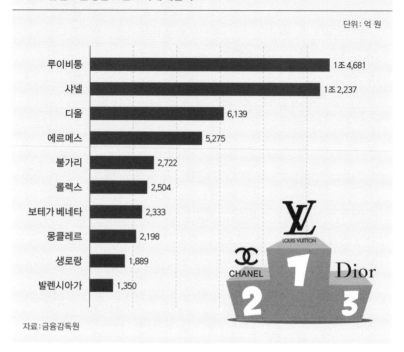

2021년 글로벌 명품 브랜드 국내 매출액

단위: 억 원

루이비통	1조 4,681
샤넬	1조 2,237
디올	6,139
에르메스	5,275
불가리	2,722
롤렉스	2,504
보테가 베네타	2,333
몽클레르	2,198
생로랑	1,889
발렌시아가	1,350

자료: 금융감독원

증가했다. 샤넬 코리아의 2021년 매출은 1조 2237억 원으로 전년 대비 31.6%, 영업 이익은 2489억 원으로 66.9% 증가했다. 디올 코리아의 매출은 6139억 원으로 88% 증가했고, 불가리 48%, 보테가 베네타 48%, 몽클레르 47%, 생로랑 29%, 발렌시아가 24%, 펜디 57%, 페라가모 16% 등 주요 명품 패션 브랜드들이 호황을 누렸다. 2020년 대비 2021년의 명품 시장 성장률만 보면, 국내에서 연 매출 2504억 원으로 전년 대비 8% 증가에 그친 롤렉스를 보며 '왜 이리 장사를 못했어?'라는 망발을 할 지경이다. 롤렉스는 5년간 꾸준히 수요가 증가했지만 생산량은 일정하다. 심지어 2020년에는 팬데믹으로 공장 가동을 중단하기까지 해서, 생산량과 공급량이 줄어들어 국내에서는 매출이 20% 감소했었다. 돈이 아무리 있더라도 사고 싶어도 못 사니 리셀가가 매장 판매가보다 훨씬 높아진 것이다.

2021년 명품 시장이 뜨거워진 덕분에 국내 백화점도 역대급 성장을 했다. 코로나19 팬데믹 이전부터 백화점은 위기였다. 국내 백화점 시장은 2019년 마이너스 성장이었는데 2020년 팬데믹을 맞아 2년 연속 마이너스 성장을 기록했다. 하지만 2021년에는 20.5% 성장했다. 주요 백화점의 명품 매출은 30~40% 성장했다. 국내 5대 백화점(롯데, 신세계, 현대, 갤러리아, AK)의 70개 점포 매출액은 33조 8927억 원인데, 1조 원 이상 매출을 기록한 점포는 11곳이었다. 2020년 전까지는 5개 정도였는데 2배로 늘어난 것이다. 11개 점포의 총 매출은 15조 2606억 원으로 전년 대비 24% 늘었는데 전체 70개 점포 매출 중 45% 비중을 차지한다. 매출 1조 원 이상 점포 중 신세계 대구점은 매출 신장률이 무려 51.3%로 크게 올랐고, 갤러리아 명품관도 매출 신장률은 30.7%다. 일등 공신은 '에루샤(에르메스, 루이비통, 샤넬)'다. 에루샤가 있는 백화점 점포는 7곳인데 모두 매출 1조 원을 넘겼다.

2021년 명품 패션 시장이 호황이었던 것은 우리나라만의 일이 아니다. 글로벌 컨설팅 그룹 베인앤컴퍼니Bain & Company에 따르면, 2021년 글로벌 명품 시장 규모는 2830억 유로다. 2019년 2810억 유로와 비교하면 코로나19 팬데믹 이전 회복을 넘어 오히려 더 성장한 것이다. 팬데믹으로 점포 폐쇄, 공급망 차질과 공장 가동 중단 등의 영향을 받아 2020년은 전년보다 시장 규모가 10% 이상 줄어든 역대

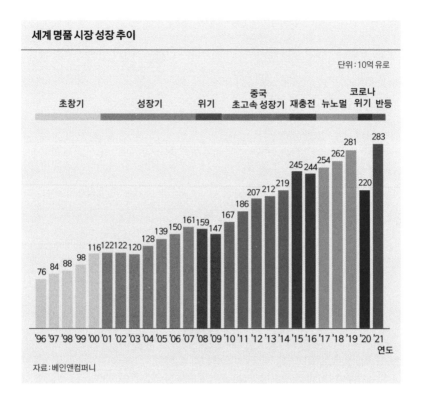

세계 명품 시장 성장 추이

단위 : 10억 유로

초창기　성장기　위기　중국 초고속 성장기　재충전　뉴노멀　코로나 위기 반등

76　84　88　98　116　122　122　120　128　139　150　161　159　147　167　186　207　212　219　245　244　254　262　281　220　283

'96 '97 '98 '99 '00 '01 '02 '03 '04 '05 '06 '07 '08 '09 '10 '11 '12 '13 '14 '15 '16 '17 '18 '19 '20 '21
연도

자료 : 베인앤컴퍼니

급 하락을 겪었지만 바로 회복하며 V자 반등을 이룬 것이다. 심지어 2022년 1분기 글로벌 명품 패션 시장 성장률은 17~19%(환율 변동을 적용하면 13~15%) 수준이었다. 앞서 언급한 미국의 달러 강세로 미국인들이 적극적으로 소비에 나선 영향이다. 베인앤컴퍼니는 1분기에 있었던 성장률이 연말까지 계속 이어진다면 3200~3300억 유로가 되어 전년 대비 10~15% 성장을 전망했다. 아울러 인플레이션 압박이 커지고 경기 침체가 영향을 미치는 것을 감안하면 성장률은 조금 떨어져 3050~3200억 유로, 전년 대비 5~10% 성장 시나리오도 제시했다. 물

론 전망은 전망일 뿐이다.

코로나19 팬데믹이 시작되자마자 글로벌 명품 시장에서는 5년 전으로 후퇴하는 것이 아니냐는 우려 섞인 전망이 많았고 팬데믹이 끝나야 회복될 것이라는 전망이 많았지, 팬데믹 중간에 이렇게 바로 회복할 것으로 보지는 않았다. 전망은 글로벌 금융 위기 때 있었던 명품 시장 타격을 기초해서 제기되었지만, 2020~2021년에 주식 열풍, 코인 열풍, 부동산 강세 등 자산 시장이 뜨거웠고 그에 따라 보복 소비도 활발할 것이라는 점은 간과되었었다. 팬데믹 기간은 경제적 위기 상황이기는 하지만 2020~2021년에 막대한 돈을 풀어서 위기를 해소하려는 일종의 위기 유예 상황이었다. 2022년 글로벌 인플레이션이 심화되고, 물가를 잡기 위한 금리 인상이 강도 높게 이뤄지고, 경기 침체도 본격화하기 시작했다는 점을 감안하면 2022년 상반기의 흐름과 하반기 이후의 흐름은 큰 차이가 생길 수 있다. 2023년 스태그플레이션이 현실이 될 가능성에 따라서 명품 시장의 위기는 시작될 수 있다.

2008~2009년 글로벌 금융 위기 때 글로벌 명품 패션 시장은 큰 타격을 받았다. 베인앤컴퍼니에 따르면, 글로벌 명품 패션 시장 성장률은 2008년에 -3%, 2009년 -7%였다. 2003~2005년에 매년 10% 이상 성장률을 이어 왔었고 2006년 9.0%, 2007년 6.5%였던 것과 비교하면 확실히 글로벌 금융 위기가 명품 패션 시장에 타격을 준 것이다. LVMH 그룹, 케어링 그룹, 리치몬트 그룹 등 대표적 명품업계는 마이너스 성장을 겪었다. 명품 시장 내에서도 전통적인 브랜드와 새로운 브랜드의 입지가 바뀌기도 하고, 과감한 변신을 통해 MZ세대를 사로잡은 전통적 브랜드는 새로운 전성기를 열기도 했다. 글로벌 금융 위기는

명품 패션 시장의 급변기이자 위기와 기회가 엇갈린 시기였다.

　2023년도 그런 시기가 될 가능성은 충분하다. 우리는 팬데믹이 초래한 경제 위기를 2020~2021년에 겪지 않고 미뤄 온 셈이다. 2022~2023년 인플레이션은 소비자의 소비 심리에 타격을 주고 2030세대가 가졌던 명품 패션 소비에 대한 욕망은 흔들릴 수 있다. 명품 패션 브랜드들의 위기는 이미 한 번 겪었다. 글로벌 금융 위기를 기점으로 위기와 기회가 엇갈리며, 누군가는 죽었지만 누군가는 살았고 이후 더 큰 영광을 누렸다.

　명품 패션에 대한 욕망이자 소비 열풍이 최근 수년간 처음 불었던 건 아니다. 2000년대에도 불었고 2010년대에도 불었다. 20년 전 열풍의 주도자였던 당시 2030세대는 지금 4050세대가 되었다. 이들이 가진 제품과 차별화시키려고 명품 패션 브랜드는 밀레니얼 세대를 공략하기 위해 브랜드만 빼고 다 바꿨다고 할 정도로 변신한 곳도 있다. 그렇게 해서 현재의 2030세대에게 애정을 받았지만 이제 그 기세가 꺾이고 있다. 사실 2000년대에도 명품 열풍이 불며 루이비통 백이 '5초 백'이라 불릴 정도로 누구나 가진 흔한 물건이 되었고, 당시 전통적인 명품을 떠나 신규 디자이너 브랜드로 넘어간 이도 꽤 있었다. 그때 디자이너 브랜드들이 이후 새로운 명품 브랜드가 되기도 했다. 마치 이미 뜬 유명 아이돌을 좋아하는 것보다 이제 갓 데뷔한 아이돌을 좋아하며 그들의 성장을 지켜보는 즐거움을 누리는 것과 비슷하다. 그리고 이런 과정에서 자연스럽게 세대 구분이 된다. 이전 세대가 좋아하던 브랜드를 다음 세대가 그대로 이어 가지 않고, 자기들이 좋아할 새로운 브랜드를 선택해 이전 세대와 차이를 두는 것이다. 전통적인 명품 브랜드

중 이런 과정에서 쇠퇴한 곳도 있었고, 다음 세대에게 외면받지 않으려고 변신을 해서 살아남은 곳도 있었다. 요즘은 샤넬 백을 5초 백이라 부를 정도다. 물론 샤넬 클래식 백은 1000만 원대 제품이라 비싼 가격에 엄두를 못 내서 포기하고 욕망을 접는 이들도 있지만, 아무리 가격이 비싸도 흔해지는 순간 가치는 떨어진다. 흔해져서 차별화도 안 되는데 가격도 비싸고 수시로 가격 인상까지 하면 호감은 반감으로 바뀐다.

2021년 국내외에서 명품에 대한 소비가 급증한 것은 명품업계가 잘해서가 아니라 부동산과 주식, 코인 등 자산 시장의 성장에 따른 투자 수익을 거둔 이들의 소비, 그리고 사회적 거리 두기로 여행 시장이 중단되며 그전까지 썼던 여행 관련 비용이 보복 소비로 전환되며 명품 소비가 늘어난 것을 주목해야 한다. 이는 반대로 주식 시장 급락과 코인 시장 폭락, 부동산 시장 하락 등 자산 시장이 전반적으로 위기를 겪으면 명품 소비도 타격을 받는다. 그리고 해외여행이 점점 늘어나면 보복 소비가 줄어들어 명품 소유 대신 경험을 소비하는 욕망이 커질 것이다.

플렉스는 계속된다. 하지만!

▼

시장 조사 업체 유로모니터에 따르면, 한국의 2021년 국가별 명품 패션 시장 규모는 7위다. 우리보다 앞서는 것은 미국, 중국, 일본, 프랑스, 영국, 이탈리아다. 이들은 전 세계 GDP 순위 1, 2, 3, 5, 7, 8위 국가다. 이 중 프랑스, 영국, 이탈리아는 명품 브랜드를 많이 파는 나라이기도 하다. 한국보다 경제력이나 인구수가 높은 국가들 틈에서 명품 시장

7위를 기록한 것이다. 2016년에는 국가별 순위가 9위였고 2019년에는 8위였다. 전 세계 명품 시장 내 한국의 성장세는 무서운 기세를 보이고 있다. 유로모니터는 국내 명품 시장 트렌드를 '선택적 럭셔리'라고 분석했다. 가방과 시계 등 누구나 알 수 있는 명품 제품에 대한 수요도 꾸준하지만 2021년에는 유난히 접시, 가구, 립스틱, 핸드크림 등 좀 더 일상적인 품목에서도 명품 소비가 큰 폭으로 증가했기 때문이다.

우리가 보편적으로 명품이라고 말해서 그렇지, 엄밀히 럭셔리이고 고가의 사치품이다. 자본주의 사회이자 물질 만능주의에서는 비싸면 좋은 것이다 보니 명품이란 말도 맞기는 하다. 중요한 것은 고가의 사치품을 의식주와 일상 라이프스타일에 다 적용시키는 건 부자만 가능하다는 점이다. 부자가 아닌 사람이 사치품을 쓰기 위해서는 선택과 집중이 필요하다. 과시를 위해서는 남들이 쉽게 알아볼 수 있는 것이 유리하니 누구나 알 만한 대표적 럭셔리 브랜드를 선택한다. 부자뿐 아니라 부자에 가까운 사람부터 심지어 가난해도 부자처럼 보이고 싶은 사람까지 선택할 수 있다. 부자는 엔트리급 제품일수록 꺼린다. 부자로서는 더 비싸고 쉽게 접근하지 못할 것에 관심을 가지게 된다. 하지만 다른 이들이 또 따라온다. 루이비통 백이 흔해지자 샤넬 백으로 옮겨 갔고, 1000만 원대 샤넬 백마저 흔해지자 에르메스로 갔다. 자동차도 수입차이기만 해도 과시가 되던 시절이 있었다. 폭스바겐이나 토요타로도 과시를 했고 그러다 벤츠와 BMW에 집중되었으며 이마저도 흔해지니까 포르쉐로 넘어갔다. 수입차 중에서도 1억 원 이상의 차량 판매가 급증했고 포르쉐는 출고 대기만 2~3년 이상 걸릴 정도로 대기 수요가 넘친다. 카 푸어car poor는 엄두를 못 내던 차라고 했었는데 이제는 달라졌다. 욕망은 계속 상향 조정되고 과시를 위해서는 위험하고 비합리적인 소비도 서슴지 않는다. 그런데 이를 계속해서 따라갈 수 있을까?

분명 욕망에는 임계점이 있다. 그전까지는 영혼을 끌어모아서라도 따라가고 번 돈을 다 들이부으면서도 과시적 소비가 주는 즐거움에 만족했다. 하지만 임계점을 넘어서는 순간 소위 '현타'가 온다. 이게 뭐 하는 짓일까 싶고, 과시적 소비가 주는 즐거움도 자기만족이었을 뿐 상대가 자기를 우러러봐 주지 않는다는 것도 자각한다. 임계점을 만드는 것은 2가지, 돈과 취향이다. 돈을 과시하기 위한 욕망, 취향을 과시하기 위한 욕망이 우리로 하여금 명품을 통한 과시를 하게 만들었다. 이런 이유는 명품의 위기가 될 이유이기도 하다. 경제적 여력이 떨어지고 불안감이 커지는 순간 패닉이 온다. 역대급 인플레이션과 심화되는 스태그플레이션까지 겪는 상황에서는 돈에 대해 훨씬 더 신중해지고 합리적인 태도로 선회한다. 투자 대비 효용을 따질 수밖에 없다. 코인으로 쉽게 떼돈을 번 게 아니고서는 부자여도 소비를 움츠리는 것이 스태그플레이션 때다. 최상위 재벌급이 아니고서야 사치품 소비에 브레이크가 걸린다. 실제 글로벌 금융 위기 때 럭셔리 패션, 럭셔리 자동차와 요트 시장의 타격이 컸다. 돈 앞에 장사 없다. 그때 많은 럭셔리 시장이 영향을 받았고 럭셔리 중에서 가장 대중적인 럭셔리 패션업계는 살아남기 위해 과감한 변신을 했다. 덕분에 명품 시장 중에서도 명품 패션 분야가 가장 빨리 반등했다. 반대로 보면 더 흔해진 것이다. 사람들이 비싸도 명품 패션 브랜드의 제품을 샀던 이유는 아무나 쉽게 가지지 못하는 희소성, 한정성 때문이다. 이로 인해 남들과 차별성, 우월성을 가지기도 한다. 더 이상 자신만의 매력이나 취향을 드러내지 못한다면 명품의 가치는 떨어진다.

욕망은 실용적이지 않다. 비싸다고 무조건 욕망이 사그라들지 않지만, 호감이 줄어들면 사그라든다. 아무리 좋은 것도 흔해지면 가치가 떨어지는 게 소비에서 드러나는 보편적 상황이다. 이럴 때는 새로운 대체자가 등장하기에 적기다. 과시적 비소비는 아예 안 사는 것을 의미하는 게 아니라 소비의 방향 전환이다. 누구나 알 만한 명품 패션 브랜드를 줄 서서 사던 것에서, 아는 사람만 알 만한 디자이너 브랜드를 사는 것으로의 변화도 여기에 해당된다. 명품으로 플렉스하고 명품 오픈 런에 적극적이었던 지금의 2030세대들이, 명품 패션 브랜드 대신 상대적으로 가격도 싸고 개성도 드러낼 수 있는 디자이너 브랜드로 넘어가고 있다. 한번 넘어간 사람들에게는 비싸고 흔한 명품 패션 브랜드의 제품들이 시시해 보일 수 있다. 그들로서는 2030세대가 과시적 비소비를 주류 욕망으로 받아들이는 것을 가장 경계해야 한다. 그리고 명품 시장에 가장 쉽게 진입할 영역이 명품 패션이라면 미술품, 가구, 와인, 파인 다이닝 등도 2021년에는 성장세가 높았다는 것을 주목해야 한다.

비소비는 무無소비가 아닌 비주류 소비에 가깝다. 비소비 안에 무소비도 있을 수 있지만, 엄밀히 비소비는 기존의 관성을 따르지 않는 소비다. 과시적 비소비가 명품 시장을 죽게 하지는 않는다. 다만 뻔하고 흔한 명품 브랜드는 위기를 맞을 게 분명하다. 더 이상 브랜드의 명성만으로 버틸 수는 없다. 새로운 가치와 욕망을 만들어 내지 않는 한 명성은 유지되지 않는다. 이미 글로벌 금융 위기 때 변신하지 못해서 도태된 브랜드들을 목격한 바 있다. 우리는 특정 명품 브랜드를 위해 존재하는 것이 아니라, 그들이 우리를 위해 존재하는 것이다. 우리는 과시를 멈추지 않는다. 기존 소비 행태에서 과시가 약해지다 보니 무소 비나 비소비를 통해 새로운 과시를 찾는 것이다. 경제적 위기 상황에 서 숨 고르기도 필요하고, 소비 욕망의 진화도 필요하다. 더 영리해지 고 자기애도 더 강해진 소비자다. 플렉스의 형태가 바뀔 수 있는 것이 지, 플렉스의 욕망이 멈추지는 않는다. 다만 명품을 명품 패션에만 한 정하면 안 된다. 베인앤컴퍼니에 따르면, 전 세계 럭셔리 시장은 1조 1400억 유로 규모다. 이 중 우리가 명품이라고 주로 부르는 명품 패션 시장이 4분의 1 정도 되고, 고가 자동차 시장이 2분의 1 정도 된다. 비 중으로 보면 이들 두 영역이 전체의 4분의 3이다. 하지만 럭셔리 호스 피털리티hospitality 시장, 미식과 파인 다이닝, 와인과 미술 시장, 고가 가 구와 가정용품 등이 새로운 플렉스 부분에서 중요해질 수 있다.

왜 명품 패션 브랜드들이 파인 다이닝 레스토랑을 차릴까? 이 답 은 이미 앞에 있다. 2022년 3월 말, '구찌 가옥'이라고 이름 붙은 한남 동의 구찌 플래그십 스토어에 레스토랑인 '구찌 오스테리아 서울'이 오픈했다. 이탈리아 패션 브랜드이니 당연하겠지만, 구찌 오스테리아 서울은 이탈리안 레스토랑이다. 이탈리아를 대표하는 셰프이자 미슐 랭 3스타 레스토랑 오너 셰프인 마시모 보투라Massimo Bottura와 협업해 서 만든 레스토랑이다. 2018년 1월에 이탈리아 피렌체, 2020년 2월에 미국 로스앤젤레스 비버리힐스, 2021년 10월에 일본 도쿄 긴자에 이 어 세계에서 4번째다. 구찌가 한국 시장과 서울을 얼마나 중요하게 바 라보는지 알 수 있는 대목이기도 하다. 루이비통의 플래그십 스토어인 루이비통 메종 서울에서 2022년 5월부터 루이비통 카페를 한시적으

▶▶▶ 프랑스 디자이너 브랜드 메종키츠네가 2018년 서울 강남구 신사동 가로수길에 오픈한 카페 키츠네. (출처: 메종키츠네 홈페이지)

로 운영했다. 커피만 파는 것이 아니라 런치 코스와 디너 코스를 갖춘 프렌치 레스토랑이다. 프랑스의 유명 셰프 피에르 상 보이에Pierre Sang Boyer가 루이비통 카페의 메뉴를 총괄한다고 알려져 있는데, 그는 파리에서 5개의 레스토랑을 운영하고 있다. 한국에서 태어나 프랑스로 입양을 갔기 때문에 프렌치와 한식이 조화된 음식이 시그니처이기도 하다. 미국 랄프로렌의 카페 브랜드 '랄프스 커피'는 미국 뉴욕을 시작으로 시카고, 영국 런던, 프랑스 파리, 중국 베이징과 일본 도쿄 등에 카페를 열었고 그다음 순서가 서울이다. 프랑스 브랜드 메종키츠네도 2018년 강남 가로수길에 첫 단독 매장을 열면서 매장 안에 '카페 키츠네'를 함께 선보였는데 반응이 좋아 현대백화점 판교점에도 열었다. 프랑스, 일본에 이어 한국에서 2군데 카페를 운영하는 것이다.

패션 브랜드는 원래 옷에서 시작해 라이프스타일 전반으로 확장시키는 방향을 갖고 있었다. 리빙, 가구, 식음료도 많이 한다. 의에서 시작해 식과 주까지 확장하는 것이 계속되던 흐름이다. 갑자기 이러는 게 아니다. 프랑스 명품 브랜드 에르메스는 2007년 '메종 에르메스 도산파크'를 오픈하면서 지하에 '카페 마당'을 운영했다. 2014년 리노베이션을 거쳤지만 최초 오픈 시점을 기준으로 보면 15년 동안 운영했다. 모든 접시와 찻잔이 에르메스 제품이다. 프랑스 명품 브랜드 디올은 2015년, 서울 강남구 청담동 단독 매장 '하우스 오브 디올' 5층에 '카페 디올'을 오픈했다. 패션 매장보다 카페가 더 화제를 모은 곳이다.

패션 브랜드뿐 아니라 시계 브랜드도 카페와 레스토랑을 차린다. 2022년 2월에 스위스의 시계 브랜드 브라이틀링이 한남동에 플래그십 스토어를 오픈하면서 브라이틀링 카페와 레스토랑인 브라이틀링 키친을 오픈했다. 카페에서는 커피와 케이크를, 레스토랑에서는 티본 스테이크와 파스타를 판다. 브라이틀링은 카페와 레스토랑을 서울에서 먼저 시작했다. 스위스의 시계 브랜드 IWC는 2021년 7월에 롯데백화점 본점에 칵테일 바를 오픈해 커피와 디저트를 팔기 시작했다. IWC가 식음료 매장을 처음 낸 것은 2017년 스위스 제네바에서 칵테일 바를 낸 것이었는데 서울이 2번째다. 명품 브랜드들이 식음료 사업을 벌이며 카페, 레스토랑을 차리기 시작한 지는 꽤 되었다. 호텔과 리조트 사업으로도 이어지고 리빙, 가구 등으로 이어진 지도 꽤 되었다. 럭셔리 시장은 패션에만 국한되는 것이 아니기 때문이다. 패션에서 시작해 뷰티로 이어지며 우리 몸을 장악했던 것처럼 점점 집도 공간도 장악하고 우리의 일상적 휴식과 여가마저 장악해 나간다. 이는 패션 명품, 시계 브랜드만이 아니라 프리미엄 자동차 브랜드, 리빙, 가구 브랜드 등에서도 이런 시도를 하고 있다. 카페, 레스토랑은 브랜드 경험을 확대시키는 좋은 전략이 된다. 누구나 카페와 레스토랑은 좀 더 쉽게 진입하는데 여기서 소비자의 취향을 이끌어 내 새로운 욕망을 부여하는 것이다.

오픈 런을 둘러싼 상반된 2가지 욕망

▼

루이비통, 디올, 펜디, 지방시, 불가리, 티파니, 태그호이어 등 60여 개 럭셔리 브랜드를 소유한 프랑스의 명품 그룹 LVMH는 '24S'라는 온라인 쇼핑 플랫폼을 가지고 있다. 24S는 파리의 봉 마르셰Le Bon Marché 백화점의 주소인 세브르가 24번지에서 따왔는데, 세계 최초의 백화점이자 파리에서 가장 유명한 백화점의 디지털 버전인 셈이다. 이제 백화점의 새로운 중심은 디지털 공간이라는 선언 같기도 하다. 24S에서는 LVMH의 브랜드를 포함해 300개 브랜드의 제품을 판다. 까르띠에, 피아제, 바쉐론 콘스탄틴, 몽블랑, 끌로에 등 럭셔리 브랜드를 소유한 스위스의 리치몬트 그룹은 온라인 쇼핑 플랫폼 'NET-A-PORTER'를 가지고 있다. LVMH에 이어 세계 2위 패션 그룹이며 특히 고가 시계 브랜드를 대거 소유한 것이 리치몬트 그룹인데 자사의 온라인 쇼핑 플랫폼에서 패션 브랜드 800개, 뷰티 브랜드 200개를 비롯해 시계와 주얼리 제품을 팔고 있다. 세계 최고의 명품 그룹 1, 2위가 모두 자체적인 온라인 쇼핑 플랫폼을 통해 적극적으로 온라인 시장을 공략하고 있고, 이들이 공략하는 중심 대상은 2030대세다. 소위 MZ세대라고 불리는 이들이다. 고가의 명품을 오프라인 매장이 아닌 온라인에서, 그것도 스마트폰으로 사는 데 거침이 없다. 'NET-A-PORTER'에서는 1억 원이 넘는 시계도 온라인으로 살 수 있다.

그동안 명품 그룹은 백화점이나 자사의 독립 매장을 통해서 고가의 물건을 팔았다. 그러다가 자사의 온라인 쇼핑 플랫폼을 통해서도 적극적으로 팔고 있고, 심지어 오프라인 백화점에 입점하듯 온라인 플랫폼에도 입점한다. 국내에서는 '카카오톡 선물하기'에서 4980만 원짜리 피아제 시계를 살 수 있다. 아니, 5000만 원 가까운 시계를 카카오톡으로 선물한다고? 카카오톡 선물하기에 명품 브랜드의 제품이 등록된 것은 2019년 8월부터다. 명품 화장품을 필두로 패션, 시계, 주얼리가 들어왔는데 2022년 상반기 기준 160개 이상의 명품 브랜드가 들어와 있다. 이 중에는 티파니, 피아제, 불가리 등도 포함된다. 상대방에게 카카오톡 선물하기로 티파니와 불가리의 반지, 피아제의 다이아몬드 박힌 시계를 줄 수 있다는 이야기다. 네이버 쇼핑도 2020년 12월에 럭셔리 뷰티를 오픈해 명품 시장을 공략하기 시작했고 80여 개 이상의 명품 브랜드가 입점해 있다. 마치 백화점 1층 매장에 명품 화장품 매장이 가득한 것처럼, 카카오와 네이버가 명품 온라인 시장을 공략하며 명품 화장품을 전략적으로 전개한 것이다. 비싼 명품을 어떻게 카카오톡 같은 데서 구매해 선물로 줄 수 있겠느냐는 소리는 MZ세대를 몰라서 나오는 이야기다. 결과적으로 수백만 원대 제품도 잘 팔리고 있으며, 카카오와 네이버 쇼핑 모두 5000만 원 한도를 두고 있다. '이렇게 비싼 게 팔리겠어?'가 아니라 '너무 비싼 건 리스크가 있으니 5000만 원 미만까지만 가능하게 해야지'인 것이다.

세계적인 다이아몬드 유통사 드비어스에 따르면, 미국의 다이아 몬드 시장에서 MZ세대가 3분의 2를 차지하는데 이 중 상당수가 온라 인 구매라고 한다. 수백만 원짜리 물건도 매장에서 직접 눈으로 보고 사겠다는 기성세대와 달리 MZ세대가 수천만 원짜리 물건도 온라인으 로 살 수 있는 것은 무엇 때문일까? 기본적으로 온라인 쇼핑을 대하는 태도가 다르기 때문이다. 오프라인 쇼핑을 기본으로 여기는 기성세대 와 달리, 디지털 세대일수록 온라인 쇼핑이 기본이다. 그리고 오픈 런 도 이유가 된다. 인기 있는 제품은 매장 문을 열기 전부터 줄 서서 사는 오픈 런을 겪는데, 늦게 가면 매장에 들어가지도 못하고 매장에 들어가 도 볼 수 있는 물건이 없는 경우도 있다. 온라인 쇼핑은 매장에 줄 설 필 요가 없으니 오픈 런도 없고 원하는 상품을 충분히 확인할 수도 있다. 온라인 쇼핑이 오프라인보다 할인 혜택을 주는 것도 장점이지만, 결정 적으로 오픈 런 문화를 가진 MZ세대에게 온라인 쇼핑이 가진 새로운 장점도 있다. 줄 서는 것이 당연한 시대, 줄 서는 것을 받아들인 세대이 지만 그들도 줄 서는 걸 피할 방법이 있다면 선택하는 것이다. 줄 서는 것이 싫어서 아예 안 사는 게 아니라 어떻게든 사긴 산다.

요즘 오픈 런의 대명사는 맛집이다. 맛집에서 파는 음식도 중요하 지만 맛집의 공간도 중요하다. 음식만 중요한 것이라면 배달, 온라인, 리셀 등의 방법이 나올 수도 있다. 하지만 그곳에 직접 가서 먹으며 공 간을 경험하고 사진으로 남겨야 하기 때문에 무조건 줄 서야 한다. '런 던 베이글 뮤지엄'은 아침 8시에 문을 연다. 하지만 8시에 맞춰 가서 는 먹지 못한다. 7시 전부터 줄을 서기 때문이다. 주말에는 문 열기 전 에 200여 명이 줄을 서 있을 정도다. 언제든 그 근처를 지나더라도 최소 수십 명씩 줄 서 있는 것을 본다. 사실 나는 런던 베이글 뮤지엄과 가까운 곳에 살고 있지만 한 번도 먹어 본 적이 없다. 뜨기 전에 갔어야 하는데 그때는 미루다가 너무 뜨고 나니 줄 서는 게 엄두가 안 난다. 아마도 '왜 이걸 먹어야 하나?'라고 반문할 수도 있다. 2030세대에게는 줄 서서라도 먹어야 할 이유가 있다. 인증 숏을 찍어야 하고, 경험치를 쌓아서 남들에게 자랑해야 하기 때문이다. 명품 백을 자랑하는 것과 같은 맥락이지만 돈은 명품 백보다 훨씬 조금 들면서 희소성은 훨씬 크다. 물론 오픈 런을 하는 맛집의 줄도 어느 시점에서 정점을 맞는다. 먹어 본 경험은 축적되는 것이기에 시간이 지날수록 경험자가 많아지고 인스타그램에 인증 숏도 넘치게 되면 희소성이 떨어지기 때문이다. 하지만 걱정할 필요 없다. 줄 서야 할 맛집은 계속 등장한다. 오픈 런 할 정도의 맛집이 계속 등장하는 것은 놀라운 천상의 맛이 계속 등장한다는 의미가 아니라, 새로운 경험의 희소성을 원하는 이가 많다는 의미다. 특히 2030세대에게는 새로운 경험, 새로운 소비를 과시하려는 욕망이 비싼 물건을 자랑하는 욕망에 견줄 만큼 크다. 물건 소유에 플렉스를 했던 것에서 경험과 취향에 플렉스하는 것, 돈이 아니라 개성과 차별화를 드러내는 것이 곧 새로운 플렉스다. 과시적 소비에서의 플렉스는 누가 돈이 더 많은가 하는 측면이 중요하기 때문에 금수저가 무조건 유리했다면, 과시적 비소비에서는 누가 더 트렌드에 민감한가, 누가 더 유니크한 경험과 취향을 드러내는가가 중요하기에 금수저가 아니어도 과시에서 얼마든지 유리한 고지를 점할 수 있다.

당신은 무엇을 자랑하고, 과시하고 싶은가?

OOTD Outfit Of the Day는 자신이 그날 입은 옷과 신발, 시계, 가방 등 패션 아이템과 헤어스타일, 메이크업 등 자신의 스타일을 촬영하고 SNS에 올려서 남들에게 공개하는 것을 말한다. 이 말은 이제 더 이상 신조어도 아닌, 익숙한 일상 용어가 되었다. 인스타그램에서 '#ootd'라는 해시태그를 검색하면 4억 1060만 개의 검색 결과(대부분 사진, 일부는 영상)가 나온다. '#ootdfashion' 검색 결과는 2770만 개 정도다. 'ootd'가 들어간 해시태그도 무수히 많고 각기 1000만 개에서 수백만 개에 이른다. 심지어 그날 입은 히잡을 올린 '#ootdhijab'도 1390만 개가 넘는 검색 결과를 보인다. OOTD의 진원지는 인스타그램이다. 구글 검색창에 OOTD를 넣으면 검색 결과가 7630만 개 정도 나오는데 확실히 인스타그램 게시물이 압도적이다. 2010년 7월에 서비스를 시작한 인스타그램은 2012년 4월, 10억 달러에 페이스북에 인수되고서 날개를 달았다.

2012년 4월에 인스타그램의 월간 활성 사용자 수MAU는 5000만 명이었지만 2014년 3월에 2억 명을 넘고 2016년 6월에 5억 명을 넘더니 2018년 6월 10억 명, 2021년 10월 20억 명을 넘었다. 초기에는 사용자가 북미, 유럽 중심이었지만 지금처럼 늘어나게 된 것은 아시아에서 대거 유입되었기 때문이다. OOTD에 대한 욕망이 본격화된 것은 2012~2013년이다. 즉, 사진 중심인 인스타그램이 초반에 폭발적으로 사용자 수를 늘려 갈 때 일등 공신 중 하나가 바로 OOTD였다. 구글 트렌드에서 2004년 1월 1일부터 2022년 7월 30일까지 OOTD

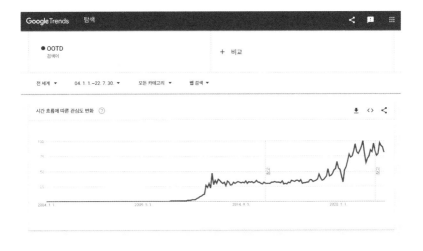

검색어에 대한 관심도 변화 추이를 살펴봤더니, 전 세계 범위로 2012~2013년에 관심도(검색량)가 급등했다. 그 후 2014~2018년에는 2013년의 관심도 수준이 정체되며 유지되다가 2019년부터 급격한 상 승세를 보이고 2022년까지 이어 가고 있다. 이것만 보면 전 세계에서 OOTD를 통해 자신의 패션/스타일을 드러내는 욕망이 점점 더 뜨거 워지고 있고 보편적인 사람들에게까지 확대된다고 해석할 수 있다. 초 반에 OOTD는 셀럽이나 인플루언서들, 패션 피플들의 욕망이었지만 이제는 누구나 접근 가능한 욕망이 되었다. SNS를 통해서 자신의 일상 을 실시간으로 쉽게 드러낼 수 있는 환경도 일조했지만, 결정적으로 자 신을 드러내는 데 적극적인 사람이 많아진 것도 배경이 된다. 유튜브나 틱톡 등을 통해 누구나 크리에이터가 되고 일상이 콘텐츠가 되며 비즈 니스도 된다. 인플루언서가 직업이자 욕망의 대상이 되는 것이다. 상기 그래프만 보고 OOTD에 대한 욕망이 여전히 유효한 보편적 욕망이며

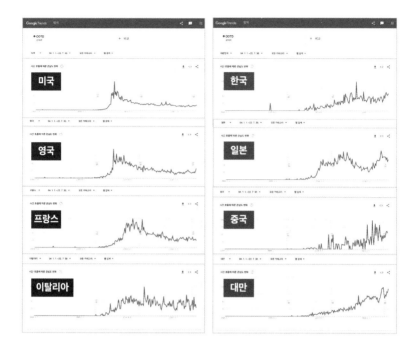

더 기회가 늘어날 것으로 판단해서는 안 된다. '전 세계'라는 범위는 늘
함정을 하나 갖고 있기 때문이다. 북미/유럽과 아시아(경제력이 높은 동
아시아 중심)는 서로 흐름이 달랐다. 하지만 아시아의 인구가 훨씬 많다
보니 아시아가 전체 검색량에서 더 큰 영향을 미친다.

　미국과 영국, 캐나다 등은 2013년에 정점을 찍고 계속 하락세이고
프랑스, 독일 등은 2015~2016년에 정점이었다가 하락세다. 이탈리아
는 2016년에 정점, 스페인은 2014~2015년에 정점이었다가 하락세였
고 2021년부터 조금 반등했다. 북미와 유럽을 대표하는 주요 경제 선
진국이자 소비 여력이 높은 이들 국가에서 OOTD에 대한 관심도(검색
량)는 2010년대 중반을 정점으로 하락세가 이어지고 있다. 즉, OOTD

를 통해 자신의 패션/스타일을 드러내는 욕망이 다소 주춤해졌다고 볼 수 있다.

반면 한국은 2018년에 정점이었지만 그 뒤로도 관심도는 꽤 이어 가고 있다. 하락세라 보기는 어렵다. 일본은 2017년에 정점이었다가 하락세로 들어섰고 2020년부터 다시 상승세로 돌아서 2021년에 새로운 정점을 찍었다. 중국과 인도는 2020~2021년에 정점이었고 그 흐름은 여전히 유효하기에 하락세라 할 수 없다. 대만과 홍콩은 2010년대 초반부터 꾸준히 상승세를 이어 가며 2021년에 정점을 찍고 2022년에도 이어 가고 있다. 태국도 이런 흐름과 비슷한데 2022년에 들어서 더 가파르게 상승세다. 확실히 아시아의 주요 국가들에서는 OOTD를 통해 자신의 패션/스타일을 드러내는 욕망이 아직 꺾이지 않고 뜨겁게 이어지는 중이다. 패션/스타일에 대해 포기하는 일은 없을 것이다. 명품 대신 디자이너 브랜드를 선택하고, 새것이 아니면 중고를 선택하면 될 일이니까. 우리의 과시는 멈출 수 없고, 우리의 일상과 욕망은 계속된다.

중고 패션 시장은 패션 산업의 새로운 미래다

▼

미국 최대 온라인 중고 패션 플랫폼 스레드업thredUP에 따르면, 미국 중고 거래 시장 규모는 2018년 240억 달러에서 2021년 350억 달러로 커졌다. 2020년 팬데믹 때문에 조금 주춤하긴 했지만 2021년에 성장세를 만회했고, 2022년 430억 달러를 거쳐 2026년에 820억 달러가 될 것으로 전망한다. 2022년부터 4년간 2배 정도 성장이다. 이는 전체 중고 시장의 경우다. 이 중에서 리세일Resale(중고 거래) 시장은 2021년 140억 달러 규모였는데 2022년 200억 달러에서 2026년 510억 달러로 4년간 2.5배 정도 성장한다. 전체 중고 시장을 리세일 시장이 압도하고 이 중에서 온라인 리세일 시장이 중심이 되며 그중에서도 중고 의류 시장의 성장세가 높다. 2012년부터 2021년까지 전체 의류 시장의 성장률은 24%인데 같은 기간 중고 의류 시장의 성장률은 215%로 9배 정도 높았다. 패션/의류 산업은 환경 오염이 많은 산업으로 악명이 높은데, 중고 의류 시장에 패션/의류 기업들이 진출하는 것은 결국 소비자의 선택을 받고 생존하기 위해서다.

밀레니얼 세대와 Z세대 중 새 제품을 사기 전 중고 제품을 먼저 찾아본다고 답변한 이는 62%였고, 의류를 구매할 때 재판매(리셀) 가치를 고려한다는 답변자는 46%였다. 새 제품보다 중고 제품을 구매하는 이유에 대해서 밀레니얼 세대는 비용 절감, 고급 브랜드 구입, 희소성 순서로 답했고 Z세대는 비용 절감, 지속 가능성, 쇼핑의 즐거움 순서로 답했다. MZ세대라고 묶기에 이 둘은 차이가 있긴 하다. 소비자들은 중고 의류에 대해 지속 가능한 패션, 친환경적이라는 인식을 가지고 있지만, 37%의 소비자는 패션 기업이 강조하는 지속 가능한 패션이라는 말에 그린 워싱green washing을 떠올린다는 점도 주목해야 한다. 그만큼 지속 가능성, 친환경 같은 키워드가 마케팅에서 난무하고 있다는 의미이고, 소비자들이 그린 워싱에 대해 민감하게 경계하고 있다는 의미이기도 하다. 물론 소비자의 이런 인식이 행동으로 바로 연결되는 것은 아니다. 패스트 패션에 대해 지구에 중대한 영향을 미친다고 생각하는 답변이 74%이지만, 패스트 패션이 저렴하고 편리하기에 패스트 패션을

글로벌 중고 거래 시장 규모 단위 : 달러

2021년	270억(약 32조 원)
2025년	770억(약 91조 원)

자료 : 스레드업

소비한다는 답변도 72%다. 생각과 행동의 괴리는 계기를 통해 바뀔 것이다. 분명 패스트 패션 소비에 대한 죄책감은 가지지만 돈과 편리함 때문에 주저한다. 그리고 소셜 네트워크를 통해 자신의 OOTD를 비롯해 일상의 스타일을 계속 보여 주다 보니 최신 스타일을 받아들여야 한다는 압박감도 패스트 패션 소비를 유지하는 배경이 된다. 결국 패션 기업의 마케팅 전략 전환, 중고 의류 시장에 패션 브랜드들의 적극적 진입, 소비자들의 과시적 비소비 각성이 어우러지면 생각은 행동으로 급전환될 것이다.

스레드업의 '2022 Resale Report'에 따르면, 2021년 미국 내 중고 시장은 전년 대비 32%나 성장했다. 특히 온라인 재판매 시장의 성장세가 가장 큰데, 2026년까지 5년간 4배 증가할 것으로 전망했다. IT 기술과 온라인 시장의 성장 등 중고 쇼핑에 기술적 편리가 더해지면서 중고 시장은 더 성장했다. 인플레이션 상황에서 외식과 의류 소비부터 줄이는 소비자가 많고, 인플레이션이 계속될수록 중고 구매는 더 늘어날 수밖에 없다. 절약뿐 아니다. 이제 중고에 대해서도 멋진, 새로운 욕망이 커진다.

중고 패션 시장 중에서도 중고 명품 패션 시장은 더 주목할 만하

▶▶▶ 영국 패션 브랜드 멀버리는 'Mulberry Exchange' 프로그램을 통해 소비자의 중고 가방을 복원하여 재판매한다. (출처: 멀버리 홈페이지)

다. 시장의 새로운 주도자가 되고 있기 때문이다. 예전에는 명품 패션 브랜드가 중고 시장은 거들떠보지도 않았다. 브랜드 가치를 떨어뜨리는 일이라 여겨서 중고 플랫폼과 손잡는 것은 말도 안 된다고 여기는 브랜드도 많았다. 하지만 자원 순환, 지속 가능성이 중요 가치가 되면서 명품 브랜드마저 변화했다. 영국 패션 브랜드 멀버리Mulberry는 50년 이상의 역사를 자랑하며 여성용 가죽 핸드백으로 잘 알려져 있다. 멀버리는 2020년부터 'Mulberry Exchange' 프로그램을 운영하고 있는데, 소비자가 사용하던 기존 가방과 신상품 가방을 교환하는 것이다. 한마디로 소비자의 중고 가방을 되사 준다는 이야기다. 멀버리는 이렇게 확보된 자사의 중고 제품을 복원해 재판매한다. 가방을 평생 사용하고 다시 수선, 복원해서 다음 세대에게 물려주겠다는 자원 순환의 콘셉트이다. 멀버리 가방의 50%를 생산하는 영국의 서머싯 공장의 루커리

수선팀은 매년 1만 개 이상의 가방을 수선, 복원하고 있다. 'Mulberry Exchange'는 영국을 시작으로 해서 전 세계로 확대할 계획인데 한국도 2022년 하반기 이후 가능해진다. 그동안 자신의 오래된 명품 가방을 리폼해서 사용하는 사람들이 있었는데, 기존의 방식은 아무리 진품 가방으로 리폼했어도 진품 라인에는 없는 디자인이 되는 것이니 리폼 후에는 진품으로 인정받을 수 없었다. 하지만 명품 브랜드가 직접 수선, 복원을 하면 이야기는 달라진다.

멀버리는 자사의 모든 상품에 디지털 ID를 도입하고 제품의 QR 코드나 NFC 태그를 통해 제품이 언제, 어디서, 어떤 소재로, 어떻게 생산되고, 누가 소유했는지 모든 정보를 투명하게 하는 시스템을 2025년까지 구축할 계획이다. 이렇게 되면 중고 명품 거래에서 진위 여부 문제도 해결되고, 제품의 히스토리도 만들어져 빈티지가 되는 것이다. 이는 모든 명품 브랜드로도 확산될 것이고, 모든 중고 명품 판매 플랫폼으로도 이어질 것이다. 중고 명품 시장이 더 활성화되는 환경이 되는 것이다. 미국의 온라인 중고 명품 플랫폼인 더리얼리얼The RealReal과 버버리는 2019년, 구찌는 2020년에 파트너십을 맺었다. 주요 중고 명품 플랫폼마다 명품 브랜드와의 파트너십은 계속된다. 확실히 명품 패션 브랜드들이 중고 시장을 중요 시장으로 인식했다. 글로벌 비즈니스 데이터 플랫폼 스태티스타Statista에 따르면, 2021년 전 세계 중고 명품 거래 규모는 330억 유로, 한화로 44조 원이다. 이제 이 시장은 더 커질 것이고 명품 브랜드에게는 돈이 되는 시장이다. 과시적 소비의 대명사인 명품 브랜드가 중고 시장의 큰손이 되는 것은 과시의 방향에서 큰 전환이다. 중고는 엄밀히 손 바뀜만 있을 뿐 새로운 제품이 만들어지는 것은 아니니 자원에 대해서는 비소비다. 남이 쓰던 물건을 어떻게 쓰느냐, 중고를 쓰면 돈 없어 보이지 않겠느냐 하는 태도를 가진 기성세대가 봤을 때에는, 재고를 불태우기까지 했던 콧대 높던 명품 브랜드들이 직접 중고 시장에 나서는 것은 놀라운 변화일 수밖에 없다.

당근마켓이 이마트와 기업 가치가 같다고?

▼

검색어 '당근'에 대한 관심도가 최근 수년간 급등했다. 채소 당근이 아니라 중고 마켓인 당근마켓을 부르는 말이다. '당근'과 '당근마켓'의 관심도 추세는 2018년 이후로 놀랍게도 똑같다. 당근마켓이 시작된 것은 2015년이지만 가입자 수 100만 명을 달성하며 본격적 궤도에 오른 것은 2018년 1월이다. 2022년 5월 현재 누적 가입자 수는 3000만 명을 넘었고 월 이용자 수는 1800만 명에 달한다. 아마 당근 하면 채소를 먼저 떠올리는 세대도 있고, '당연하지'의 줄임말로 기억하는 세대도 있고, 당근마켓이 먼저 떠오르는 세대도 있을 것이다. 중요한 것은 검색창에 당근까지만 입력해도 당근마켓, 당근페이 같은 결과가 우선적으로 보인다는 사실이고, '중고 거래' 검색어에 대한 관심도 추이도 가파른 상승세를 이어 가고 있다는 점이다.

중고 거래 플랫폼에서 '당근마켓, 중고나라, 번개장터'를 빅3라 할 수 있다. 중고 거래 플랫폼 중 첫 번째 유니콘 기업이 된 당근마켓은 시리즈 A부터 D까지 4번의 투자 단계 동안 총 2270억 원을 투자 유치했다. 이 중 2021년 8월에 기업 가치 3조 원을 인정받고 1800억 원을 투자받았다. 2019년 9월에 400억 원을 투자받을 때 기업 가치는 2000억

원으로 평가받았으니 2년 만에 기업 가치가 15배 증가한 것이다. 당근마켓이 투자받을 때의 기업 가치는 같은 시점 이마트와 롯데쇼핑의 시가 총액과 비슷했다. 2022년 8월 4일 기준, 이마트는 2조 9500억 원, 롯데쇼핑은 2조 7000억 원 정도다. 당근마켓은 투자받을 시점보다 누적 가입자 수, 월간 이용자 수가 더 늘었고, 중고 거래 시장 규모도 더 커진 것을 감안하면 이러다가 스타트업 당근마켓의 가치가 굴지의 재벌가 유통 대기업보다 훨씬 더 높아질 수도 있다. 이런 일이 생겨도 놀랍지 않다. 이미 쿠팡이 유통 대기업들을 추월한 것을 목격했기 때문이다. 구글 트렌드에서 '이마트와 신세계백화점, 롯데마트와 롯데백화점, 당근마켓'에 대한 최근 3년간 관심도 추이를 살펴보면, 3년 전에는 가장 낮았던 당근마켓의 관심도가 계속 상승해 2020년 5월에는 롯데백화점을 추월했고 지금은 이마트에 근접하는 추세다.

중고 거래 앱 이용률에서 당근마켓은 압도적 점유율을 보이고 있으며 그다음으로 번개장터, 중고나라가 점유한다. 2003년 네이버 카

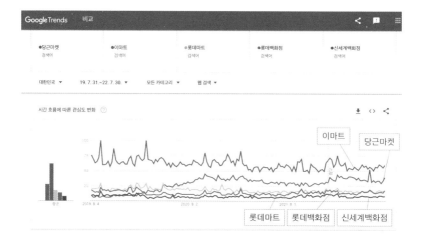

페로 시작한 중고나라는 2022년 8월 현재 카페 회원 수가 1900만 명 정도이고, 앱을 포함한 누적 가입자 수는 2500만 명 정도다. 번개장 터는 2021년 연말 기준 누적 가입자 수 1700만 명이 넘는다. 번개장 터는 2021년에 300억 원을 투자 유치했고 2022년에 신세계그룹에 서 830억 원을 투자받았다. 중고나라는 2021년 롯데그룹(롯데쇼핑)의 200억 원을 포함해, 복수 재무적 투자자에게 피인수(지분 93.9%)되었 다. 번개장터와 중고나라에 신세계와 롯데라는 국내 유통 대기업들이 투자한 것이다. 롯데는 번개장터 투자와 별개로, 롯데하이마트에서 온 라인 중고 거래 플랫폼 '하트마켓'을 런칭했다. 그만큼 대기업도 중고 거래 시장의 성장세를 주목한 것이고, 중고 거래가 유통의 새로운 미 래 중 하나가 된 것이다. 한국인터넷진흥원KISA은 국내 중고 거래 시장 을 2021년 24조 원 규모로 추정한다. 2008년에 4조 원 정도였던 것이 2020년에 20조 원으로 성장했고 2021년에도 고성장을 이어 갔다. 이 흐름은 2022년에 이어 2023년에도 계속될 가능성이 크다. 인플레이션의 시대, 역대급 경제 위기 상황에 대한 불안감이 소비자들에게 만연하다 보니 중고 거래 시장으로서는 좋은 기회다. 경제적 배경뿐 아니라 환경적, 윤리적 소비 확대도 중고 거래 시장에게 호재다.

당근마켓은 로컬 기반 중고 거래 서비스라는 경쟁력이 있다. 가까운 동네 사람들과의 중고 거래인데 후발 주자였음에도 국내 업계 점유율 1위를 했다. 당근마켓은 로컬 기반 역량을 강화하는데 세탁, 이사, 반려동물 돌봄, 편의점 등 로컬 기반 서비스들과 제휴했다. 동네 기반 중고 거래, 부동산, 구인 구직, 지역 상권 광고 등을 연결시킨 미국의 스타트업 넥스트도어NextDoor를 하이퍼 로컬 서비스라고 부르는데, 당근마켓의 서비스 방향도 이와 비슷하다. 참고로 2011년에 창업한 넥스트도어는 현재 미국 가구 3분의 1 정도가 사용하는데 주간 방문자 수는 3600만 명 정도다. 팬데믹과 재난 상황을 계기로 사용자가 급증했다. 2021년 2월, 미국 텍사스에서 폭설로 430만 가구가 정전되었을 때 사람들은 넥스트도어를 통해 생필품과 마스크를 나누거나 구하고 피난과 생존 정보도 공유했다. 하이퍼 로컬 서비스가 필요한 이유는 우리가 살아가는 곳이 실제 현실이자 동네이기 때문이다. 평소에는 이를 잘 못 느끼다가 재난과 위기를 겪으면 더더욱 실감한다. 결국 동네에서 가까운 사람들과 연결되어 살아간다는 사실을 각성하게 된다. 유통 대기업들도 하이퍼 로컬 서비스에서 왜 중고 거래가 중요한 역할을 하는지 알 수 있기 때문에 중고 거래 시장에 투자하고 뛰어든다. 단지 중고 거래 자체만 비즈니스 기회로 보는 것이 아니라 하이퍼 로컬을 통해 다양한 비즈니스를 연결할 수 있기 때문이다. 당근마켓은 국내에서만 서비스하는 것이 아니다. 미국, 영국, 캐나다, 일본 등 4개국 72개 지역에서 '캐럿Karrot'을 서비스하고 있다. 진출 자체가 성과를 보장하는 것은 아니지만 중고 거래 시장의 성장은 전 세계적인 상황이다. 국내 기업이 해외 진출하지 않더라도 해외 기업은 결국 국내에 진출한다. 넥스트도어는 미국뿐 아니라 영국, 프랑스, 독일, 스페인, 캐나다, 호주 등 11개국에서 서비스하고 있다. 중고 거래와 하이퍼 로컬의 연결은 보편적 글로벌 비즈니스로 자리 잡을 것이고, 우리의 의식주와 라이프스타일도 영향을 받을 수밖에 없다.

왜 비소비가 부각되는 걸까? 어떤 욕망에 대응해야 할까?

▼

소비를 통한 과시는 재력에 따라서 한계가 있다. 금수저이자 부자가 훨씬 유리할 수밖에 없다. 소셜 네트워크에서도 비싼 명품이나 화려한 소비 라이프를 과시하는 이들이 인플루언서가 되기에 더 유리하다. 아주 매력적인 외모와 럭셔리한 라이프가 결합되면 인플루언서가 되기에 가장 유리하다. 과거 부자들은 남들 앞에 자신의 사생활을 드러내길 꺼렸고, 소셜 네트워크도 비즈니스에 도움이 되는 정도로 제한적이거나 아예 구설될 여지를 없애려고 하지 않았다. 그러다 보니 재벌가 사람들의 일상이나 재벌가 2030세대의 소비를 자세히 알 기회가 없었다. 하지만 지금은 재벌가의 1020세대는 적극적으로 자기를 드러내며 인플루언서가 되기도 한다. 재벌 중 4050세대이면서도 자신을 잘 드러내는 이들도 있다. 과거에는 재벌이자 진짜 부자들의 라이프를 드라마로만 접하며 피상적으로 막연하게 알았다면, 지금은 진짜 재벌가의 초 럭셔리 라이프를 실시간으로 생생하게 확인할 수 있다.

과시적 소비의 끝판왕들의 모습을 많이 접하게 되면 소비를 통해 과시하는 욕망은 타격을 받을 수밖에 없다. 적은 돈으로 하는 소비는 결코 과시도 되지 않는다. 그러니 다른 방법으로 과시할 궁리를 하게 되고 플라스틱 프리와 친환경 소비, 모피 반대와 동물 윤리, 젠더 뉴트럴Gender Neutral과 공정, 돈쭐 내기 같은 미닝 아웃Meaning Out도 과시의 수단이 된다. 스트레스를 풀기 위한 충동구매를 일컫던 '시발 비용'은 '홧김 비용'이라고도 하는데, 만약 스트레스를 받지 않았으면 쓰지 않았을 돈이다. 예쁜 쓰레기라 불렀던 것도 잠시 즐거움을 위해 쓴 돈이고, 작은 사치도 잠시의 즐거움을 위해서다. 결국 기쁨과 취향을 위한 소비, 충동구매를 없애는 것은 절약에서 중요하다. 쇼핑 중독처럼 온라인 쇼핑, 홈쇼핑을 통해 수시로 물건을 사고 집에 수시로 택배가 배달되는 이들이 쇼핑을 중단하면 돈은 절약된다. 물론 이런 것을 안 쓰면 관련 기업으로서는 위기다. 쇼핑으로 스트레스를 풀거나 즐거움을 얻는 것은 효과가 오래가지 않는다. 근본적 문제를 해결하지 않고 쇼핑으로 잠시 잊는 것뿐이기 때문이다. 쇼핑에 후회가 생기고 소위 말하는 '현타'가 오는 이가 많다. 이런 사람들에게 과시적 비소비가 새로운 트렌드가 되고, 새로운 욕망으로 부각될 수 있는 것이다. 소비하지 않고도 행복할 수 있다는 것을 자각한 소비자만큼 기업이 두려워하는 것은 없다.

취향 심화에 따른 소비의 개별화, 남의 소비에 신경을 쓰지 않는 태도도 과시적 비소비에 영향을 준다. 만약 사람들이 타인의 소비와 자신의 소비를 비교하지 않는다면 과시적 소비는 힘을 잃는다. 인간은 비교를 통해 우위를 점하고자 하는 욕망 때문에 비합리적 소비와 과소비도 한다. 사서 금방 되파는 것은 소비일까, 아닐까? 비싼 것을 사서 잠시 소유의 기쁨을 누리고는 다시 되판다. 패키지를 뜯지도 않은 것이면 프리미엄을 붙여 산 가격보다 오히려 비싸게 파는 것도 가능하고, 조금 사용했다면 산 가격에서 조금만 손해 보고 중고로 파는 것도 가능하다. 가령 1000만 원짜리 가방을 샀어도 1000만 원이 다 사라지는 게 아니다. 가방을 소유하고 사용하면서 1000만 원에 해당되는 즐거움을 누리고는, 나중에 중고로 되팔면서 산 가격에는 못 미치더라도 꽤 많은 돈을 받고 팔면 그 돈은 고스란히 지갑에 남는다. 명품 시장에 2030세대를 진입시킨 일등 공신 중 하나가 리셀 시장이다. 잠시 소유하는 기회비용을 쓰고, 다시 되팔 수 있는 것은 아주 합리적인 소비다. 이런 소비 행태는 중고, 렌털rental, 공유 시장에 대한 소비로도 이어진다. 물건에 대한 소유 욕망의 변화는 결국 과시적 비소비의 욕망에 영향을 준다. 과시적 소비라는 단독 주연 앞에 과시적 비소비라는 공동 주연이 등장한 것으로 보는 게 더 맞다. 부자와 서민의 소비는 크게 다르다. 하지만 부자나 서민이나 과시의 욕망은 비슷하다.

이제는 자의가 아닌, 어쩔 수 없는 비소비가 확대될 수 있다. 이럴 때일수록 더더욱 자신의 비소비에 대한 의미를 부여하려는 욕망이 드러난다. 못 사는 것이 아니라 안 사는 것이어야 한다. 《라이프 트렌드 2020: 느슨한 연대 Weak Ties》에서 '우아한 가난의 시대: 돈에 주눅 들지 않는 사람들'이라는 주제로 소비 양극화 시대, 돈에 주눅 들지 않는 라이프스타일이자 새로운 소비 관점에 대한 트렌드를 다뤘었는데, 2020년의 11가지 트렌드 이슈 중 9번째 순서이자 4개의 라이프스타일 트렌드 중 4번째 순서였다. 〈라이프 트렌드〉 시리즈에서는 전체를 관통하는 핵심 트렌드이자 다른 트렌드에도 영향을 미치는 메가 트렌드를 부제로 쓰고, 트렌드의 영향력과 비중에 따라 순서를 배치한다. 물론 책에서 다룬 것만으로도 이미 상위 리스트이기는 하다. 매년 50~100개의 트렌드 이슈 중 상위 10여 개를 골라서 다루기 때문이다. '우아한 가난의 시대: 돈에 주눅 들지 않는 사람들' 트렌드와 연결되는 욕망이 팬데믹을 거치면서 증폭되었고, 2022년 극심한 인플레이션을 만나면서 더 증폭되어 '과시적 비소비'라는 강력한 욕망을 만들어 냈다.

경제 위기가 심화되는 상황에서 과시적 비소비가 부각되는 측면이 있다. 2022년은 수십 년 만의 인플레이션을 겪었다. 미국에서는 40년 전의 2차 오일 쇼크 시기와 비교하기도 하고, 한국에서는 IMF 금융 위기 때와 비교하기도 한다. 인플레이션은 소비에 부담을 준다. 물가가 오른다는 것은 소득이 줄어드는 것과 같다. 쓸 여력이 줄어드는데다 경기 침체까지 오면 미래에 대한 불안감이 커지면서 소비는 위축될 수밖에 없다. 가장 먼저 타격을 받는 소비 중 하나가 과시적 소비다. 부자들이야 타격이 적겠지만 중산층은 타격이 크다. 2030세대도 타격을 받는다. 영끌하며 부동산 투자를 했거나 큰 기대감을 가지고 코인에 투자했던 2030세대 중에서는 심각한 손실을 입은 경우도 꽤 있다. 자산 시장이 커지고 투자 활황기 때 명품 소비도 늘고 과시적 소비도 늘수밖에 없다. 코로나19 팬데믹 기간에 명품 소비가 늘고 2030세대의 명품 시장 진입이 늘어난 현상을 두고 보복 소비라는 측면으로만 볼 것이 아니라, 그 시기에 투자 성과가 좋았고 투자에 대한 기대 심리도 좋았다는 측면을 봐야 한다. 돈이 돈을 벌어 줄 것 같으니 과감하게 플렉스하며 과시적 소비를 할 수 있었다. 결코 돈이 없는데 뒷감당은 생각도 하지 않고 명품을 샀던 게 아니다. 인플레이션에 이어 스태그플레이션의 상황에서 과시적 비소비는 필수다. 경제적으로 풍요로운데 절약과 비소비가 어떻게 욕망이 되겠는가?

과시적 비소비를 신 포도 같다고 보는 이들도 있을 것이다. 과시적 소비를 하고 싶지만 돈이 없으니 할 수 없고, 그래서 과시적 비소비로 넘어가 그럴듯한 명분과 자기 합리화를 하는 것 아니냐는 말이다.《이솝 우화》중 〈여우와 신 포도〉 이야기 속 배고픈 여우는 포도를 따 먹으려고 하지만 아무리 노력해도 안 되니까 '저 포도는 어차피 신 포도일 거야'라며 포기하고 가 버린다. 원하는 것을 얻지 못할 때 오히려 자신이 원치 않았던 것처럼 말하며 자기 합리화, 자기 위안한다는 교훈이 담긴 우화다. 사실 신 포도가 아니라 덜 익은 포도라고 해석하기도 한다. 그렇게 되면 여우가 한 말은, 아직은 덜 익어서 시지만 나중에 익을 때 다시 와야지 하는 미련을 담은 것으로도 볼 수 있다. 이처럼 과시적 비소비를 선택하는 사람들은 언제든 상황이 달라지면 과시적 소비로 선회할 수 있다. 앞서 밝혔듯이 과시적 소비와 과시적 비소비는 반대말이 아니다. 기업 입장에서는 반대말로 보이지만 소비자의 입장에서는 비슷한 말이다. 기업과 소비자는 과시적 비소비를 전혀 다른 관점으로 볼 수밖에 없고, 대응도 달라야 한다.

소비가 아닌 비소비를 과시하는 것을 메가 트렌드로 꼽은 것은, 이것이 파생시킬 수많은 트렌드 이슈가 많기 때문이다. 2023년 우리를 둘러싼 소비, 라이프, 사회, 경제, 비즈니스의 변화를 이야기할 때 비소비는 핵심 퍼즐이 될 것이다. 팬데믹 이전부터 물욕이 사라지고 있다는 사람들이 있었다. 풍요의 시대, 취향의 시대를 살면서 물욕과 소비에 질리고 지쳐 흥미를 잃어버린 사람들이다. 우리는 필요한 것만 사는 게 아니었다. 욕망을 자극하는 것을 샀었는데 이것이 시시해진 것이다. 자발적인 비소비였다. 과잉 소비의 시대에 오히려 비소비가 비주류가 되며 새로운 '힙'이 되었다. 하지만 이들은 소수였고, 엄밀히 말하면 충분히 누려 본 사람들이다. 트렌드세터가 과시적 비소비에 반응하면서 대중들의 소비 욕망에 영향을 주었는데, 2022년을 휩쓴 인플레이션과 경기 침체 우려는 비소비 흐름에 불을 당겼다. 비소비마저 새로운 욕망과 과시가 될 수 있다는 것은 결국 지금 시대의 사람들에게 자신을 드러내고 과시하며 존재감을 확인하는 욕망이 중요하다는 의미다. 결국 과시적 소비의 끝에 과시적 비소비가 자리 잡는다고도 볼 수 있다.

2장

빈티지 시계와 빈티지 카, 욕망은 히스토리를 탐한다

과시와 욕망은 맞닿아 있다. 상품 자체로 과시하고 욕망도 충족하려면 그 상품이 아주 비싸고 아무나 쉽게 가질 수 없는 것이어야 한다. 그런데 상품 자체에 대한 과시를 위해서는 개성과 취향보다 브랜드가 가진 힘에 압도될 때가 있다. 소비자들이 소비 대신 비소비를 과시의 욕망으로 선택하려는 것도 자신이 가진 개성과 취향의 힘을 더 강화시키기 위해서다. 그리고 주도권을 가져오기 위해서다. 그런 점에서 고가의 빈티지 시장은 주목할 이유가 있다. 유형의 상품 자체가 아니라 무형의 히스토리history가 가치의 중심이 되기 때문이다. 같은 상품이라도 히스토리에 따라 가치는 크게 달라진다.

앞서 '과시적 비소비'를 이야기하면서 중고 의류(패션) 시장의 성장세를 살펴봤는데 여기서 엄밀히 '중고'가 아니라 '패션'이 핵심이다. 빈티지 시계의 핵심도 오래되고 낡았다는 것이 아니라 '희소한' '특별한' 가치다. 빈티지 카에서도 마찬가지다. 오래된 빈티지 카는 최신 자동차가 가진 편의성을 절대 따라갈 수 없지만, 희소성과 특별함의 가치에서는 최신 자동차를 압도한다. 누구나 돈만 내면 살 수 있는 것이 신상품이라면 빈티지 카는 애초에 세상에 존재하는 제품 자체가 극히 드물다. 부자들은 과거에도 이렇게 희소한 럭셔리 빈티지 시장에 집중했다. 대표적인 것이 미술품이나 예술 작품으로, 애초에 유일무이다. 그다음이 고가의 공산품이다. 유일무이는 아니지만 아주 희소해서, 오래된 것이라면 남아 있는 것 자체가 유일무이일 수 있다.

《라이프 트렌드 2013: 좀 놀아 본 오빠들의 귀환》에서 '히스토리와 오리지널: 개성을 소비하는 사람들'이라는 주제로 소비/비즈니스 트렌드를 다루며 '앤티크와 빈티지의 부활'을 중요하게 제시했었다. 《라이프 트렌드 2022: Better Normal Life》에서는 '럭셔리의 새로운 조건, 리페어' 트렌드를 세 번째 순서로 제기했었다. 우리가 가진 더 나은 삶better normal life을 위한 욕망으로 새것이 아닌 헌것을 선택하려면, 리페어repair의 가치가 높아져야 한다. 사실 〈라이프 트렌드〉 시리즈는 지속적으로 앤티크, 빈티지, 리페어 등을 통해 지속 가능성과 취향을 결합하는 트렌드를 주목해 왔다.

왜 가상 화폐 거래소는 빈티지 시계 시장을 주목했을까?

▼

두나무는 암호 화폐 거래소 업비트를 소유한 가상 자산 거래 서비스 기업이다. 2012년에 설립된 두나무는 암호 화폐 시장과 가상 자산 시장의 급성장으로 자산 총액 10조 원을 넘어서며 2022년에 대기업으로 지정되었다. 2021년에 매출 3조 6854억 원, 영업 이익 3조 2747억 원을 기록하여 영업 이익률이 무려 88.9%였다. 순이익만 2조 2411억 원

▶▶▶ 두나무가 런칭한 명품 시계 전문 중고 거래 플랫폼 '바이버'. (출처: 바이버 인스타그램)

으로 전년 대비 47배 정도 늘었다. 2019, 2020년 매출이 1000억 원대였던 기업이 2021년에 전년 대비 21배 급성장해 1년 만에 준대기업 지정을 거치지 않고 곧바로 대기업으로 지정된 것이다. 국내에서 이런 경우는 두나무가 최초다. 물론 2022년에는 암호 화폐 시장의 혹한기를 거치며 두나무의 실적도 타격을 입었다. 2021년, 두나무 매출 중 거래 수수료는 99.47%다. 암호 화폐 시장의 등락에 따른 영향을 고스란히 받는 구조인데, 막대한 돈을 번 두나무로서는 수익 구조를 다변화할 필요가 있었다. 국내 점유율 1위 암호 화폐 거래소인 업비트와 비상장 주식 거래 플랫폼인 증권플러스를 운영할 뿐 아니라 자산 거래 관련 기술 개발과 투자 회사 등 계열사는 10개가 넘는다. 그중 바이버VIVER라는 계열사가 바로 명품 시계 중고 거래 서비스를 한다. 2021년에 회사를 설립해 오프라인 쇼룸을 시작했고 2022년 7월에 명품 시계 전문 중고 거래 애플리케이션을 출시하며 본격적인 사업을 벌였다. 가상 자산 거래의 노하우를 가진 기업이 빈티지 시계 거래 시장을 주목한 것은 우연이 아니다. 명품 중고 시계, 고가 빈티지 시계는 중요한 시장으로 계속 부각되고 있었다.

무신사도 빈티지 시계 판매를 하고 있는데 '용정콜렉션'이 파트너다. 1965년 인사동에서 시작한 용정콜렉션은 명품 중고 시계 분야에서 손꼽힌다. 롤렉스, 까르띠에, 오메가 등 고가 빈티지 시계나 단종된 시계 등을 리셀하는데 이를 위해 품질 보증, 감정, 수리를 한다. 르메르디앙 서울 호텔에 본점이 있는 용정콜렉션은 현대백화점과 컬래버레이션을 하여 여의도 더현대 서울에도 매장을 두었고, 무신사와의 컬래버레이션을 통해 일부 상품을 온라인으로도 판다. 대기업 백화점과 패션 플랫폼의 선두 기업이 모두 용정콜렉션과 손을 잡은 것이다.

특급 호텔과 백화점에는 고가의 시계 브랜드가 입점한 경우가 많다. 신상품이자 새것을 파는 곳에서 중고 시계 리셀 매장을 허락했다는 것은 중요한 변화다. 실제로 국내 백화점업계에서 명품 시계 리셀 매장은 더현대 서울에만 있다. 하지만 다른 백화점으로도 확대될 것이다. 신세계가 만든 럭셔리 편집 매장 분더샵BOON THE SHOP은 청담 플래그십 스토어를 필두로 5곳의 신세계백화점 매장에 입점해 있는데, 이 중 청담 플래그십 스토어에서는 2021년 여름부터 빈티지 시계를 전시, 판매하고 원하는 스타일에 맞춰 커스터마이징도 한다. 심지어 중고 거래 앱 번개장터의 오프라인 매장인 '브그스트BGZT 컬렉션'에서도 고가의 빈티지 시계를 전시, 판매한다. 번개장터는 유명 명품 시계 감정사를

▶▶▶ 럭셔리 편집 매장 분더샵 청담점에서는 2021년부터 빈티지 명품 시계도 취급하기 시작했다. (출처: 분더샵 홈페이지)

고문으로 영입해 빈티지 시계 사업을 강화했다. 암호 화폐 거래소, 패션 플랫폼, 백화점, 중고 거래 앱 등 다양한 업종에서 빈티지 시계 시장에 뛰어든 것이다.

리세일과 리셀은 백화점과 유통 대기업들이 계속 주목하던 시장이고 빈티지 리셀, 리세일은《라이프 트렌드 2022: Better Normal Life》에서 중요하게 다룬 리페어 트렌드와도 연결된다. 고가의 빈티지 시계 리셀 시장에는 럭셔리 시계 브랜드들도 합류할 수밖에 없다. 신상품도 팔고 빈티지도 파는 것이 소비 브랜드들의 방향성이다. 럭셔리 시장 중에서 빈티지 럭셔리 시장은 가장 성장세가 높은 유망 시장이다. 우리는 점점 더 희소한 가치, 남들이 쉽게 가지지 못할 특별한 가치를 원한다. 그런 점에 가장 잘 부합하는 것이 빈티지다.

신상품보다 훨씬 비싼 중고: 빈티지 시계는 과시적이다

▼

코로나19 팬데믹 기간 중 럭셔리 시계 시장이 커졌다. 럭셔리 빈티지 시계 시장도 함께 커졌다. 왜 그랬을까? 2020~2021년에 주식 투자, 가상 화폐 투자로 큰돈을 번 사람이 급증했고 부동산 시장도 뜨거웠다. 큰돈을 번 사람들이 가장 먼저 관심을 가지는 것은 럭셔리 제품 소비다. 과시적 소비를 하는 것이다. 그러다가 자연스럽게 넘어가는 것이 럭셔리 빈티지 소비다. 맥킨지McKinsey는 세계 빈티지(중고) 시계 시장 규모가 2019년의 180억 달러에서 2025년에 290~320억 달러로 커질 것으로 전망하고 있다. 전 세계 럭셔리 시계 시장 규모도 계속 커지고

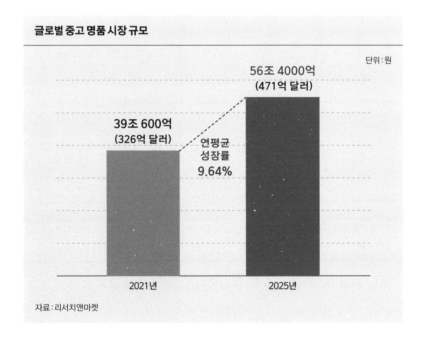

글로벌 중고 명품 시장 규모

단위: 원

56조 4000억
(471억 달러)

39조 600억
(326억 달러)

연평균
성장률
9.64%

2021년　　　　2025년

자료: 리서치앤마켓

있다. 현재 670억 달러 정도로 추산되는데 빈티지 시계 시장의 비중이 점점 높아지는 셈이다.

세계적 경매업체인 소더비, 크리스티, 필립스 등에서 2020~2021년 팬데믹 기간 중 고가 빈티지 시계 판매액은 예년보다 2배 정도 증가했다. 비싸기만 하다고 과시가 되는 것이 아니라 희소해야 한다. 나만이 가진 특별한 것이어야 한다. 상품 자체가 가진 물성이 아니라, 상품이 담고 있는 스토리에서 더 희귀하고 특별한 것을 찾는다. 빈티지 시계는 히스토리가 중요하다. 시계 자체보다 그 시계를 누가 찼고, 어떤 상황일 때 함께했는지가 중요한 가치다. 그래서 신상품보다 훨씬 비싼 빈티지 상품도 많다. 역대 가장 비싼 빈티지 시계 경매가는 1775만 2500달러를 기록했는데 그 주인공은 1960년대에 만들어진 롤렉스의 코스모그래프 데이토나 초창기 모델이다. 미술품부터 빈티지 시계까지 다양한 물건을 다루는 필립스 경매에서 2017년 11월에 한화로 200억 원 정도에 팔렸다. 이 시계의 신상품 가격은 현재 5만 달러 정도다. 그런데 어떻게 이런 말도 안 되는 비싼 경매가가 나왔을까? 바로 폴 뉴먼이 차던 시계이기 때문이다. 폴 뉴먼은 세계적 영화배우이자 카레이싱 선수였다. 코스모그래프 데이토나는 레이싱을 위한 시계인데, 1968년에 아내 조앤 우드워드가 운전할 때 조심하라는 각인을 새겨 폴 뉴먼에게 선물했다. 그리고 그는 15년 동안 매일 이 시계를 찼다고 한다. 롤렉스의 코스모그래프 데이토나는 많아도, 폴 뉴먼의 히스토리가 담긴 유일무이한 시계이기 때문에 경매가가 치솟았다.

2021년 12월, 필립스 경매에서 1968년에 제작된 오메가 스피드마스터 시계가 66만 7800달러(약 8억 원)에 팔렸다. 이 시계를 판 사람

▶▶▶ 베스트셀러 작가 랠프 엘리슨이 차고 있는 오메가 스피드마스터. (출처: Namcy Crampton)

은 2016년에 온라인에서 5600달러(약 670만 원)에 샀는데, 5년 만에 120배 높은 가격으로 판 것이다. 당시 1968년산 오메가 스피드마스터 의 예상 가격은 1만 달러 정도다. 그런데 왜 이런 높은 가격이 가능해진 것일까? 바로 시계의 내력 때문이다. 이 시계를 온라인에서 산 사람은 미 의회 도서관 기록 보관소를 뒤져서 사진과 보험 서류를 확보해 시 계 내력을 추적했고 그 결과 랠프 엘리슨Ralph Ellison의 시계였다는 사실 을 입증했다. 그는 베스트셀러 작가인데 1952년에 출간한《투명 인간》 으로 1953년에 미국국립도서상을 받기도 했다. 특히 그의 작품은 인종 차별에 대한 주제로 주목을 받았고 1969년에는 대통령 메달을 받기도 했다. 엘리슨은 미국예술문학아카데미American Academy of Arts and Letters 멤버였으며 뉴욕대학교 교수를 지냈다. 그 시계는 히스토리 덕분에 더 특별한 상품이 되었고 경매가가 급등한 것이다.

신상품을 사는 사람은 물건 자체만 가진다. 하지만 빈티지를 사는 사람은 물건과 함께, 그 물건을 소유했던 사람의 흔적과 이야기까지 가진다. 사실 나도 내 나이와 비슷한 빈티지 시계를 즐겨 찬다. 그 시계는 스위스에서 만들어졌는데 영국에 사는 누군가의 손목을 거쳐 미국으로 건너갔다. 그러고는 이 낡은 시계를 한국의 빈티지 시계 업자가 사와서 수리해 결국 내 손목에 채워졌다. 이 정도의 내력은 빈티지 시계 업자에게 전해 들은 것이지만, 더 추적한다면 영국과 미국에서 이 시계를 찼던 사람이 누군지 밝혀낼 수 있고 그들이 흥미로운 스토리가 될 만하다면 이 시계의 가치는 더 올라갈 것이다. 아니면 이 시계를 찬 내가 만들어 갈 스토리가 이 시계의 가치를 책정할 때 반영될 수도 있을 것이다. 이렇듯 빈티지 시계는 과거 이 시계를 소유했던 사람들이 가진 시간도 함께 공유하는데 이는 상품의 또 다른 가치가 된다.

빈티지 시계 전문 수집가와 딜러들 사이에서는 '톱니바퀴 계보ge-nealogy with gears'라는 말이 있는데, 시계의 히스토리를 추적하고 확보한 증거를 대외적으로 공개해서 가치를 높이는 것을 일컫는다. 앞서 랠프 엘리슨 시계를 입증해 내 가치의 급상승을 만들어 낸 것처럼 시계 주인의 계보를 어떻게 찾아낼 것인가는 엄청난 비즈니스가 된다. 경매업계는 빈티지 시계에 대한 정보를 카탈로그에 담을 때, 시계 주인이 누구이고 그가 어떤 업적을 이루었으며 시계가 어떤 과정을 거쳐 경매에 나오게 되었는지 등 시계를 둘러싼 히스토리를 사진이나 서류 같은 증거와 함께 제시한다. 히스토리에 따라 같은 제품의 시계라도 가격이 천지 차이가 된다.

▶▶▶ 시계에 담긴 역사와 스토리를 추적하고 그 증거를 모아 더 높은 가치를 인정받는 것을 '톱니바퀴 계보'라고 부른다.

2017년 6월, 크리스티 경매에서 재클린 오나시스Jacqueline Onassis의 까르띠에 탱크 시계가 37만 9500달러에 낙찰되었는데 이 시계를 찬 재클린 오나시스의 사진도 있었다. 재클린 오나시스는 미국의 제37대 대통령 존 F. 케네디의 아내다. 미국인이 가장 사랑한 영부인이었는데, 남편의 암살을 겪은 후 그리스의 선박왕 오나시스와 재혼했다. 파란만장한 삶을 산 재클린 오나시스의 시계를 낙찰받은 사람은 할리우드 스타 킴 카다시안이었다. 이 시계의 히스토리는 재클린 오나시스에서 킴 카다시안으로 확장되었기에, 언젠가 나올 경매에서는 그 가치가 더 높아져 있을 것이다.

1975년, 영국 국방부는 해군의 특수 담당자에게 보급할 시계를 위해 가독성을 높인 특별 사양으로 롤렉스 서브마리너를 의뢰했다.

▸▸▸ 1960년대 미국 해군에서 잠수부용으로 제작한 토르넥-레이빌 시계는 약 1억 7000만 원의 경매가를 기록했다. (출처: 토르넥-레이빌 홈페이지)

2022년 초, 그 시계 중 하나를 소유한 사람이 그 시계를 경매에 출품했는데 20만 250파운드에 낙찰되었다. 한화로 3억 2000만 원 정도다. 그는 영국 해군에서 27년간 복무하며 영국 여왕 표창과 영국 자선 단체 로열 휴메인 소사이어티 상을 받았다는 히스토리가 있다. 빈티지 시계 경매에서는 1960년대 미국 해군에서 잠수부용으로 제작한 토르넥-레이빌Tornek-Rayville이 12만 6000달러에, 1975년 이탈리아 육군에서 헬리콥터 조종사와 공수 부대 지휘관을 위해 주문 제작된 브라이틀링 시계가 2021년에 1만 8900달러에 팔린 적이 있다. 시계의 주인이 유명인이 아니어도 그 시계가 가진 희소성이나 특별한 상황이 부여되면 가치는 높아진다. 얼마나 오래되었는가, 얼마나 희소한 모델인가, 얼마나 특별한 히스토리가 있는가 등이 빈티지 시계의 가치를 결정한다. 당신이 가진 시계, 당신 삶의 궤적이 어떻게 전개되느냐에 따라 그 시계도 훗날 고가의 빈티지 시계가 될 수 있다.

빈티지 카, 욕망의 끝판왕인가 자원 순환인가?

▼

2022년 5월, 자동차 전문 경매업체인 RM 소더비에서 가장 비싼 차 경매 기록이 세워졌다. 메르세데스-벤츠의 1955년형 300 SLR 울렌하우트 쿠페 한 대가 1억 4300만 달러(약 1813억 원)에 팔린 것이다. 이 차는 전 세계에 단 2대만 남아 있고 모두 메르세데스-벤츠 박물관에 있었다. 메르세데스-벤츠가 그중 하나를 판 것인데 돈이 필요해서 판 것이 아니라 가치를 입증하기 위해 판 것이다. 역대 최고 가격이라는 기록을 세우려면 거래가 되어야 하기 때문이다. 메르세데스-벤츠는 수익금 전액을 모두 기부했다. 이때 자동차 전문 경매업체의 이름을 보면 알겠지만 경매의 대명사인 소더비의 자회사다. 세계적 경매 회사들은 미술/예술 작품을 필두로 보석, 빈티지 카, 빈티지 시계 등 희소한 것이라면 모든 것이 부자들의 강렬한 욕망이 된다는 것을 보여 주고 있다. 물론 부자만의 세계는 아니다. 빈티지 카 시장이 커질수록 엄청난 고가의 자동차만 거래되는 것이 아니다. 오래되었다고 해서 올드 카, 클래식 카라고도 부르지만, 가치와 희소성의 측면으로 보면 빈티지 카라는 말이 좀 더 맞다.

폴 뉴먼의 시계만큼 주목받은 것이 스티브 맥퀸의 자동차다. 사실 둘은 할리우드 유명 배우이자 카레이싱 선수였는데 실제 대회에도 꾸준히 출전했다. 2007년 크리스티 경매에서 스티브 맥퀸의 250GT 루소가 팔렸다. 1964년, 스티브 맥퀸의 34세 생일 때 아내가 선물한 자동차인데 그가 10년 이상 소유했으며 아내와의 미국 대륙 횡단 여행에도 함께했다. 이 차는 다른 사람이 사서 20년간 소유하다가 경매에 내

▶▶▶ 1955년형 300 SLR 울렌하우트 쿠페는 약 1813억 원의 경매가를 기록하며 전 세계에서 가장 비싼 차에 등극했다. (출처: 메르세데스-벤츠 홈페이지)

났는데 230만 달러에 낙찰되었다. 흥미로운 것은 스티브 맥퀸의 대표작인 영화 〈대탈주〉(1963)에 함께 출연한 제임스 코번James Coburn은 스티브 맥퀸의 권유로 1963년형 페라리 250 GTSWB 캘리포니아 스파이더를 샀는데 이 자동차가 2008년 이탈리아의 자동차 경매 시장에서 550만 파운드에 팔렸다. 스티브 맥퀸의 자동차보다 5배 비싼 가격에 팔린 것이다. 1963년형 페라리 250 GTO가 2018년 경매에서 4850만 달러(약 615억 원)에 낙찰된 적 있고, 경매 시장을 거치지 않은 개인간 거래에서 7000만 달러로 거래된 기록도 있다. 사실 빈티지 카는 가격의 기준이 없다. 갖고 싶어 하는 사람들이 경쟁적으로 과열하면 가격은 폭등한다. 그러다 보니 진짜 갖고 싶은 사람만의 시장이 아닌, 투기꾼의 시장이 되기도 한다. 빈티지 카를 구한 뒤 히스토리를 찾아내어 진짜 갖고 싶어 하는 부자들에게 파는 것이다. 1960년대의 페라리, 애스턴 마틴, 메르세데스-벤츠, 제2차 세계 대전 이전의 부가티와 벤틀리 등이 고가로 거래되는 대표적인 빈티지 카다. 사실 빈티지 카 시장은 부자들의 종착역이라고도 불린다. 전기차와 자율 주행차를 이야기하는 시대에, 50년도 넘은 오래된 자동차에 눈길이 가는 사람들은 전통적 부자뿐 아니다. 빈티지 카 시장도 빈티지 시계 시장과 마찬가지로 2020~2021년 팬데믹 기간 중 성장했다. 향후 성장세를 이어 갈 가능성도 크고 고가의 빈티지 시장 전반으로 확대될 수도 있다. 빈티지 시계, 빈티지 자동차, 빈티지 가구, 빈티지 오디오, 빈티지 명품 패션 등 여러 시장이 새로운 과시와 욕망의 중심이 되고 있다. 비싸서 그렇지, 엄밀히 빈티지 소비는 지속 가능성의 관점으로 보면 자원 순환이다. 새것을 만들지 않고 있는 것을 계속 사용하면서, 되팔고 되사면서 가치와 욕망을 이어 가지만 생산에 따른 탄소 배출은 제로인 셈이다.

'빈티지Vintage'는 포도의 수확 연도를 뜻하는 와인 용어다. 포도가 농산물이기에 포도 상태가 매년 똑같지 않다. 농사가 더 잘된 해가 있고 그렇지 않은 해가 있다. 그래서 포도 농사가 잘된 해에 만든 와인의 가치가 더 높은데 와인에 연도가 명시되는 이유이기도 하다. 빈티지라는 말은 와인뿐 아니라 패션, 소비 영역에서도 두루 쓰는데, 중고와는 구분이 필요한 말이다. 중고는 더 큰 개념이다. 중고second-hand는 말 그대로 손 바뀜이다. 새것이 시간이 지나 헌것이 되고 주인도 바뀌는 것이다. 중고 중에서도 희소성과 특별함이 있는 것이 빈티지다. 중고는 통상 새것보다 더 싸고 감가상각이 된다. 그런데 빈티지는 오히려 새것보다 비쌀 수 있다. 아무나 못 가질, 희소성과 특별함이 담긴 상품에 대한 욕망은 점점 더 커질 수밖에 없다.

3장

테니스 붐, 왜 테니스는 새로운 욕망이 되었을까?

개성, 취향, 특별함, 차별화에 대한 욕망은 소비를 넘어 체험에서도 계속된다. 2030세대 여성을 중심으로 대세는 골프에서 테니스로 이동하고 있다. 골프만큼 패셔너블하고 귀족 스포츠 이미지가 있기 때문이다. 무엇보다 테니스는 골프보다 접근성이 좋다는 장점이 있다.

밀레니얼 세대는 운동에 적극적이다. 일상적으로 요가, 필라테스, 러닝, 피트니스 등을 하면서 레깅스 대중화의 일등 공신이 바로 밀레니얼 세대다. 특히 한국 사회에서 낯설었던 서핑을 받아들여 대중화시킨 것도 온전히 밀레니얼 세대의 힘이다. 이들은 거리감이 있었던 골프도 코로나19 팬데믹을 계기로 받아들였고, 등산과 클라이밍마저도 속속 받아들였다. 심지어 탁구를 받아들인 것도 놀랍다. 수년간 탁구 클럽이 증가했다. 그리고 이제 테니스다. 탁구보다 훨씬 더 확대될 것이다. 밀레니얼 세대에 이어 Z세대도 테니스를 적극 받아들인다. 특히 20대 초중반의 Z세대 전기, 20대 후반과 30대 초반의 밀레니얼 세대 후기가 가장 적극적이다. 《라이프 트렌드 2022: Better Normal Life》에서 '언리미티드 스타일unlimited style' 트렌드를 다루면서 '테니스를 치지 않지만 테니스 스커트를 입는다'는 이야기를 했었는데 이번에는 진짜 테니스를 치는 이야기다.

왜 2030 여성들이 테니스를 배울까?

▼

네이버 트렌드에서 2019년 7월부터 2022년 7월까지 3년간 '테니스'와 '테린이' 검색어의 추이를 살펴봤다. '테니스' 관심도가 지속적으로 상승하고 있고, '테린이'는 2021년 3분기를 기점으로 '테니스'를 추월했다. 테니스는 스포츠에 대한 관심도로도 볼 수 있지만, 테린이는 직접 테니스를 배우기 위해 나서는 의미로 해석할 수 있다. 테린이가 테니스를 추월했다는 것은 보는 스포츠가 아니라 직접 뛰어든다는 의미다. 2030세대 여성으로 한정해 봤을 때나 2030세대 남녀로 봤을 때 모두 전체 연령/성별로 봤을 때보다 테니스와 테린이에 대한 관심도가 더 높았고, 특히 테린이에 대한 관심도의 증가세가 더 두드러졌다. 이를 통해 2030세대 여성이 테니스를 배우는 가장 적극적인 사람들이라 볼 수 있다.

자신에 대한 투자를 아끼지 않으면서 열정적이고 주도적으로 행동하는 2030세대 여성이 반응하는 트렌드를 주목하는 것은 당연하다.

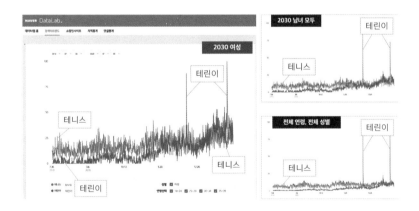

그들이 꽂히는 것에 2030세대 남성들도 유입되고, 4050세대 여성들도 반응한다. 2030세대 여성은 전시, 공연, 여행, 패션에서도 왕성한 소비력과 영향력을 가지고 있고, 새로운 핫 플레이스를 가장 먼저 받아들이는 사람들이며 인스타그램에 멋지게 보일 사진을 의미하는 '인스타그래머블Insragramable'의 주도자들이다. 이들이 테니스를 선택했다는 것은, 이들을 중요 소비자로 바라볼 업계로서는 중요하게 활용할 마케팅 코드가 된다.

테니스, 테린이와 함께 '테니스 레슨, 테니스 스커트' 검색어를 비교해 관심도 추이를 보면 더 명확하다. 2030세대 여성 한정으로 봤더니 테니스와 테린이 검색량보다 테니스 스커트 검색량이 압도적으로

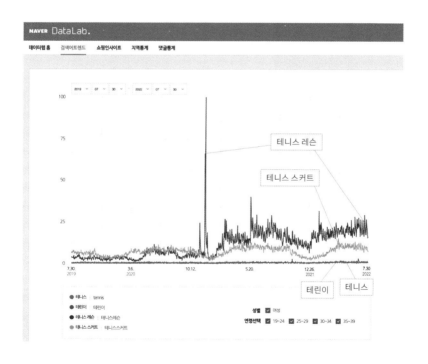

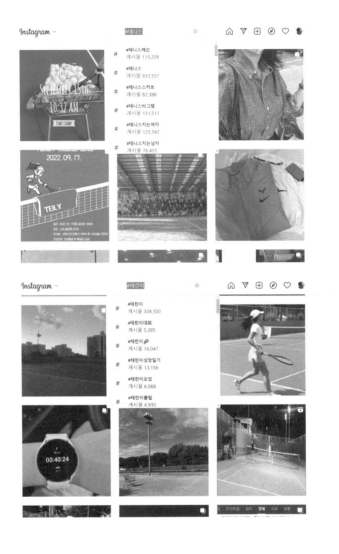

높고, 테니스 스커트보다 테니스 레슨이 더 높다. 스포츠에 대한 단순한 관심이 아니라 직접 테니스를 배우겠다는 욕망이 커졌다는 의미다. 2020년까지는 테니스 스커트에 대한 관심도가 가장 높았다면, 2021년

부터는 테니스 레슨의 관심도가 급등했다. 테니스 스커트는 패션만으로도 받아들일 수 있다. 직접 테니스를 배우지 않고서도 입을 수 있으니까. 1020세대 사이에서 테니스 스커트는 수년 전부터 트렌드였다. 하지만 이제 2030세대는 패션에 그치지 않고 직접 테니스를 배우려고 나서고 있다.

인스타그램에서 '#테니스' 검색은 93만 건 이상, '#테니스레슨' '#테니스타그램' '#테니스치는여자' 등은 10만 건 이상이다. '#테린이'도 30만 건 이상이다. 인스타그램에서 테니스 관련 이미지는 여성 이미지가 압도적으로 많았고 2030세대가 중심이다. 테니스 치는 모습이 남들에게 자랑하고 과시할 수 있는 이미지가 된 것이다. 주로 드러낼 수 있는 이미지는 패션이다.

인스타그램에서 '#골린이' 검색 결과는 120만 건 정도 되는데

2030세대 여성 이미지가 상당수다. '좋아요'가 많은 상위 이미지들은 거의 다 멋지게 골프 패션을 구현한 매력적인 여성이라도 해도 과언이 아니다. 이처럼 골프와 테니스 모두 패션과 밀접하다.

골프는 가고 테니스가 왔다?

▼

네이버 검색어 트렌드에서 2021년 8월부터 2022년 8월까지 최근 1년 간 2030세대 여성을 대상으로 골프, 요가, 테니스에 대한 검색어 관심도 추이를 살펴봤다. 골프는 가장 하위에 있고, 테니스가 요가를 위협할 수준으로 올라갔음을 볼 수 있다. 2030세대 여성에게 요가는 오랫동안 사랑받아 왔다. 2022년 들어서 테니스에 대한 관심도가 가파르게

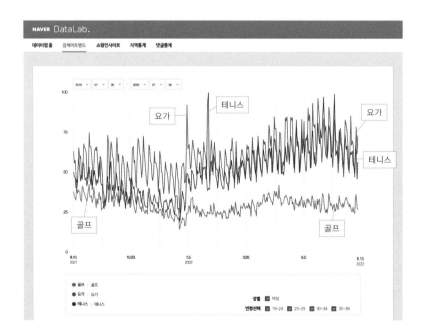

증가했고 골프는 정체 중이다.

사실 2021년 상반기만 해도 골프에 대한 관심도가 압도적이었다. 골프, 요가, 테니스에 대한 검색어 관심도 추이를 2019년 8월부터 2022년 8월까지 최근 3년간 보면 확연히 드러난다. 2019~2020년 상반기까지만 해도 요가에 비해 골프나 테니스는 아주 미미한 관심도였다. 지난 3년을 보면 요가는 한결같다고 볼 수 있다. 관심도 추이에서 흔들리지 않는다는 것은 트렌드를 넘어 문화로 자리 잡았다는 의미다. 팬데믹 효과로 인해 2020년 하반기에서 2021년 상반기까지 골프의 관심도가 높았다. 2021년에 골프는 2030세대 여성들에게도 뜨거운 관심사였고 이때가 절정이었다.

현재 2030세대 여성들의 골프에 대한 관심은 크게 떨어졌다. 대신

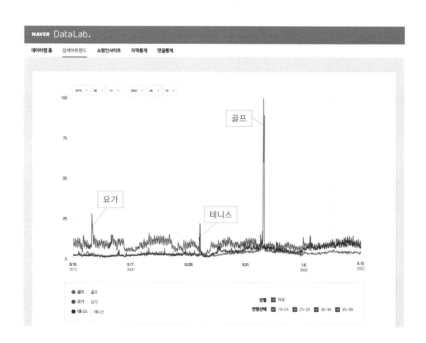

테니스에 대한 관심이 증폭되었다. 골프에서 테니스로 욕망이 옮겨 가는 것이다. 골프보다 테니스는 훨씬 비용이 적게 들고 접근성도 좋다. 외곽에 있는 골프장과 달리 테니스장은 도심에 있어 시간도 효율적이다. 테니스는 일대일로 치면 되니까 상대만 구하면 된다. 골프는 라운딩에 4명이 필요하니 자신을 제외하고 3명을 구해야 한다. 비용, 시간, 접근성, 편의성 모두 테니스가 유리하다. 2030세대 여성들이 자신을 멋지게 드러내는 데 골프와 테니스는 비슷한 효과를 가진다. 그러므로 가성비와 효율성이 높은 테니스를 선택하는 것은 당연하다. 기성세대 문화에 2030세대가 일시적으로 들어간 것이 골프라면, 2030세대가 새로운 주도 세력으로서 문화를 주도할 수 있는 것이 테니스다.

BC카드가 2019년 1월부터 2022년 5월까지 약 4200만 건의 헬스케어업종 결제 데이터를 분석한 결과를 발표한 적이 있다. 여기서 테니스에 대한 흥미로운 데이터가 드러났다. 테니스업종의 매출이 2019년 대비 2020년에 27%, 2021년에 115%, 2022년에 440%나 증가한 것이다. 골프업종의 매출 증가율도 2019년 대비 2020년에 9%, 2021년에 33.2%, 2022년 57%로 증가세였지만 테니스의 증가율에 비하면 크게 낮다. 특히 여성의 경우 최근 3년간 테니스 매장에서 11만 7000~16만 원을 결제했는데, 골프 매장에서는 9만~10만 2000원을 결제했다. 여성들이 골프보다 테니스에 좀 더 돈을 쓴 셈이다. 테니스업종 매출에서 20대 여성이 65.9%로, 20대 남성 34.1%보다 2배 가까이 높다. 30대에서는 여성과 남성의 매출이 약 절반인 것과 비교해 보면 확실히 20대에서는 여성들이 테니스에 훨씬 적극적이다. 전체 헬스케어업종의 매출 비중에서 골프가 76.9%, 실내 운동(헬스, 요가 등)이 22.6%를 차지하

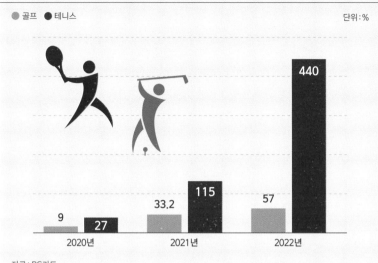

2019년 대비 골프·테니스 매출 증가율(매년 1~5월 개인 카드 매출 분석)

● 골프 ● 테니스   단위 : %

440

115

57

33.2

9

27

2020년   2021년   2022년

자료 : BC카드

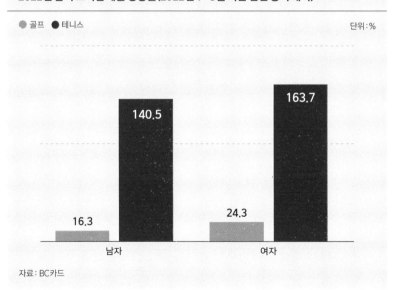

2022년 남녀 고객별 매출 성장률(2022년 1~5월 기준 전년 동기 대비)

● 골프 ● 테니스   단위 : %

163.7

140.5

24.3

16.3

남자   여자

자료 : BC카드

고 테니스는 0.5%에 불과하다. 전체 규모 면에서 테니스는 비교가 안될 정도로 적지만 성장률이 압도적으로 높다 보니 향후 시장은 꽤 확대될 것이다. 특히 20대 여성으로 범위를 좁히면 테니스의 위상은 훨씬 높아질 것이다.

헬스, 요가, 필라테스 등은 2020~2021년 모두 2019년 대비 감소세였고 2022년 들어서는 22.4% 증가했다. 2020~2021년은 팬데믹에 의한 사회적 거리 두기로 영업 제한이 생겼을 때고, 2022년은 거리 두기가 해제된 영향이다. 거리 두기 때문에 실내 운동은 감소하고 실외 운동인 골프와 테니스가 증가했다. 골프가 팬데믹 효과의 1차 수혜를 봤다면 테니스는 2030세대 여성들을 중심으로 한 새로운 수혜자가 되고 있다. 사실 골프는 가고 테니스가 왔다는 명제는 20대 여성들에게 적용된다. 범위를 넓힌다면 2030세대 여성들까지다. 분명 전체 스포츠 시장에서 골프의 힘은 여전히 강력하다. 하지만 패션과 스타일, 대중문화와 콘텐츠, 광고와 마케팅 영역에서는 테니스의 힘을 주목해야 한다. 사람들의 욕망은 이미 뜬 시장보다는 새롭게 뜨는 시장, 이미 익숙하고 보편적인 문화보다는 새롭게 확산되는 문화에 더 자극받기 때문이다.

테니스는 패션과 시계, 스타일의 새로운 중심이 된다
▼

2030세대에게 운동은 선택이 아닌 필수다. 그리고 운동에는 패션 스타일이 중요하다. 활동성 때문에 주름진 스커트를 입는 것은 골프나 테니스가 같고 이를 패션 아이템으로 여기는 태도도 비슷하다. 테니스 스커트는 흰색의 주름진 짧은 치마로 활동성 높은 옷이다. 여성용 골프 스

▶▶▶ 2030에게는 운동도, 패션도 중요하다. 그런 의미에서 골프와 테니스는 운동 트렌드 이자 패션 트렌드다.

커트는 주름진 치마인 플리츠스커트인데 테니스 스커트와 마찬가지로 활동성이 좋아 운동할 때 입어도 효과적이다. 골프를 치지 않지만 골프 웨어에 관심을 가지는 여성도 많고, 테니스를 치지 않지만 테니스 웨어에 관심을 갖는 여성도 많은 것은 '운동' 자체가 아니라 '스타일' 때문이다. 활동성을 위해 바지가 아닌 주름진 미니스커트를 선택한다는 것은 활동성도 좋으면서 여성성도 표현하기 위해서다. 활동성 좋은 레깅스 유행도 계속 확산되겠지만 주름진 미니스커트의 유행은 오래갈 가능성이 크다. 섹시하고 매력적인 여성성을 드러내는 데 골프 패션, 테니스 패션이 선택되고 있으며 이는 패션업계로서는 계속되는 기회다. 기성세대보다 밀레니얼 세대가 운동을 더 많이 하고 몸매 관리에도 적극적인데 이것은 Z세대도 마찬가지다. 운동해서 달라진 몸매와 스타일은 적극 공유하면서 자신의 가치를 드러낸다. 패션으로 연결될 수 있는 운동이 더 선호될 수밖에 없다.

테니스가 2030세대 여성들의 새로운 욕망이 되기 좋은 이유는 고급 스포츠 이미지 때문이다. 중세 때 왕족과 귀족들이 즐기던 스포츠가 19세기에 현재의 테니스로 자리 잡았는데 여전히 귀족적 이미지를 가지고 있다. 그래서 명품 브랜드나 글로벌 기업들이 테니스에 후원을 많이 한다. 그중에서도 럭셔리 시계 브랜드가 가장 적극적이다. 테니스의 메이저 대회 중계를 보면 유독 롤렉스가 자주 눈에 띈다. 귀족 스포츠 이미지이기 때문에 럭셔리 시계 브랜드들이 경기 스폰서이자 타임 키퍼를 맡고 있다. 현재 윔블던, US오픈 등 4대 메이저 대회 모두 롤렉스가 타임 키퍼를 맡고 있다. 특히 윔블던 챔피언십의 경우 1978년부터 지금까지 40년 이상 타임 키퍼를 맡고 있고, 로저 페더러Roger Federer를 비롯해 유명 테니스 선수들이 롤렉스의 후원을 받았다. 롤렉스를 대표하는 앰버서더인 로저 페더러는 2004~2008년에 237주 연속 세계 랭킹 1위를 지키며 역대 최장 연속 랭킹 기록을 가졌고 통산 305주간 세계 랭킹 1위, 그랜드 슬램 남자 단식 20승이라는 독보적인 기록도 가졌다. 그는 선수 생활을 하는 내내 롤렉스의 후원을 받았으며 수많은 대회의 우승컵을 들 때 항상 롤렉스를 차고 있었다. 경기할 때를 빼고는 늘 그의 손목에 롤렉스가 있다. 롤렉스의 대표 시계인 데이트저스트 중에는 테니스 코트의 잔디색과 비슷한 초록색 인덱스로 된 모델이 있는데 그래서 그 모델의 별명이 윔블던이다.

라파엘 나달Rafael Nadal은 오랫동안 '리차드 밀'의 후원을 받고 있는데 심지어 2010년부터는 경기 중에도 시계를 찼다. 아주 중요하고

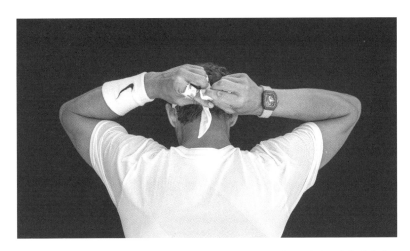

▶▶▶ 손목에 리차드 밀 시계를 차고 경기를 뛰는 라파엘 나달. (출처: 리처드 밀 홈페이지)

치열한 승부를 해야 하는 상황에서 테니스 선수의 손목에 시계를 찬다는 것은 말이 안 되어 보인다. 특히 경기 중 서브를 넣기 전에 땅을 고르고 라켓으로 발을 털고 엉덩이를 빼고 어깨와 귀와 코를 번갈아 만지고 공을 바닥에 3번 튀기는 동작을 반복하는, 자신만의 루틴에 강박적일 정도로 철저한 나달이 아무리 돈을 많이 준다 하더라도 시계를 찬 채 경기를 한다는 것은 놀라운 일일 수밖에 없다. 그래서 더 이슈가 되었고 결과적으로 시계는 더 주목받았다. 원래 나달은 리차드 밀의 요청을 거절했다. 그래서 리차드 밀은 첨단 소재를 사용해 무게가 52그램인 RM 027 모델을 만들었다. 아주 가벼워서 시계를 찼는지 안 찼는지 모를 정도였고, 공교롭게도 그해 윔블던과 US오픈을 우승했다. 이후부터 나달은 리차드 밀 시계를 차고 경기하고 있으며 리처드 밀의 브랜드 가치가 높아지는 데 큰 기여를 하고 있다. 2019년 프랑스 오픈에서는 RM27-03 모델을 차고 경기했는데 그 시계의 가격은 72만 5000달러였다. 당시 환율로 8억 6000만 원 정도다. 가격도 놀랍지만 이 시계의 무게는 무려 18.83그램이다. 세계 최경량 시계다. 나달과 테니스가 아니었다면 이런 무게의 시계는 세상에 만들어지지 않았을 것이다.

노박 조코비치Novak Djokovic는 오데마피게, 세이코를 거쳐 위블로의 앰배서더를 맡고 있다. 역대 통산 상금 랭킹 1위인 그는 상금으로만 1억 5900만 달러를 벌었고 재산은 2억 달러 이상으로 추정된다. 테니스 선수 중 가장 부자인 것이다. 로저 페더러, 라파엘 나달, 노박 조코비치 이 세 사람은 남자 테니스계의 최강 3명으로 꼽히는데 이들 모두 스위스 고가 시계 브랜드의 앰배서더이고 이들이 우승컵을 들 때면 손목의 시계가 돋보인다. 이들 외에도 최상위권 테니스 선수들은 오메가, 태그호이어, 불가리, 론진 등의 스폰서십을 받는다. 국내에서 명품 패션 시장보다 더 뜨겁게 성장하는 것이 고가 시계 시장이다. 여기서도 2030세대의 유입이 확산세다. 이들에게 테니스는 매력적인 이미지다. 골프를 치는 것이 흔해진 시대에 오히려 테니스를 치는 것이 훨씬 희소하다. 개성을 드러내고 차별화를 보여 주기 위해서라도 테니스는 효과적이다. 욕망은 늘 남들과 다른 차이에서 우위를 가진다. 확실히 지금은 테니스가 힙하고 이런 흐름은 2023년에도 이어진다. 패션, 푸드, 유통, 미디어 등에서 테니스를 적극 이용할 때다. 그리고 여기서 핵심은, 테니스처럼 스타일과 스토리가 매력적인 스포츠는 2030세대의 관심을 받을 수 있다는 점이다. 또 넥스트 테니스가 어떤 스포츠가 될지도 주목해야 한다. 어쩌면 승마일지도 모른다. 승마하면 에르메스다. 대중성의 한계는 있지만 욕망이라는 차원에서는 요트도 주목할 만하다.

4장

워케이션과 디지털 노마드 비자

Life_Trend_2023

#워케이션 #노동생산성 #원격근무 #재택근무 #직원복지 #안식년 #업무평가 #로컬 #로케이션인디펜던트 #커넥티드워크 #대침체의시대 #대퇴사의시대 #대이직의시대 #일멍쉬멍 #발리 #디지털노마드비자 #원격근무비자 #화이트카드 #프리미엄비자

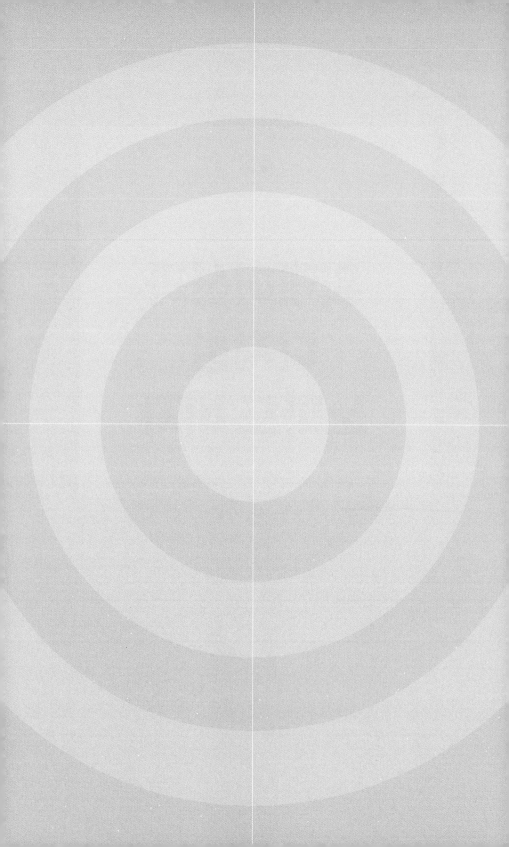

LIFE TREND 2023

코로나19 팬데믹 이후 본격적으로 도입된 원격/재택근무. 기업과 근로자들은 집에서도 일만 잘하고 얼마든지 성과가 나온다는 것을 확인하자 한발 더 나아가기 시작했다. 휴가지에서 근무하는 워케이션을 도입하기 시작한 것이다. 워케이션은 지방 자치 단체의 가세로 더욱 탄력을 받을 것이다.

나는 〈라이프 트렌드〉 시리즈를 11년째 이어 오며 여러 공간에서 집필했다. 연구소에서 쓰고 서재, 카페, 호텔, 도서관, 기차에서도 썼다. 서울에서 가장 많이 썼지만 지방에서도 썼고 심지어 런던과 뉴욕 등 해외에서도 썼다. 언제 어디서든 노트북만 펼쳐 놓을 수 있다면, 와이파이 사용이 가능하고 내가 몰입할 수만 있으면 가능한 일이기 때문이다. 특히 이번 파트를 좀 더 몰입감 있게 쓰기 위해 8월 첫째 주, 여름 휴가 성수기에 제주의 호텔에서 일주일간 머물렀다. 158쪽 사진이 제주에서 머물 때 글을 쓰던 실제 공간이다. 관광객으로서 간 것이 아니기 때문에 놀러 다니지는 않았다. 제주 바다는 호텔 앞에서 본 게 전부이고, 유명 맛집을 찾아가지도 않았다. 책 집필에 몰두하기 위해 호텔에서 머물 때가 종종 있는데 이왕이면 서울이 아닌 제주의 호텔에 있어야 마음이 좀 더 즐거울 것 같았다. 서울에서의 공간을 단지 제주로 옮긴 것일 뿐 일상과 일은 같았다. 엄밀히 몸은 제주에 있었지만 서울에 있는 기업들과 업무적인 커뮤니케이션도 계속했고 줌으로 회의와 강의도 했다. 사

▶▶▶ 8월 첫째 주, 제주의 한 호텔로 워케이션을 떠났다. 이처럼 글쓰기는 특히 장소에 구애받지 않는 작업 중 하나다.

실 이런 일을 처리하는 동안 내가 제주에 있는지 서울에 있는지는 아무런 상관이 없었다.

이렇게 일하는 사람들은 의외로 많다. 이미 보편화된 일의 방식이자 라이프스타일이기도 한데, 이것이 바로 디지털 노마드다. 그중에서도 엄밀히 따지자면 워케이션이다. 워케이션workation은 일work과 휴가vacation를 합친 말이다. 여행지이자 휴가지에서 휴식을 하면서 동시에 원격 근무로 일도 한다. 공간만 휴가지일 뿐 휴가를 간 것이 아니라 업무 시간에는 일을 한다. 그러다가 퇴근 이후에 휴가지를 누린다. 원격 근무를 하는데 굳이 대도시에 있을 필요는 없다. 그동안 우리는 하루 24시간 중 8시간에 불과한 근무를 위해, 하루 전체를 근무지 근처에서 사는 삶을 살았다. 하지만 이제 근무하는 8시간이 아니라 나머지 16시 간을 우선하는 공간 선택이 가능하다. 원격 근무가 확산되면서 자연스 럽게 따라오는 것이 워케이션이다. 팬데믹을 거치며 원격 근무가 자리 를 잡았다면, 팬데믹 이후 워케이션이 자리를 잡고 있다. 집에서 하는 원격 근무, 즉 재택근무는 피곤함이 있다. 일상과 일의 경계가 무너져 오히려 워라밸이 더 안 되는 경우도 있고 스트레스 때문에 지치기도 한 다. 기업들로서는 원격 근무가 보편화되는 시대, 직원들의 업무 몰입도 와 효율성 증대를 위해 워케이션을 받아들이고 있다.

워케이션은 보편적 제도로 자리 잡을까?

▼

워케이션이 대두되는 것은 원격/재택근무 때문이다. 코로나19 팬데믹 을 계기로 가장 크게 바뀐 것 중 하나가 일하는 방식이다. 화상 회의가 보편화되었고 원격/재택근무는 대기업, IT 기업, 공기업, 심지어 공무 원까지 경험했다. 우리나라뿐 아니라 전 세계도 경험했다. 미국은 팬데 믹 이전부터도 상대적으로 원격/재택근무에 관대했는데, 팬데믹을 거 치면서 완전히 자리 잡았다. 미국은 2021년 '대★퇴사의 시대'라는 말 이 유행할 정도로 퇴사를 많이 했다. 이 중 상당수는 원격/재택근무가 원활한 회사로 옮기기 위해서 퇴사했다. 원격/재택근무가 가진 편의 성, 효율성을 경험한 이들로서는 다시 출퇴근하는 대면 근무 방식에 반기를 들 수밖에 없다. 2022년 5월, AP통신과 시카고대학교 여론연구센터NORC가 실시한 여론 조사에 따르면, 재택근무를 하다가 출근 근무로 전환한 미국인 중 41%는 스트레스가 늘었다고 답했다.

실제로 애플에서는 2022년 4월부터 재택근무를 해제하고 주 1회 출근, 5월부터는 주 3회(월, 화, 목) 출근을 해야 한다는 방침을 발표했다. 그러자 애플의 핵심 인재가 사표를 썼다. 밀레니얼 세대이자 1985년생인 이안 굿펠로Ian Goodfellow 박사는 인공 지능AI 분야에서 주목받는 인재다. 그는 세계 AI 분야 4대 석학 중 한 명인 앤드루 응Andrew Ng 스탠퍼드대학교 교수의 제자로 석사 학위를 받았고, 딥러닝 창시자이자 세계 AI 분야 4대 석학 중 또 다른 한 명인 요슈아 벤지오Joshua Bengio 몬트리올대학교 교수의 제자로 박사 학위를 받았다. 그는 2014년에 'Generative Adversarial Network(GAN, 적대적 생성 모델 혹은 생성적 대립 신경망)'을 발표했는데 이는 AI, 머신 러닝 분야에서 획기적인 발전을 불러왔다는 평을 받았다. 구글에 입사해 AI 분야 핵심 인력으로 근무하던 그를 애플이 스카우트했는데 3년 만에 사표를 쓴 것이다. 애플은 구글, 메타 등 경쟁사의 외부 연구 인력 영입을 꺼릴 만큼 폐쇄적인 문화가 있음에도 불구하고, AI 개발 경쟁에서 밀리게 되자 구글의 핵심 인력을 영입했던 것이다. 하지만 그는 회사의 사무실 복귀 정책에 반발했다. 재택근무 기간 중에도 충분히 연구 성과를 냈고, 개발팀에는 유연성을 더 키워 주는 것이 최선이라고 밝히며 퇴사한 것이다. 애플은 사무실 복귀 정책을 사실상 철회하며 강제가 아닌 자율 선택으로 선회했다. 직원들의 반발과 그에 따른 퇴사가 늘어나면 인재만 더 놓칠 수 있기 때문이다. 다른 빅 테크 기업들도 사무실 복귀를 강제화하는 경우는 별로 없다. 구글도 주 3일 출근, 2일 원격 근무를 하되 팀과 개인의 재량으로 100% 재택을 원하면 가능하도록 하고 있다. 재택과 출근이 병행되는 하이브리드 워크가 보편적 선택이 될 것이다.

네이버는 2022년 7월부터 커넥티드 워크Connected Work를 시행하는데 'Type RRemote-based Work'과 'Type OOffice-based Work'로 이뤄진다. Type R은 원격 근무를 기반으로 필요한 경우 사무실에서 업무를 할 수 있도록 공용 좌석을 지원하는 전면 재택근무 방식이고, Type O는 주 3일 이상 사무실에 출근하고 나머지는 재택근무하는 하이브리드 워크 방식이다. 모든 직원은 6개월에 한 번씩 Type R과 Type O 중 자신과 조직, 진행 중인 프로젝트 상황을 고려해 근무 형태를 선택할 수 있다. 애초에 일주일 내내 사무실에 출근하는 근무 형태는 없다. 2022년 5월에 임직원 4700여 명을 대상으로 조사했었는데, 직원 55%는 Type R을, 45%는 Type O를 선택했다. 장소에 크게 구애받지 않는 개발자 직군은 원격 근무와 사무실 출근을 고르게 골랐지만, 경영 지원이나 마케팅 등 대면 업무가 많은 스태프 직군은 사무실 출근을 더 선호했다.

"언제 어디서 일하는가를 따지기보다는 더 본질적인 '일의 본연의 가치'에 집중해 신뢰 기반의 자율적인 문화와 최고의 성과를 만들어 왔다. 네이버만의 문화를 바탕으로 새로운 근무제를 도입하게 됐고 앞으로도 '일의 본질'에 집중해 직원들이 최적의 환경에서 업무에 몰입할 수 있는 다양한 방안을 모색해 나갈 것이다."

최수연 네이버 CEO가 커넥티드 워크를 시행하며 했던 말이다. 네이버는 팬데믹으로 전면 원격 근무를 하던 2020~2021년에도 성과를 잘 냈다. 원격으로도 충분히 일을 잘했고 돈도 잘 벌었던 것이다. 군이 사무실 출근을 고집해야 할 명분이 없다. 카카오는 팬데믹 2년간 했던 전면 재택근무를, 팬데믹과 무관하게 전면 재택근무로 전환해 2022년 7월부터 적용하고 있다. 카카오는 제주 본사 사옥 근처에 워케이션 센터를 짓고 있다. 카카오와 계열사는 전면 재택근무로 근무 장소에 대한 제한이 없다 보니, 직원들이 신청하면 누구나 제주에서 일할 수 있다. 워케이션 센터가 만들어지면 원격 근무지로 제주를 선택하는 이들의 편의가 커진다. 네이버는 7월부터 매주 직원 10명을 추첨해 강원도 춘천에서 최장 4박 5일간 워케이션을 할 수 있도록 지원하고 있고 향후 일본 도쿄도 워케이션 지역으로 선택 가능해진다. 춘천에는 네이버의 데이터 센터와 연수원이 있다. 네이버와 카카오 모두 자사의 거점이 있는 도시에서 워케이션을 본격 지원한다. 여기서 그치지 않고 계속 확대될 것이다.

심지어 네이버의 자회사 라인플러스는 2022년 7월부터 일본, 대만, 태국, 싱가포르, 호주 등 자사의 거점이 있는 해외로 워케이션 가능 지역을 확대했는데 최장 90일까지 해외 원격 근무를 허용한다고 한다. 2021년 7월부터 1년간 국내 원하는 장소에서 워케이션할 수 있는 제도를 시범 시행했고 직원 1인당 매달 17만 원의 지원 비용과 추가 PC를 지원해 왔는데 이제 국내외 모두로 확대한 것이다. 배달의민족을 운영하는 '우아한형제들'은 2023년부터 모든 직원이 해외 여행지에서 워케이션하는 것을 허용하기로 했다. 사실 원격 근무를 하는데 그 근무 장소가 국내든 해외든 상관없게 된 것이다. 네트워크에 연결되기만 하면, 시차가 크지 않아 업무적 커뮤니케이션만 원활하면 된다. 라인플

2022년 국내 플랫폼 기업 근무 형태

네이버	커넥티드 워크 도입(7월) 주 3일 회사 출근과 재택근무 중 선택 라인플러스: 해외 원격 근무 허용
카카오	전사 재택근무 시행(6월)
NHN	전사 재택근무 시행(5월) 외부 상황 고려해 변동
우아한형제들	주 32시간 근무제 전면 재택근무 시행 코로나19 완전 종식 후에도 주 2일 원격 근무 시행
쿠팡	전 직원 25% 재택근무 시행 부서 10명 중 3명 재택근무 필수
요기요	3일 출근, 2일 재택근무 일정 유동적으로 변경 가능
당근마켓	전사 재택근무 시행 오전 7~11시 출근 시간 선택
야놀자	상시 원격 근무제 시행 사무실·재택·거점 오피스(강서, 분당) 근무 장소 선택 가능

자료: 각사

러스는 시차 기준을 4시간 정도로 제시한 바 있기도 하다. 심지어 에어비앤비는 연간 최장 90일, 170여 개국에서 근무하는 것을 허용하고 있다. 이 정도면 시차에 대한 기준도 없다. 워케이션이 확대되는 것은 원격/재택근무가 보편적 근무 형태로 자리를 잡고 있기 때문이다. 실시간 대면하고 실시간 동기화된 커뮤니케이션을 해야만 하던 기업의 업무 환경이 이제는 비대면, 비동기 커뮤니케이션 중심으로 바뀐 것이다.

왜 기업들은 워케이션에 지원하는가?

▼

대기업에서는 워케이션 실험이 한창이다. 한화생명은 2021년 8월부터 강원도 양양에서 워케이션을 하고 있다. 워케이션하는 직원들을 위해 양양의 브리드호텔 1개 층을 전부 업무 공간으로 제공하는데, 직원들은 양양에서 일하면서 요가, 명상, 트레킹 같은 프로그램에도 참여할 수 있다. CJ ENM은 2021년 10월부터 매월 10명씩 선정해 한 달간 제주에서 살면서 워케이션하는 제도를 운영 중이다. 제주 월정리에 거점 오피스를 운영 중이고, 제주에서 워케이션하는 직원들에게는 숙박, 교통 지원금으로 한 달에 200만 원을 지급한다. 롯데멤버스는 제주, 부산, 강원도 속초에서 워케이션할 수 있는데 추첨을 통해 선발된 일부 직원들이 월요일부터 목요일까지 할 수 있다. 기업이 돈을 투자해서 직원들의 워케이션을 지원하는 것은 투자 대비 성과가 높을 것으로 기대하기 때문이다. 공간이 달라지면 태도도, 생각도 달라질 수 있다. 사례로 소개한 3개 기업의 공통점은 바로 워케이션 장소가 바닷가라는 점이다. 이들 모두 서울이 본사인 회사다. 직원들도 대도시 한복판에서 교통 체증과 빌딩 숲에서 일하고 아파트에서 살아온 사람들이다. 이들에게 바다는 특별한 공간이다. 바다 중에서도 동해, 제주, 부산은 서울 사람들에게 가장 선망되는 장소이기도 하다.

기업은 절대 계산 없이 퍼 주지 않는다. 직원을 위한 복지도 결국

▶▶▶ 많은 기업과 직원들이 바닷가를 워케이션 장소로 선호한다.

은 업무 성과 향상이라는 대의와 연결되어야 한다. 그런 점에서 워케이션 실험에 나서는 기업들은 직원들의 업무 성과 개선과 직장에 대한 만족도 향상이 얼마나 성과로 나올 수 있을까 주시할 수밖에 없다. 한국관광공사가 2021년에 국내 주요 기업 인사 담당자 52명을 대상으로 조사한 결과에 따르면, 워케이션 제도 도입을 긍정적이라고 보는 응답자는 63.4%였다. 인사 담당자들 중 3분의 2 정도는 워케이션 제도가 조직 문화와 업무 생산성 증대에 기여한다고 보는 것이다. 워케이션을 통해 직원들이 얻는 효과에 대한 복수 응답에서는 복지 향상(98.0%), 삶의 질 개선(92.3%), 직무 만족도 향상(84.6%), 생산성 향상(61.5%) 순으로 답했다.

2021년 12월, 호텔스닷컴이 국내 직장인 1000명과 고용주 500명

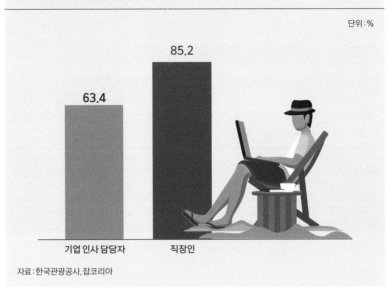

인사 담당자 및 직장인 워케이션 찬성률

단위:%

63.4
기업 인사 담당자

85.2
직장인

자료:한국관광공사,잡코리아

을 대상으로 조사한 결과에 따르면, 직장인 50%는 워케이션을 시도해 보고 싶어 했고 고용주의 70%는 직원의 워케이션을 지지한다고 했다. 직장인의 73%가 워케이션이 재택근무의 아쉬운 점을 보완한 원격근무가 될 것으로 답했고, 고용주의 86%는 워케이션이 직원들에게 유익할 것이라고 답했다. 2021년 11월, 잡코리아가 발표한 워케이션 설문 조사(직장인 926명 대상) 결과에서도 긍정적으로 생각한다는 답변이 85.2%였고, 워케이션 제도를 도입한 기업에 이직할 의향이 있다는 답변은 84.7%였다. 대퇴사의 시대, 대이직의 시대라고 해도 과언이 아닌 시대다. 대기업의 근속 연수도 계속 짧아지고, 신입 사원을 비롯한 2030세대 직원들의 빠른 퇴사와 이직도 기업으로서는 풀어야 할 숙

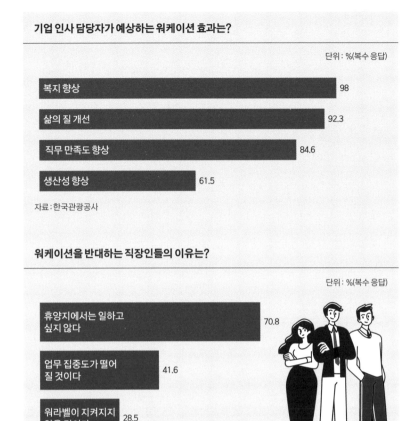

기업 인사 담당자가 예상하는 워케이션 효과는?

단위 : %(복수 응답)

복지 향상	98
삶의 질 개선	92.3
직무 만족도 향상	84.6
생산성 향상	61.5

자료 : 한국관광공사

워케이션을 반대하는 직장인들의 이유는?

단위 : %(복수 응답)

휴양지에서는 일하고 싶지 않다	70.8
업무 집중도가 떨어질 것이다	41.6
워라벨이 지켜지지 않을 것이다	28.5

자료 : 잡코리아

제다.

글로벌 금융 위기 이후 대★침체Great Recession 시대였다면, 코로나 팬데믹 기간 중 대퇴사Great Resignation 시대를 맞았다. 이제 팬데믹이 끝난 이후는 대이직Great Upgrade의 시대다. 더 이상 승진을 위해, 연봉 인상을 위해 회사에 모든 것을 바치지 않는다. 언제든 자신의 미래에 조금 더 도움이 되는 곳이 있다면 옮겨 간다. 애사심, 조직에 대한 충성은 옅어졌다. 명분이 아닌 실리가 직장인이 움직이는 중심 욕망이다. 결국 기업들로서는 직원들의 업무 만족도를 높이고 워라밸과 미래에 대한 비전을 채우기 위해 투자할 수밖에 없다. 연봉을 많이 주는 것은 직장인에게 중요한 동기 부여다. 하지만 경쟁하듯 올려 주는 것은 한계가 있고, 꽤 높아진 연봉 기준에서 경쟁사와 비교 우위도 쉽지 않다. 그럴 때에는 돈 대신 다른 요인이 중요한 동기 부여 장치가 된다. 평생직장 개념이 사라진 시대, 원격/재택근무가 중심이 되어 가는 시대, 로봇과 자동화가 언제든지 일자리를 뺏어 갈 시대, 정규직이란 개념이 사라지는 시대, 결국 자유롭게 일해도 성과를 낼 수 있는 인재의 가치가 더 높아질 수밖에 없다. 로봇이 대체하지 못하는 창의적이고, 판단력을 요구하는 역할을 잘 수행할 인재는 더 가치가 높아진다. 직장이 일만 하고 돈만 버는 곳이 아니라, 자신의 가치를 키우고 미래 인재로 성장하는 곳이 되어야 2030세대가 애사심을 갖고 에너지를 쏟는다. 일은 결국 사람이 한다. 인재가 떠나면 회사도 없다. 경쟁사와 비교해 더 나은 직장 문화를 제시하는 것도 필요하다. 그런 점에서 워케이션은 효과적이다. 아직은 한시적인 기간, 일부 직원만 대상으로 하는 제도다. 재택근무가 확산되는 환경에서 불가피하게 받아들일 제도이기도 하고 유연 근무와도 연결된다. 결국 일하는 방식의 변화를 통해 직원들을 계속 붙잡아 두고 회사에 대한 만족도를 높이는 것이 필요한 기업으로서는 워케이션을 받아들이는 게 합리적인 선택이기도 하다.

워케이션, 대기업은 가능하지만 중소기업은 쉽지 않다

▼

분명 워케이션이 중요한 트렌드가 되겠지만 모든 기업이 가능한 것은 아니다. 문제는 돈 때문이다. 삼성전자는 2022년 2분기 매출 77조 2000억 원, 영업 이익 14조 1000억 원으로 전년 동기 대비 매출은 21.25%, 영업 이익은 12.18% 증가했다. 분기 매출로는 역대 두 번째이고 2분기 매출로는 역대 최대다. 현대자동차는 2022년 2분기 분기 매출 35조 9999억 원, 영업 이익 2조 9798억 원으로 전년 동기 대비 매출은 18.7%, 영업 이익은 58% 증가했다. 분기 매출로는 역대 최대를 기록했다. SK하이닉스도 2022년 2분기 역대 분기 최대 매출을 기록했는데 매출 13조 8110억 원, 영업 이익 4조 1926억 원으로 각기 전년 동기 대비 33.8%, 55.6% 증가를 기록했다. 네이버도 2022년 2분기 역대 최대 분기 매출을 기록했고, 전년 동기 대비 23% 증가했다. 카카오도 2022년 2분기에 전년 동기 대비 35%나 매출이 늘었다. KB, 신한, 하나, 우리 등 4대 금융 지주는 2022년 상반기에 역대급 실적을 거뒀으며 이들이 올린 순이익만 9조 원이 넘는다. 금리 인상의 수혜를 본 것이다. 한국을 대표하는 글로벌 기업이자 수출 기업인 삼성전자, 현대자동차, SK하이닉스가 역대 최대 분기 매출을 기록하고, 한국의 대표적인 빅 테크 기업들, 국내 금융사 빅4가 기록적인 실적 증가를 보였다. 과연 이러는 동안 국내 중소기업은 어땠을까? 2022년 역대급 인플레이션과 그에 따른 금리 인상, 달러 강세, 소비 위축 등으로 중소기업과 자영업자에게는 여전히 가혹한 시기이지만 국내 상위권 대기업들에게는 행복한 시기다.

여기에 정부는 2022년 7월에 발표한 '2022 세제 개편안'을 통해, 과세 표준 3000억 원을 초과하는 초대형 법인에 적용하던 법인세 최고 세율을 25%에서 22%로 낮춘다. 법인세 인하를 적용받는 대기업이 103개가 되는데 2021년 기준 전체 법인 수의 0.01%다. 이들의 법인세 감면으로 연간 4조 원 이상이 줄어든다. 돈 잘 버는 최상위 대기업에게 세금을 4조 원 정도 깎아 주는 건, 이들 기업에게 이 정도의 금전 여력이 더 생기는 것이다. 또 직원을 위해서 투자할 여력이 더 생기는 셈인데, 원격 근무가 보편화된 시대에 대기업은 워케이션에 투자할 여력이 더 크다.

CXO연구소가 분석한 결과에 따르면, 2021년 국내 1000대 상장

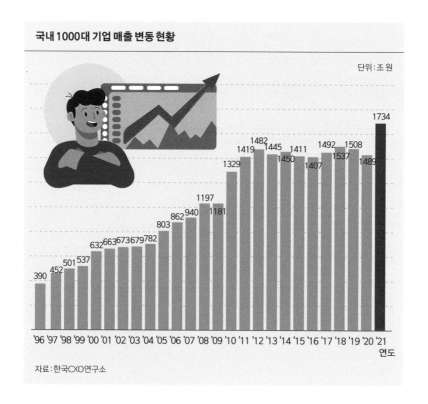

국내 1000대 기업 매출 변동 현황

단위 : 조 원

자료 : 한국CXO연구소

사 총매출액은 1734조 원으로 2020년보다 16.4%, 액수로는 245조 원 증가했다. 1000대 상장사 중 매출 1조 원이 넘는 곳은 229개로 역대 최다이며 2020년 204개보다 25개 늘었다. 매출 10조 원이 넘는 기업은 34개로 이 또한 2020년보다 4개 늘었다. 코로나19 팬데믹 중에도 대기업들의 매출은 늘었고 더 성장했다. 1000대 상장사 중 801개가 2020년 대비 2021년 매출이 늘었다. 무려 80% 비중이다.

대기업과 상장사들은 팬데믹 위기 속에서도 기회를 만들어 냈다. 하지만 수많은 중소기업은 위기 속에서 무너졌다. 2023년에 더 많은 기업의 폐업이 이어질 수 있다. 대기업에서 워케이션 제도가 확산될수록 상대적 박탈감을 가질 중소기업 직원이 많아질 수밖에 없다. 그리고 워케이션은 모든 업종에서 가능한 것이 아니다. 같은 기업 내에서도 역할, 직군에 따라 일부만 가능하다. 따라서 상대적 박탈감을 토로하는 문제도 발생할 수 있다. 이런 문제는 결국 조직 문화, 생산성 향상에 어떤 영향을 미치는지로 이어진다.

워케이션은 지방 자치 단체에게 중요한 기회다

▼

워케이션의 가장 큰 수혜자는 지방 자치 단체다. 호텔, 리조트 등의 관광업계도 수혜를 받겠지만 궁극적으로 지자체가 지역 경제 활성화, 새로운 인구 유입 등의 측면으로 이득을 얻는다. 그래서 워케이션 트렌드를 가장 적극적으로 밀고 있는 곳도 지자체다. 강원도와 강원도관광재단은 2021년부터 '산으로 출근 바다로 퇴근'이라는 슬로건 아래 강원 맞춤형 워케이션 프로그램을 진행하고 있다. 제주는 '일허멍 쉬멍'('일

▶▶▶ 강원도와 강원도관광재단이 진행하고 있는 워케이션 프로그램 포스터. (출처: 강원도관광재단)

하면서 쉬는'이란 뜻의 제주 방언)을 줄인 '일멍쉬멍', 경상남도는 '남해 바다로 출근! 경남 워케이션', 전라남도는 '남도에서 한 달 여행하기' 등 워케이션을 위한 슬로건과 프로그램을 마련했다. 여기서도 강원도, 제주, 경상남도, 전라남도의 공통점이자 워케이션 프로그램에서 밀고 있는 이미지가 바로 바다다. 앞서 워케이션 실험을 시작한 기업들이 선택한 워케이션 장소들도 다 바다와 연관되어 있다. 도시인에게 바다는 가장 매력적인 유인책이다.

바다를 가진 지자체로서는 워케이션을 통한 경제적 이익을 이끌어 내기 위해 향후 더 적극적인 투자를 벌일 것이다. 인구 소멸을 걱정하는 지자체는 대부분 낙후되어 있다. 도시화되지 않고 자연 그대로인 곳도 많다. 이것이 과거에는 그들에게 악재였다면 앞으로는 오히려 호재다. 대도시에 지친 사람들, 원격 근무와 워케이션이 가능한 대도시와 대기업 직장인들을 유인할 무기가 될 것이다. 워케이션 트렌드를 확대시키는 데 적극적으로 나설 이들이 바로 지자체다. 그리고 관광업계와 지방의 상권들도 그렇다.

미국의 오클라호마주 털사는 2021년 아마존, 애플, 구글, 마이크로소프트 같은 빅 테크의 임직원 1360명을 유치했다. 빅 테크의 고임금 노동자들의 원격 근무지로 털사를 선택하게 만든 것인데, 털사는 계속 이 숫자를 늘려 가는 것이 목표다. 원격 근무자를 위한 털사 리모트 Tulsa Remote 프로그램을 제공하는데 1년간 총 1만 달러를 지급한다. 먼저 이사 비용으로 2500달러를 주고, 매달 500달러씩 그리고 마지막 달에 1500달러를 지급해 총 1만 달러를 지원하는 것이다. 헬스클럽 회원권, 사무실, 심지어 자녀가 있는 경우에 베이비시터까지 지원한다. 여기에 1만 달러를 더 주는 프로그램도 있는데 바로 털사에서 주택을 구입할 때다.

지원 자격은 미국 영주권자만 가능하고 오클라호마주 이외에 거주해야 한다. 또 지속적인 소득이 있고 원격 근무로 일하는 것이 가능해야 하며 털사에 이주해 1년 이상 거주해야 한다. 털사가 왜 이런 돈을 쓰겠는가? 털사는 낙후된 시골이었으나 20세기 초에 석유 덕분에 크게 부흥했고 지금은 다시 쇠퇴한 도시다. 그리고 빅 테크의 디지털 노마드를 통해 새로운 기회를 모색한다. 털사는 오클라호마주에서 두 번째로 큰 도시이지만 지역 인구는 40만 명이고(카운티까지 포함하면 120만 명), 면적은 1000만 명이 사는 서울시와 비슷하다(카운티까지 포함하면 서울보다 2.5배 크다). 털사는 인구 밀도와 물가 수준이 낮고, 주택 비용도

▶▶▶ 미국 오클라호마주 털사의 전경. 털사는 적극적으로 디지털 노마드 인재들을 유치하는 대표적인 도시 중 하나다.

상대적으로 낮다. 또 골프장도 많고 치안도 좋다. 털사는 2020년 말, IT 기업의 원격 근무자 유치를 위한 정책을 만든 후 계속 진전시켰는데, 미국에서 털사 같은 지원 정책을 만든 도시가 70개 이상이다. 이들 모두 같은 목적일 것이다.

일본 야노경제연구소에 따르면, 일본의 워케이션 시장 규모는 2020년 699억 엔에서 2025년 3622억 엔(약 3조 4500억 원)으로 커질 것으로 봤다. 5년간 5배 성장이다. 일본에서 워케이션 시도가 본격화된 것은 2018년이다. 일본항공JAL은 2018년 7월부터 연간 5일간 워케이션을 허용했다. 휴가와 별도로 5일은 국내외 어디서든 일하면서 휴가 아닌 휴가를 보내도 되는 것이다. 원격 근무의 확장인 셈인데, 업무 기간 중 여행지에 가 있더라도 거기서 업무를 보게 되면 휴가가 아니라 일하는 것으로 보고 월급도 정상 지급된다. 당연히 휴가로 보지 않으니 휴가 일수도 차감되지 않는다. 일본은 팬데믹 이전부터 기업과 정부가 원격/재택근무 활성화를 적극 지원하기 시작했으며, 인구 소멸을 걱정하는 지자체가 대도시에 거주하지만 원격/재택근무로 일하는 직장인들을 유입하기 위해 노력하기 시작했다. 또 인구 감소가 심각한 섬 지역에서는 정부 보조금을 지원받아 원격 근무 센터를 만들었다. 바다 한복판 외딴 섬에 공유 오피스가 만들어지고 인터넷 인프라가 확충된다고 생각해 보라. 여유롭게 섬 생활을 즐기며 디지털 노마드로서 일할 수 있다고 생각하면 충분히 선택지가 될 수 있다. 부동산 개발 회사들도 지자체와 손잡고 관광지에 원격 근무가 가능한 오피스를 만들거나

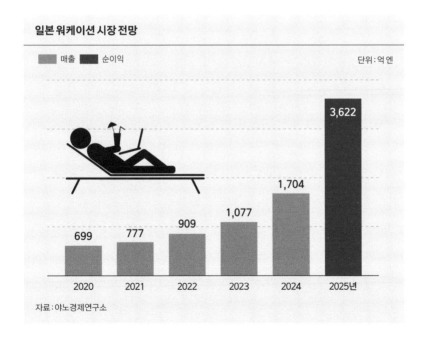

일본 워케이션 시장 전망

■ 매출 ■ 순이익

단위: 억 엔

	3,622
699	777	909	1,077	1,704
2020	2021	2022	2023	2024	2025년

자료: 야노경제연구소

관련 인프라를 구축하는 사업을 벌였다.

일본의 정부와 지자체는 위케이션을 적극 지지한다. 원격 근무 확산이라는 정부 차원의 일하는 방식 개혁働き方改革 정책과 지역 관광 활성화, 그리고 인구 감소와 지방 소멸 대책의 일환으로 위케이션을 고려하기 때문이다. 물론 원격 근무와 로케이션 인디펜던트가 지방 소도시의 인구 감소를 막을 최고의 대안은 아닐 수 있다. 하지만 원격 근무는 점점 늘어나고 대도시의 주거 비용은 감당하기 어려울 만큼 높아졌다. 또 삶의 질과 행복 지수에 대한 관심도 커지고 일과 삶의 균형도 중요해진 시대라는 것을 감안하면 꽤 매력적인 대안이 될 수 있다. 이 또한 모든 지방 소도시에 기회가 돌아가기보다 먼저 시작해 선점하거나, 2030세대의 선호를 받을 만한 자연 경관이나 라이프스타일을 가진 지역이 유리할 수밖에 없다. 한동안 지자체들이 귀농, 귀촌 열풍에 동조했다면 이제는 로케이션 인디펜던트와 디지털 노마드 열풍에 동조하는 것도 필요하겠다. 지자체로서는 지역 경제를 살리는 것과 인구 감소를 막는 것이 무엇보다 중요하기 때문이다. 매년 수천 개의 지역 축제가 열린다. 지자체별로 연중 수많은 돈을 들여서 지역 축제를 벌이는 것도 관광객 유치와 지역 경제 활성화가 목적이지만 실제로 들인 돈 이상의 경제 효과를 보는 곳은 반도 안될 듯하다. 아무리 농어촌의 군이라고 할지라도 연간 예산은 수천억 원씩 된다. 인구가 5만 명 정도인 군 단위가 5000억~6000억 원 정도다. 이보다 인구가 10배 많은 강남구의 연간 예산은 1조 원 정도다. 인구수 대비 예산은 농어촌 지역이 강남보다 훨씬 높은 셈이다. 즉, 농어촌의 예산을 어떻게 쓰느냐에 따라 그 지역의 가치가 새롭게 만들어질 수도 있는 것이다. 그런 점에서 농어촌

지자체의 공무원들과 리더들에게는 트렌드 인사이트가 무엇보다 중요하다.

발리는 왜 디지털 노마드 비자를 발급할까?

▼

2022년 7월 초, 인도네시아 관광부는 디지털 노마드 비자 계획을 발표했다. 인도네시아 외부에서 수입이 발생한다는 조건을 충족시키는 외국인은 발리를 비롯한 인도네시아 지역에서 최장 5년간 거주하고 면세 혜택도 주는 비자를 받을 수 있다. 즉, 인도네시아에 있으면서 해외에서 돈을 버는 사람을 유치해 그들이 인도네시아에서 돈을 쓰게 하려는 것이다. 인도네시아 중에서도 발리는 전 세계 디지털 노마드들이 가장 선호하는 원격 근무지, 바로 워케이션하기 가장 좋은 도시다. 최적의 날씨, 최고의 해변을 갖춘 최고의 휴가지다. 이미 2010년대 미국의 스타트업들이 발리 우붓 지역을 중심으로 공유 오피스에서 일하며 디지털 노마드의 성지로 불렸었다. 워케이션 트렌드의 진원지이자 전 세계 휴양지로 워케이션을 확산시킨 원조가 바로 발리인 셈이다.

기존에는 외국인이 발리와 인도네시아에 30~180일까지 단기 체류할 수 있었다. 디지털 노마드 비자는 원래 2021년에 도입될 예정이었지만 팬데믹으로 늦춰진 것이다. 계획은 발표되었으니 구체적 시행안은 2022년 연내에 나오고 2023년부터 적용될 것으로 보인다. 인도네시아 총 고용의 10% 정도를 관광 산업이 담당한다. 인도네시아는 GDP의 7.5%를 관광 산업으로 올린다는 목표를 세운 바 있는데 2018년에는 4.3%, 2019년에는 5.7%였다.

▶▶▶ 워케이션의 원조, 발리. 코로나19 팬데믹 때문에 발길을 끊었던 원격 근무자들을 다시 유치하기 위해 디지털 노마드 비자를 도입한다.

2020~2021년간 코로나19 팬데믹으로 타격을 받은 말레이시아는 해외여행이 회복된 2022년부터 다시 목표 달성을 위해 적극 나선다. 그런 일환으로 나온 것 중 하나가 디지털 노마드 비자다. 사실 발리보다 먼저 도입한 나라가 많다. 디지털 노마드 비자, 원격 근무 비자, 화이트 카드, 프리미엄 비자 등 명칭은 국가마다 다르게 쓰이지만 일정한 고정 수입이 있는 디지털 노마드에게 장기 체류 허가를 내주는 것은 같다. 유럽에서는 이미 그리스, 스페인, 독일, 에스토니아, 아이슬란드, 크로아티아, 헝가리, 몰타, 키프로스, 조지아 등이 디지털 노마드 비자를 도입했고 이탈리아도 곧 합류한다. 중남미에서는 카리브해 지역의 코스타리카, 파나마, 앤티가 바부다, 바베이도스를 비롯해 브라질, 아르헨티나 등이 있다. 아프리카의 모리셔스, 세이셸 등, 중동의 아랍에미

리트, 아시아의 스리랑카 등에도 제도가 있다.

버뮤다 삼각 지대로 더 유명한 버뮤다제도는 미국과 중남미에 가깝고 북대서양에 있지만 영국령이다. 인구가 6만여 명에 불과한 관광지이자 조세 회피처로 더 유명한 버뮤다는 정부 차원에서 원격 근무자를 위한 1년 체류 프로그램을 운영하고 있다. 국가별로 조건이 다르기는 한데, 그중 아랍에미리트 두바이는 월 수입 5000달러 이상만 원격 근무 비자를 받을 수 있고 비자 발급 수수료는 200~2000달러, 체류 기간은 6개월~5년까지다. 아무에게나 비자를 주는 것은 아니다. 자기 나라에 와서 지속적으로 돈을 써 줄 여력이 있는 사람에게 한정된다. 국가와 도시가 만든 인프라를 세금도 안 내는 외국인이 누릴 수 있도록 하는 것이기 때문에 조건이 붙는 것은 당연한 절차다. 제주, 부산, 심지어 서울도 해외 디지털 노마드들에게 매력적인 워케이션 지역이다. 국내 작은 소도시 중에서도 해외 디지털 노마드들의 집중 선택을 이끌어 낼 곳이 나올 수도 있다.

워케이션은 갑자기 시작된 것이 아니다. IT 기술의 발달과 인터넷 인프라의 확산으로 21세기에 들어서 확산되기 시작했다. 전 세계에서 디지털 노마드를 자처하는 이들이 늘어 갔다. 원래 노마드는 중앙아시아, 몽골 등에서 목축을 하며 물과 풀을 따라 옮겨 다니는 유목민을 지칭한다. 생존을 위한 목축업 종사자의 유랑은 뭐 그리 대단한 게 아니다. 하지만 이들 유목민을 뜻하는 라틴어 '노마드'를 철학적 개념으로 만들자 말이 가지는 힘이 순식간에 바뀌었다. 프랑스의 철학자 질 들뢰즈Gilles Deleuze가 그 주인공이다. 그는 《차이와 반복》(1968)이라는 책에서 특정한 가치와 삶의 방식에 얽매이지 않고 끊임없이 자기를 부정하면서 새로운 자아를 찾아가는 것을 의미하는 철학적 개념으로 '노마디즘nomadism'을 사용했다. 그 후로 사람들에게 노마드는 유랑하는 목축업자가 아니라 한곳에 안주하지 않고 자아를 찾아 이동하는 사람들을 지칭하는 말이 되어 버렸다. 1970년대 캐나다의 미디어 학자 마셜 매클루언Marshall Mcluhan도 미래의 사람들이 첨단 전자 기기를 이용해 여러 나라를 옮겨 가며 일할 것이라 예측했을 때도 '노마드'라는 말을 썼다. 이후 노마드가 대중적으로 쓰이게 된 것은 2000년대에 들어서다. 모든 사람이 인터넷이 연결된 컴퓨터로 일하고, 인터넷 비즈니스를 비롯해 IT 서비스가 일상화되며, 모든 산업이 IT화되는 시대에 잡 노마드, 디지털 노마드는 특별한 사람들의 이야기가 아닌 모두에게 해당되는 이야기이기 때문이다. 독일의 미래학자 군둘라 엥리슈Gundula Englisch가 《잡노마드 사회》(2001)라는 책을 통해 잡 노마드를 정의했고, 프랑스의 사회학자 자크 아탈리Jacques Attali는 《호모 노마드 유목하는 인간》(2003)이라는 책을 통해 21세기를 노마드의 시대로 규정했다. 유럽은 수많은 국가가 서로 연결되어 국경을 쉽게 넘나들 수 있고, 언어의 장벽도 상대적으로 적다 보니 국가를 옮겨 가며 직업을 가지고 살아가는 것이 수월하다. 그래서 노마드를 '유로 노마드'라고도 하고, '비즈니스 집시'라고도 한다. 사실 노마드는 디지털 노마드이자 잡 노마드를 포함하는 말이다. 이후 스마트폰이 촉발한 모바일 혁명과 첨단의 기술적 진화, IT가 모든 산업을 주도하면서 디지털 트랜스포메이션, 산업 4.0 혹은 4차 산업 혁명 같은 말들이 일상 용어처럼 사용되었고, 우리는 더더욱 노마드 라이프를 주목하게 되었다. 노마드 라이프의 한 요소가 바로 워케이션이다.

《라이프 트렌드 2019: 젠더 뉴트럴 Gender Neutral》에서 '로케이션 인디펜던트: 살고 싶은 곳에서 일한다!'라는 제목으로 로케이션 인디펜던트와 디지털 노마드, 그리고 워케이션에 대한 트렌드를 다뤘었다. 이후 팬데믹을 거치면서 트렌드를 지나 메가 트렌드로, 문화로 자리 잡고 있다. 2023년 국내 대기업과 지자체, 관광업계 모두에게 워케이션은 중요 트렌드로 부상할 것이고, 우리는 그 속에서 나올 기회를 더 주목해야 한다.

5장

주 4일 근무는 이미 시작된 미래!

Life_Trend_2023

#주5일제 #주4일제 #주4.5일제 #격주4일제 #주32시간근무제 #업무생산성 #노동생산성 #성과주의 #조직문화 #인재상 #업무평가 #긱고용 #ESG #기후위기 #근로시간 #스타트업 #휴식권 #워라밸 #공허노동

우리나라에서 2004년 7월부터 시행된 주 5일 근무제. 당시 이를 두고 경제가 어려워질 것이라는 우려가 쏟아졌다. 현재 치열하게 논의되는 주 4일 근무제도 여기서 자유로울 수 없다. 하지만 중요한 것은 휴일을 늘려 하루 더 놀자는 것이 아니다. 전 세계는 생산성과 복지를 모두 충족하는 방향으로 나아가기 시작했다.

2022년 전 세계적으로 주 4일제 논의와 실험이 활발했다. 이런 상황에서 영국《파이낸셜타임스》는 〈주 4일 근무제가 기후 위기를 막는 방안〉이라는 기사를 다룬 바 있고, 미국《뉴욕타임스》는 〈주 4일 근무제로 소속감, 조직 적응도 떨어진다〉는 기사를 낸 바 있다. 주 4일 근무제의 의의, 장점과 주 4일 근무제로 인해 예상되는 단점을 각기 다른 셈인데 사실 서로 상반된 내용은 아니다. 기업과 산업계에게 기후 위기 대응이 필연적 숙제이듯, 업무 생산성과 조직 문화 개선도 숙제다. 주 4일 근무제와 원격/재택근무와도 연결된다. 그리고 이는 이해관계자, 자본주의, ESG 경영과도 연결된다. 주 4일 근무제는 엄밀히 복지가 아니라 효율성 문제다.

주 4일은 하루 더 놀자는 것이 아니다
▼

EU 최초로 주 4일 근무제를 도입한 나라는 벨기에다. 2022년 2월, 벨

▶▶▶ 주 4일 근무제는 복지가 아닌 효율성의 문제로 접근해야 한다.

기에 정부는 주 4일 근무(38시간, 하루 9.5시간×4일)를 포함한 노동법 개정안을 발표했다. 개정안에는 근무 시간 외에 상사의 업무 지시나 연락에 답하지 않아도 되는 '단절권'도 포함되었다. 우리나라가 주 5일 40시간인데 반해 벨기에는 주 4일 38시간이다. 겨우 2시간 차이다. 5일 업무량을 4일에 소화하는 것을 기본으로 하는 것이다. 효율성과 생산성을 극대화하는 것이 주 4일제의 핵심인 셈이다.

정부 차원에서 주 4일 근무제 도입을 시도, 준비하는 국가는 많다. 프랑스는 주 4일에 35시간 내외로 준비하는데, 원래 주 5일에도 35시간 근무였다. 하루 7시간 근무여서 주 4일제를 해도 근무 시간이 줄어들지는 않는다. 덴마크, 네덜란드, 스웨덴 등은 주 37시간 내외이고 영국, 노르웨이, 독일 등은 주 37.5시간 내외로 주 4일제가 논의되고 있다.

영국에서는 2022년 1월부터 주 4일제 시범 근무 프로젝트(옥스퍼드대학교, 케임브리지대학교 연구원들이 진행하고 30개 영국 기업이 참여)를 진행했다. 주 4일제 근무는 100대 80대 100 모델을 따른다. 직원들은 기존 임금의 100%를 받고 기존 업무 시간의 80%만 일하는 대신 생산성은 이전과 동일하게 100%로 유지하기로 약속했다. 2022년 6월부터 은행, 투자 회사, 병원 등 70여 개 사 3300명을 대상으로 한 주 4일제 실험이 추가로 시작되었고, 참여 기업들은 11월 말에 주 4일제를 유지할지 여부를 결정한다.

미국은 캘리포니아주가 500명 이상 규모 사업장들을 대상으로 '주 4일, 32시간 근무제'를 의무화하는 법안을 발의해 절차를 진행 중이다. 기존에는 '주 5일, 40시간 근무제'가 적용 중이다. 근로 시간 단축에 따른 임금 삭감은 금지되며 초과 근무에 대해서는 정규 급여 1.5배 이상의 수당이 지급되어야 한다는 내용이 포함됐다. 캘리포니아주는 미국에서도 기업이 가장 많고 GDP도 큰 주다. 이곳이 바뀌면 다른 주들도 변화될 여지가 크다. 스페인, 칠레 등에서도 법안이 발의되고 실험이 진행되고 있다.

주 5일 근무제가 시작된 2004년 7월 이전에는 주 5.5일 근무제였다. 토요일 오전에 일을 했고, 학생들도 토요일 오전에 수업이 있었다. 주 5일에서 바로 주 4일로 가지 않고 중간에 4.5일을 하는 방법도 있다. 4.5일 근무제를 해 보다가 4일로 넘어가는 식이다. 세계 최초로 주 4.5일 근무제를 공식화한 국가도 있다. 아랍에미리트는 2022년 1월부터 정부와 공공 분야에 주 4.5일 근무를 적용하고 있다. 무슬림은 금요일 오후에 예배와 기도를 하기 때문에 금요일에는 오전 7시 30분부터

정오까지만 일한다. 민간 기업은 자율적으로 선택할 수 있는데 4.5일 제가 시작된 만큼 향후 4일제로 가는 데 중요한 기점을 만들었다.

왜 보수 정당인 일본 자민당은 주 4일제를 추진할까?

▼

주 4일 근무제를 진보, 좌파 정치 세력이 주도한다고 생각하면 오산이다. 과거에는 그랬던 것이 맞다. 하지만 현재는 다르다. 일본의 자민당은 2021년 4월, 주 4일 근무제 추진을 공식화했다. 일본의 자민당은 1955년 이래 현재까지 계속 집권하고 있는 보수주의 정당이다. 때로는 극우적 목소리도 서슴지 않았고 진보, 좌파와는 거리가 멀다. 자민당이 고려하고 있는 '선택적 주 4일제'는 희망 직원에 한해 주중 4일 근무를 허용하면서 월급을 10~20% 정도 삭감하는 방식이다. 저출산과 고령화 등으로 노동력 부족에 시달리고 있는 가운데 휴일을 늘려 육아나 간병 등으로 인해 퇴직한 직원들을 다시 불러들이겠다는 의도도. 일본 정부의 주 4일 근무제를 일본경제단체연합회(게이단렌)가 적극 지지하는 것은 이런 이유 때문이기도 하다. 한국의 전경련은 주 5일제를 할 때도 경제가 망한다며 반대했었고 주 4일제는 시기상조라고 말한다. 하지만 일본처럼 임금 삭감이 전제된 주 4일제라면 전경련은 환영할 것이다.

2021년 10월, 한국리서치가 전국 성인 남녀 1000명을 대상으로 주 4일 근무제에 대한 조사를 실시했는데 그 결과에 따르면, 주 4일 근무제 도입을 찬성한다는 답변은 51%, 반대는 41%였다. 그런데 주 4일 제를 하는 대신 임금 삭감이 동반된다고 전제했더니 찬성 29%, 반대

▶▶▶ 도쿄에 위치한 일본경제단체연합회(게이단렌)의 사옥 전경. (출처: 위키미디어)

64%로 입장이 바뀌었다. 주 5일에서 주 4일로 가는 것은 좋지만 임금 삭감을 원치 않는 것은 어쩌면 당연한 반응일 것이다. 주 5일 근무를 주 4일로 바꾸는 데는 크게 2가지 방법이 있다. 5일간 하던 업무량을 4일 동안 다 처리하고 임금을 그대로 받거나, 업무를 4일치만 하는 대신 임금을 20% 삭감하는 것이다.

가장 단순하게 구분한 것이지만 논의의 출발이 되는 방법이다. 여기서 생산성, 효율성의 혁신이 더 이뤄지면 업무량을 줄이면서도 임금을 그대로 가져가거나 심지어 더 늘리는 것도 가능할 수 있겠다. 중요한 것은 효율성, 생산성에 따른 합리적 접근이 4일 근무제 전환에서 기본이 되는 것이다. 한국에서 4일 근무제 이야기는 정의당이 먼저 하기

주 4일 근무제에 찬성하는가?

단위 : %

찬성
(51)

반대
(41)

모르겠다(7)

주 4일 근무제로 임금이 감소해도 찬성하는가?

단위 : %

찬성(29)

반대
(64)

모르겠다(7)

주 4일 근무제가 도입되면 하고 싶은 일은?

단위 : %(복수 응답)

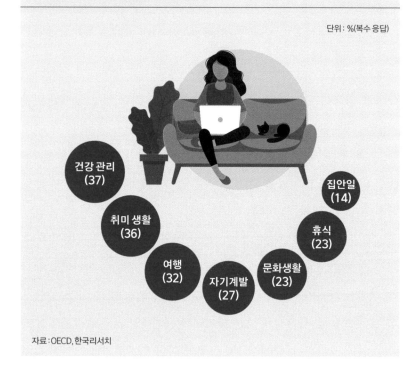

건강 관리
(37)

집안일
(14)

취미 생활
(36)

휴식
(23)

여행
(32)

문화생활
(23)

자기계발
(27)

자료 : OECD, 한국리서치

는 했지만, 정치적 역량이 부족한 정의당의 입장대로 4일 근무제가 자리 잡을 가능성은 없다. 노동자의 관점만이 아닌 자본가의 관점, 경영자의 관점이 포함된 합리적 제도가 되어야만 시도될 수 있고 자리 잡을 수 있다. 어쩌면 국민의힘이 4일 근무제 논의를 주도해 갈 수도 있다.

'과로사'라는 말을 만든 나라가 일본이다. 그런데 일당 독재라고 해도 과언이 아닌 집권 자민당에서 주 4일 근무제를 적극 추진하는 것을 보면 우리도 시대 변화를 빨리 자각해야 한다. 결코 주 4일 근무제는 진보적, 정치적 어젠다agenda가 아니다. 영국의 노동당은 2019년 총선 때, 집권하게 되면 2029년부터 주 4일 근무제를 하겠다는 정책을 내세웠다. 하지만 보수당이 집권하게 되면서 이 정책은 미뤄지게 되었고 2024년 총선 때 주요 정책으로 내세울 계획이라는데, 보수당도 주 4일 근무제를 추진할 가능성이 크다. 보수당이나 노동당이 모두 주 4일 근무제를 내세우면 노동당으로서는 자신들이 먼저 추진했다는 점의 의미가 없어진다. 누가 되든 하게 되는 것이다.

과거 한국 사회에서 노동 운동과 민주화 운동 현장에서 부르던 민중가요 〈적기가赤旗歌〉는 사실 영국 노동당의 당가 〈The Red Flag〉다. 붉은 깃발을 그대로 한자어로 쓴 것이다. 노동당은 현재 영국의 제1 야당인데, 1997~2007년에는 영국의 집권 여당이었고 당시 토니 블레어가 10년간 총리를 하고 있었다. 그리고 노동당은 공식 행사에서 여전히 이 노래를 부른다. 영국은 자본주의가 태동한 나라이자 여전히 자본주의의 중심 국가다. 1889년, 정치 운동가 짐 코널Jim Connell이 런던의 항만 노동자 파업에 대한 찬사를 보내는 의미로 가사를 썼고, 곡은 따라 부르기 쉽도록 독일 캐럴에서 따다 썼다. 20세기 초 공산주의, 사회주의 운동이 확산되면서 이 노래도 전 세계로 퍼졌는데, 우리나라에서도 일제 강점기 좌익 항일 운동가들이 번안해서 불렀다. 엄밀히 북한노래도 아니지만 과거에는 국가 보안법에 의해 금지곡이기도 했다. 실제로 지금은 북한에서도 잘 부르지 않는 곡이라는데, 혁명을 노래하는곡이기 때문에 북한 당국으로서도 꺼리는 것이다. 또 한국에서 불리던민중가요는 북한에서 금지곡인 경우가 많다. 흥미롭게도 2019년 태극기 부대가 집회에서 개사해서 부르기도 했다. 그리고 〈The Red Flag〉는 맨체스터 유나이티드의 응원가이기도 하다. 캐럴에서 시작해 사회주의와 자본주의를 거치고 스포츠와 지역 사회까지 연결된 흥미로운노래인 것이다. 사실 노래는 노래일 뿐이고, 시대가 바뀌면 그 속에 담긴 메시지를 받아들이는 관점도 달라진다. 한때는 좌파가 추진하던 정책을 이제는 우파가 밀어붙이기도 한다. 영원한 것은 없다. 그래서 시대 변화, 즉 트렌드 변화에 정치, 경제, 사회, 개인 모두 발빠르게 대응하며 변화를 흡수해야 한다.

한국의 연간 평균 노동 시간은 OECD 국가 중 최상위이지만 노동생산성은 하위권이다. 한국의 연간 노동 시간은 2020년 기준 1908시간, OECD 국가의 평균은 1687시간이다. OECD 국가 평균보다 한국은 연간 221시간 더 일한다. 열심히 일하는 건 좋다. 하지만 지금은 노동 시간보다 더 중요한 것이 생산성이자 효율성이다. 장시간 노동한다고 더 좋은 게 아니다. GDP 부동의 1위 국가인 미국은 2020년 1767시간으로, OECD 평균을 살짝 상회하고 한국과 비교하면 141시간이나적다. GDP 톱10 국가 중 OECD 국가가 아닌 중국과 인도를 제외하면미국 다음 순위가 일본인데 연간 노동 시간은 1598시간이다. 과로사라는 말을 만들어 낸 나라, 워커홀릭의 대명사 같던 일본도 우리와 비교하면 연간 310시간이나 적다. 2010년에는 1733시간이었으나 10년간 135시간을 줄였다. 연간 노동 시간이 가장 적은 나라는 독일로 2020년 기준 1332시간이다. 2010년의 1426시간에서 94시간이나 줄었고, 한국보다 576시간 적다. 한국의 노동 시간보다 3분의 2 정도이면서 GDP는 한국보다 3배 정도 높다. 우리보다 GDP가 2배쯤 높은 영국과 프랑스도 각기 1367시간, 1402시간이다. 우리와 노동 시간이 엄청나게 차이 난다. 이탈리아 1559시간, 캐나다 1644시간과 비교해도 한국의 노동 시간은 과하게 많다.

한국의 시간당 노동 생산성은 OECD 38개국 중 27위다. OECD

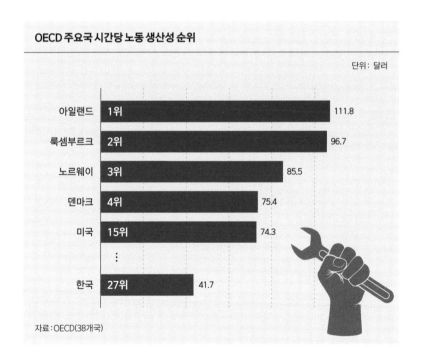

OECD 주요국 시간당 노동 생산성 순위

단위: 달러

아일랜드	1위	111.8
룩셈부르크	2위	96.7
노르웨이	3위	85.5
덴마크	4위	75.4
미국	15위	74.3
⋮		
한국	27위	41.7

자료: OECD(38개국)

국가 중 GDP 8위인 나라치고는 너무 낮다. 내용을 들여다보면 더 심각하다. 시간당 노동 생산성을 금액으로 계산해 보면 한국은 2020년 기준 41.7달러다. 한국 노동자 1명이 1시간에 생산하는 재화, 용역의 부가 가치가 이 정도다. 2017년 38.18달러, 2018년 39.64달러, 2019년 40.58달러, 2020년 41.81달러로 매년 높아지고는 있지만, OECD 평균인 54.1달러와 비교하면 큰 차이다. 미국은 73.37달러, 독일은 67.56달러(2021년 기준), 프랑스는 67.11달러(2021년 기준)다. EU 27개국 평균은 54.85달러이고, 일본도 47.97달러로 우리보다 높다.

노동 생산성을 높이지 않고서는 결코 GDP를 높일 수 없다. 과도한 노동 시간으로 떠받치는 것은 한계가 있다. 이것은 GDP만이 아니라 개별 기업도 마찬가지다. 노동 생산성을 높이면 주 4일제도 문제될 게 없다. 스웨덴의 사회학자 롤런드 폴슨Roland Paulsen이 만든 공허 노동empty labor이라는 말이 있다. 근무 시간 중에 업무와 무관한 잡담, 커피타임, 흡연, 인터넷 서핑 등으로 시간을 낭비하는 것을 의미하는데, 공허 노동이 최소화되어야 근로 시간 단축과 노동 생산성 향상이 가능할 수 있다. 사실 한국의 직장 문화에서 공허 노동은 많은 편이다.

주 5일 근무제는 자본가의 선택이었다

▼

주 5일제가 자리 잡은 데에는 포드자동차가 역할을 했다. 1926년 포드자동차는 월요일부터 금요일까지 일하는 것을 표준화시켰다. 당시 일요일만 쉬고 주 6일 근무제가 보편적이었는데 하루 10시간씩 일했다. 이것을 주 60시간에서 40시간으로 파격적으로 단축시켰다. 왜 헨리 포

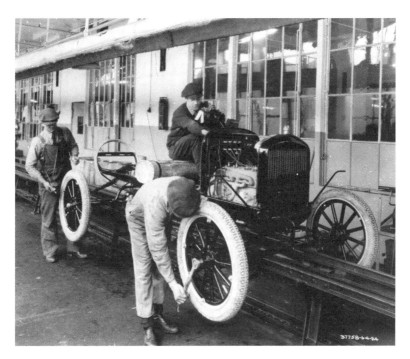

▶▶▶ 1913년, 포드자동차의 공장에 컨베이어 벨트가 도입되었다. 획기적인 생산 라인 덕분에 근무 시간은 줄고 생산성은 커졌다. (출처: 위키미디어)

드는 6일이 아닌 5일만 근무하게 만들었을까? 노동자를 배려해서 더 쉬라고 그랬던 것일까? 아니다. 생산 라인이 기술적, 과학적으로 진화하고 노동자의 생산성까지 높아지면 근무 시간을 줄여도 오히려 생산은 더 늘어날 것을 알고 있었다. 동일 임금으로 6일 대신 5일을 일하면 노동자들은 줄어든 시간만큼 더 열심히 일해서 생산성이 향상된다는 이론을 믿었고, 실제로도 생산성이 높아졌다. 이를 계기로 주 5일 근무제를 선택하는 기업이 늘어 갔다. 노동자가 아니라 자본가의 이해관계가 반영된 것이 근무 시간 단축이다. 사람은 기계가 아니다 보니 육체적, 정신적 피로도가 쌓이면 오히려 노동 생산성이 떨어진다. 헨리 포드의 합리성, 아니 자본가의 합리적인 계산에 의해 주 5일 근무제가 시작된 것이다.

심지어 미국 대공황 때는 의회에서 주 30시간 근무제가 논의되기도 했다. 노동 시간을 줄여 일자리를 늘리려는 의도였다. 미국에서 주 5일 근무제가 공식적으로 시작된 것은 관련 법이 만들어진 1938년이다. 주 4일제를 도입하자는 목소리는 1950년대부터 나왔지만, 전 세계는 주 5일제를 공식화하고 80년 정도 계속 유지하고 있다. 한국에서 주 5일제 도입과 근로 시간 단축에 대한 논의가 시작된 것은 1998년 2월인데 2000년 5월, 노사정위원회에 '근로 시간 단축 특별 위원회'가 구성되었고 2002년 10월에 주 5일제 입법안이 국회에 제출되었다. 2003년 8월 근로 기준법 개정안이 국회를 통과했고 2004년 7월부터 금융, 공공 부문, 그리고 1000명 이상 사업체에서 주 5일제가 시행되었다. 2005년 7월에는 300~999명 사업체에, 2006년 7월에는 100~299명 사업체에 적용되면서 이후 단계적으로 이어져 2011년 7월, 5인 이상 모든 사업체에 적용되기에 이르렀다. 주 5일제를 논의하고 입법하는 단계는 김대중 정부 때였고, 주 5일제가 시행되고 적용된 것은 노무현 정부 때였다. 주 5일 근무제를 도입할 때 경제 단체에서 경제가 무너진다느니 나라가 망한다느니 하면서 반발했지만, 사실 경제는 더 좋아졌다. 미국적 자본주의가 가진 합리성을 한국적 자본주의는 갖지 못할 때가 있다. 한국의 주 5일 근무제는 2004년부터 시작했다. 아직 20년이 채 되지 않은 것이다 보니 한국에서 주 4일 근무제를 이야기하면 너무 이른 게 아니냐는 사람들도 있다. 가장 자본주의적인 나라인 미국에서 80년이나 되었고 영국에서는 100년 정도 되었다는 사실을 안다며 너무 이르다는 생각은 다시 해 봐야 한다. 리처드 닉슨 부통령이 "주 4일제는 그리 멀지 않은 미래다"라고 말한 것이 1956년의 일이다. 한국 사람들이 생각하는 것보다 주 4일제 논의는 더 오래되었다. 지미 카터 대통령은 1977년에 "에너지 절약을 위해 기업이 주 4일제를 도입해야 한다"는 말을 했다. 오일 쇼크를 겪던 시기에 나온 말인데, 에너지 절감이자 탄소 감축이 중요한 지금 시대에도 통할 말이다. 《워싱턴포스트》는 1978년에 "주 4일제는 이제 현실이 됐다"고 거들기도 했다.

한국에서 누가 주 4일 근무제를 하고 있는가?

▼

교육 기업 휴넷은 2019년부터 4.5일제를 시행했고 6개월간 주 4일제 시범 운영을 거쳐 2022년 7월부터 주 4일제를 하고 있다. 주 4일제로 바뀌었지만 연차나 임금은 전혀 줄이지 않았다. 노동 시간은 줄여도 생산성이 높아졌기 때문이다. 2019년부터 지금까지 매년 20% 이상의 매출 성장을 기록하고 있다. 교육 기업 에듀윌도 2019년 6월부터 주 4일 근무제를 시작해 이미 3년 이상 유지하면서 정착시켰다. 주 4일 근무제를 하면서도 매출, 임직원 수는 계속 증가했다.

우아한형제들(배달의민족)은 2017년부터 월요일 1시에 출근하는 4.5일제를 시행했다. 이를 진전시켜 2022년부터는 주 32시간 근무제를 시행하고 있다. 모든 직원이 격주 금요일마다 휴식하는 격주 '놀금'을 시범 운영 중인데 이는 격주 4일제인 셈이다. 2023년부터 본격적으로 격주 4일제가 적용되고 그 후에는 주 4일제로 전환될 가능성이 크다. 카카오는 2022년 7월부터 격주 단위 금요일을 쉰다. 격주 주 4일 근무제를 6개월간 시범 운용하며 시행착오를 보완한 뒤 2023년 1월부터 정식 시행한다. 주 4일 근무 시도는 교육 기업, 스타트업 기반의 테크 기업만 시행하는 것이 아니다. 대기업도 한다. SK그룹은 격주 4일제 시범 운영을 2018년 말 시작해 2019년부터 SK수펙스추구협의회와 지주 회사에서 시행한다. 계열사별 자율로 선택하는데 SK스퀘어와 SKT 등이 격주 4일제를 하고 있다. 이밖에 CJ ENM, 롯데면세점, 신라호텔 등이 주 4일제, 격주 4일제를 시행하고 있다.

연세의료원과 세브란스병원노동조합은 2022년 임금 협약 합의를 하면서 주 4일제(주 32시간) 도입을 위한 시범 사업을 시작한다는 내용을 포함시켰다. 국내 초대형 병원 빅5 중 하나인 세브란스 병원에서 주 4일제를 추진하면 다른 대형 병원과 전체 병원업계에도 영향을 미칠 것이다. 참고로 2021년 8월, 구인 구직 플랫폼 '사람인'이 성인 남녀 4155명을 대상으로 주 4일 근무제에 대해 조사했더니, 응답자 중 83.6%가 '주 4일 근무제가 긍정적'이라고 답했다. 긍정적으로 생각한 이유(복수 응답 가능)로 '휴식권이 보장되고 워라밸 문화가 정착될 수 있어서(72.4%)' '충분한 재충전으로 업무 효율이 높아질 것 같아서(51.7%)' '건강 관리에 도움이 될 것 같아서(32.1%)' '휴일이 늘어 내수가 진작되고 경제가 성장할 것 같아서(21.2%)' '자녀 돌봄 등이 용이해져서(20.1%)' 순으로 꼽았다.

국내에서 주 4일 근무제 논의는 시기상조라고 생각하는 사람들도 있다. 하지만 이미 국내 기업들 중에서는 주 4일 근무제를 시작하는

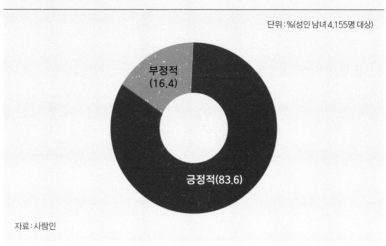

단위 : %(성인 남녀 4,155명 대상)

부정적
(16.4)

긍정적(83.6)

자료 : 사람인

게임 디자이너 다니엘 쿡의 '생산성 법칙'

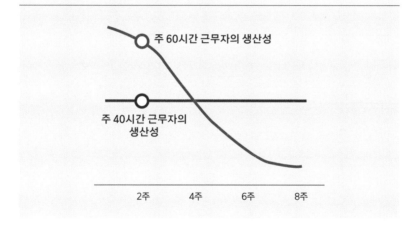

주 60시간 근무자의 생산성

주 40시간 근무자의
생산성

2주   4주   6주   8주

곳이 있다. 제도가 만들어지기 전부터 왜 주 4일 근무제를 시행하는 기업들이 늘어나는 것일까? 법 제도가 강제로 시켜서 어쩔 수 없이 바꾸는 것과, 경영의 관점에서 이득이 된다고 생각해 자발적으로 바꾸는 것의 차이는 아주 크다. 주 4일 근무제가 기업으로서 손해가 아니기 때문이다. 물론 모든 기업이 그런 것은 아니다. 하지만 손해를 보는데도 주 4일 근무제를 자발적으로 할 수는 없다. 즉, 주 4일 근무제를 경영의 관점, 경제적 관점, 효율성과 생산성의 문제로 보는 것이 필요하다는 의미다.

6장

대도시를 탈출하는 사람들과 세컨드 하우스

Life_Trend_2023

#워케이션 #디지털노마드 #아파트 #전원주택 #1가구2주택 #별장 #세컨드하우스 #무지헛 #ODM #차박 #캠핑 #주4일근무 #대도시탈출 #농어촌주택 #5도2촌 #4도3촌 #빈집 #빈집세

이제 우린 도시냐 농어촌이냐 둘 중 하나를 선택할 필요가 없는 시대를 맞았다. 기술의 발달, 산업의 변화, 교통의 발달은 우리가 머물 공간을 확장시켜 새로운 욕망을 만들어 낸다. 세컨드 하우스는 모두의 욕망으로 자라게 될 것이다.

워케이션과 디지털 노마드, 주 4일 근무 등이 확산되면 연결되는 트렌드가 바로 대도시 탈출이다. 우리가 대도시의 삶을 선택한 것은 일자리와 무관하지 않다. 그리고 대도시가 주는 편리도 크다. 그런데 일하는 방식의 변화, IT 기술과 인프라의 발달로 인한 편의의 증대가 대도시를 떠날 수 있도록 해 준다. 대도시를 완전히 떠나는 것과 대도시에 거점을 둔 채로 전원의 삶도 누리는 것은 조금 다르다. 5060세대나 은퇴자라면 전자를 선택하기 쉬워도, 3040세대라면 후자를 선택할 수 있다. 2023년 우리는 세컨드 하우스를 주목해야 한다. 집 한 채 없는 사람이 얼마나 많은데 세컨드 하우스라니 싫은 사람도 있겠지만, 어쩌겠는가 욕망은 모두에게 동일하지 않다. 그리고 집을 바라보는 관점이 바뀌면 돈의 문제도 바뀔 수 있다. 오래전부터 존재하던 별장이라는 말 대신 세컨드 하우스라고 쓰는 건 단지 이름만 바꾼 게 아니라, 부자들만의 일이 아닌 누구나 접근할 수 있는 주거 문화로의 변화 때문이기도 하다.

농어촌 주택을 세컨드 하우스로 만든다면?

▼

기획재정부가 2022년 7월에 발표한 '2022년 세제 개편안'에 따르면, 2023년부터 '농어촌주택등 취득자에 대한 양도소득세 과세특례'가 적용되는 기준 주택 가격이 공시 지가 2억 원에서 3억 원 이하로 조정된다. 한옥은 공시 지가 4억 원이다. 공시 지가 3억 원이면 실제 매매가는 아파트는 5억 원, 단독이나 다가구 주택은 6~7억 원 정도 될 수 있다. 농어촌의 주택으로서는 꽤 많은 집들이 해당될 수 있다. 1가구 1주택자가 농어촌 주택을 취득해 3년간 보유할 경우 기존 주택을 처분해도 양도세 중과가 적용되지 않는 조세특례제한법 제99조 4항은 2003년에 도입되었다. 한시적으로만 적용하다 폐지될 예정이었는데 지금까지 계속 이어지고 있고, 심지어 공시 지가 2억 원 이하에서 3억 원 이하로 1억 원이 늘어난 것이다.

'농어촌주택등 취득자에 대한 양도소득세 과세특례'는 수도권 및 조정 대상 지역을 제외한 지방 주택을 3년 이상 보유할 경우 이 주택을 종부세와 양도세에서 적용되는 주택 수에서 빼 주는 제도다. 즉 서울에 집이 있고 농어촌에 공시 지가 3억 원 이하의 집을 소유해도 2주택이 되지 않아 중과세율에 적용되지 않는다. 3년 이상 보유는 사전이 아니라 사후다. 즉 1가구 1주택자가 3억 원 이하 농어촌 주택을 사고 3년간 보유하겠다고 하면 된다. 만약 3년 이내 매도할 때만 소급 적용해서 과세가 된다. 기존 주택 보유자가 농어촌에 세컨드 하우스를 가지기 좋은 상황이 된 것이다.

농어촌 주택 거래를 활성화시키기 위해 세제 개편안이 나온 것은,

농어촌 빈집 문제도 커지고 있고 전반적으로 침체되어 있는 부동산 경기 상황도 고려된 결과이다. 정부의 세제 개편안이 나오기 전부터 이미 예정되었던 것이기도 하다. 2022년 들어 아파트 시장은 침체인 데 반해, 단독 주택 거래와 신규 단독 주택 건축 인허가는 계속 증가세였다. 국토교통 통계누리에 따르면, 단독 주택 인허가는 2022년 1월 3125가구에서, 5월 5131건으로 1월 대비 64.1% 증가했다. 한국부동산원에 따르면, 단독 주택 거래는 2022년 1월 8052가구, 2월 8269가구, 3월 9571가구, 4월 1만 97가구, 5월 1만 1034가구로 계속 증가세다. 이 증가세는 한동안 이어질 가능성이 크다. 기존 낡은 농어촌 주택을 사서 리모델링해서 쓰는 것도 좋고, 기존 주택을 허물고 새로 단독 주택을 짓는 경우에도 공시 지가 기준으로 3억 원을 충족시킬 수도 있다. 땅값이 대도시에 비해 훨씬 저렴하기 때문에 건축비를 최소화해 짓는 경우 3억 원보다 적은 예산으로도 가능하다. 물론 집은 각자가 생각하는 규모와 용도가 다르고, 건축 자재와 구조, 공법이 달라서 건축비는 천차만별일 수 있겠으나, 세컨드 하우스를 농막 수준으로 만든다면 훨씬 저렴해진다. 주거 목적이 아니라 잠시 머물며 책 읽고 쉬는 휴식의 공간으로 한정시키면 농막도 세컨드 하우스가 된다. 그린벨트 내에도 가능한데 애초에 주거 목적이 아니기 때문에 주택 자체가 아닌 것이다. 주말에 도시를 떠나 자연 속에서 차박도 하고 캠핑도 하는 사람들이 많은데, 이런 목적이라면 농막이 캠핑보다 훨씬 더 안정적인 휴식 공간이 될 수 있다.

5도 2촌, 4도 3촌: 우린 삶의 방향을 바꾼다

▼

《라이프 트렌드 2018: 아주 멋진 가짜 Classy Fake》에서 '나만의 월든을 찾는 사람들'이란 주제로 5도 2촌, 4도 3촌을 소개한 바 있다. 주 5일제 덕분에 일주일에 5일은 도시, 2일은 시골에서 지내는 것이 가능해졌다. 자유롭게 일하는 사람들이거나 전문직 중에선 4도 3촌도 가능하기도 한데, 주 4일제가 되면 4도 3촌도 보편화된다. 5도 2촌이든 4도 3촌이든 공통점은 도시와 시골을 병행하는 삶을 산다는 것이다. 처음엔 도시에서만 7일을 살았던 사람들이다. 이 사람들이 도시에서 머무는 시간을 줄여 간다. 이러다가 나중엔 3도 4촌, 2도 5촌이 되어 더 이상 도시가 삶의 중심 거점이 아니게 된다.

네이버 검색어 트렌드에서 '5도 2촌(4도 3촌 포함)'과 '별장(세컨드 하우스 포함)'의 검색량 추이를 전체 연령 대상으로 2019년 8월부터 2022년 8월까지 최근 3년을 봤더니, 5도 2촌에 대한 검색량이 팬데믹 이후 더 늘어났음을 볼 수 있고, 별장에 대한 검색량도 팬데믹 기간 중 증폭되었다. 비교를 위해 19~39세로 연령대를 한정해서 봤더니 검색량과 관심도가 더 높았다. 오히려 은퇴하는 사람들의 관심사로 여길 수 있는 5060세대로 봤을 때보다 더 높았다.

검색어 '전원주택(농촌 주택, 농촌 빈집, 별장 포함)'에 대한 검색량 추이를 봤을 때 코로나19 팬데믹이 시작된 2020년 2분기를 기점으로 크게 올라간 것은 모든 연령대가 공통적이나, 2040세대는 2021년을 지나 2022년으로 오면서 검색량과 관심도가 팬데믹 이전 수준으로 내려왔다. 하지만 5060세대는 팬데믹으로 높아진 관심도가 여전히 유지되

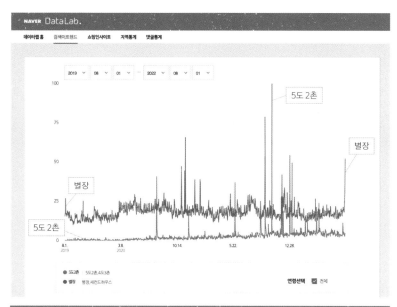

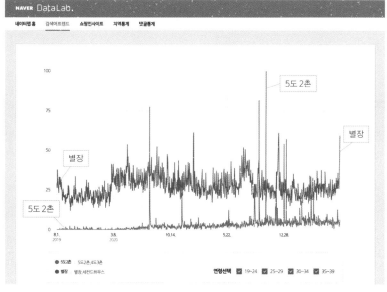

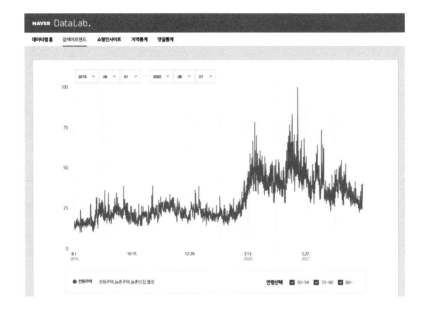

고 있다.

　아파트가 지겨워진 사람들이 많아졌다. 2020년 11월 1일 기준으로 실시한 2020 인구주택총조사 결과에 따르면, 전국 주택 비율은 아파트 62.9%, 단독 주택 14.3%, 다세대 12.0% 순이다. 그 외 연립 주택, 오피스텔 등이 있다. 3가구 중 2가구가 아파트 거주인데, 2000년에는 아파트 비율이 47.8%였다. 20년 만에 아파트 거주가 이렇게 늘었다. 아파트와 다세대만 합쳐도 4분의 3이다. 엄밀히 단독 주택을 제외하고는 다 공동 주거다. 즉 전 국민 10명 중 8~9명이 공동 주거에 산다. 남과 벽과 천장을 맞대고 있어 층간 소음, 벽간 소음을 겪을 수 있다. 전국 기준보다 서울은 아파트를 비롯한 공동 주거의 비중이 더 높다. 서울의 단독 주택 거주자는 2.2% 정도다. 인구가 급격히 늘면서

▶▶▶ 2020 인구주택총조사 결과에 따르면, 전국 주택 비율은 아파트 62.9%다.
1980~1990년대 아파트 건설이 대규모로 이뤄졌고, MZ세대는 거의 아파트에서 나
고 자랐다. X세대도 상당수 아파트에서 나고 자랐다. 5060도 내 집 마련을 아파트로
한 세대다.

1980~1990년대 아파트 건설이 대규모로 이뤄졌고, MZ세대는 거의
아파트에서 나고 자랐다. X세대도 상당수 아파트에서 나고 자랐다.
5060세대도 내 집 마련을 아파트로 한 세대다. 거의 전 국민이 아파트
를 수십 년간 누렸다. 아파트가 편리하긴 하지만, 조금 지겨워진 사람
들이 많다. 공동 주거가 가진 단점에 불편을 호소하는 이들도 많아지
고, 자기만의 개성을 추구하고, 자신만의 라이프스타일에 최적화된 단
독 주택을 원하는 이들도 많아졌다.

엄밀히 도시에도 집이 있고 농어촌에도 집이 있으면 1가구 2주택
이다. 세금이 중과될 수 있다. 하지만 농어촌 주택은 예외로 두는 것이

다. 농어촌 주택은 농어촌 지역과 준농어촌 지역에 있고 장기간 독립된 주거 생활을 할 수 있는 구조로 된 건축물(부속 건축물 및 토지 포함)을 말한다. 이건 농가 주택과 다르다. 농가 주택은 농사짓는 사람이 자가 영농을 위해 소유한 주거용 건물과 그에 부수되는 토지다. 즉 농어촌 주택은 농사짓는 것과 무관하게 농어촌에 있으면 된다. 아파트여도 좋고, 논밭과 무관하게 산 아래 뷰 좋은 곳에 있어도 좋다. 귀농이 아닌 귀촌에 좋고, 세컨드 하우스로도 좋다. 전국의 모든 농어촌이 주목받지는 않겠지만, 서울과 수도권에서 가까운 지역이 유리하다. 경기도 일대는 물론이고, 경기도에 인접한 홍천, 횡성 등의 강원도 일부 지역, 제천, 단양 등의 충청북도도 마찬가지다. 거리는 멀더라도 바다나 풍광이 좋은 지역도 유리하다. 제주, 고성, 강릉, 양양, 통영, 남해 등 바다가 관광 자원인 지역에 세컨드 하우스를 가지려는 서울 사람들도 많았다. '2022년 세제 개편안'의 '농어촌주택등 취득자에 대한 양도소득세 과세특례'는 5도 2촌 트렌드를 더 확대시킬 것이고, 세컨드 하우스에 대한 욕망을 확실히 키울 것이다. 세컨드 하우스는 투자의 목적이 아니다. 삶의 공간의 확장이자 새로운 라이프스타일이다.

집이 가벼워지면 라이프스타일이 달라진다

▼

집은 부동산不動産이다. 움직이지 않는다는 이야기다. 우리의 삶에서 집은 늘 땅에 고정되어 있고, 집은 우리가 가진 재산 중 가장 큰 물건이다. 우리의 삶은 집에 묶여 있다. 아주 돈 많은 부자가 아니라면 동시에 여러 채의 집을 가지며 여러 공간을 누리는 삶을 살아 보진 못한다. 그만큼 집은 우리에게 가벼운 의미가 아니다. 아무리 비싼 자동차라도 싼 집보다는 저렴하다. 만약 우리가 머물 집이 자동차 가격이라면 어떨까? 언제든 집을 옮겨 다닐 수 있으면 어떨까? 이동식, 모듈형 주택은 집에 대한 욕망 변화와 연관된다. 특히 5도 2촌, 4도 3촌을 위해서 우린 좀 더 가벼운 집이 필요하다. 물리적 무게가 아니라 우리가 느끼는 심리적 무게다.

일본의 무인양품MUJI은 2017년 가을에 2.75평짜리 오두막 무지 헛MUJI HUT을 출시했다. 일본 내에서만 판매하는데, 가격은 300만 엔이다. 집의 외부는 일본에서 선박을 제조할 때 사용하는 기법을 적용했는데, 표면을 태워 오일로 마감해 내구성이 좋다. 내부의 실내 바닥은 콘크리트로 마감해 청소가 쉽다. 아주 단순한 디자인이지만, 기존 무인양품 디자인 콘셉트와도 연결된다. 집을 완제품으로 파는 것인데, 우리 돈 3000만 원으로 초소형 집을 사는 것이다.

무인양품은 2015년 도쿄 디자인위크에서 일본의 디자이너 나오토 후카사와, 영국의 산업 디자이너 재스퍼 모리슨, 독일의 산업 디자이너이자 가구 디자이너 콘스탄틴 그리치치가 함께 작업한 무지 헛 콘셉트를 선보였는데, 2017년에 결국 상품화에 성공한 것이다. 이들 3명의 디자이너는 각기 세계 최고의 디자이너로서, 서로 다양한 협업도 했다. 그중 나오토 후카사와는 세계 최고의 산업 디자이너로 꼽히고 있고, 애플의 CDO를 지낸 조너선 아이브가 가장 영향력 있는 디자이너로 꼽기도 했다. 나오토 후카사와는 무인양품에서 나오는 수많은 제품을 디자인했고, MOMA는 그가 디자인한 제품을 영구 소장하고 있으며, 영국왕실예술협회는 그에게 산업 부문 로열 디자이너 칭호를 줬다.

▶▶▶ 무인양품(MUJI)은 2017년 가을에 2.75평짜리 오두막 MUJI HUT을 출시했다. 일본 내에서만 판매하는데 가격은 300만 엔이다. (출처: MUJI HUT 홈페이지)

그의 디자인 철학은 수퍼 노멀Super Normal로, 가장 평범한 디자인이 그동안 인류가 진화시켜 온 가장 사용하기 좋은 결과물이라는 철학을 가진다.

무인양품은 1980년 일본 유통 기업 세이유의 자체 브랜드로 생활 잡화로 시작했다. 무인양품이란 이름에서 드러나듯, 브랜드가 없는 브랜드면서 품질 좋은 물건을 만든다. 그렇게 생활 잡화에서 시작해 의류/패션, 가구, 식품 등으로 확장하며 의식주 전반의 라이프스타일을 판매했고, 2004년 무지 하우스MUJI's House라는 이름으로 조립식 주택도 팔기 시작했다. 이것이 계속 진화해 2017년 무지 헛까지 간 것이다. 무지 헛은 초소형 오두막이자 이동이 가능한 집이다. 집을 놓아둘 공간이 있으면 집을 싣고 가서 내려놓으면 된다. 집을 짓는 것이 아니라, 만들어진 집을 사서 내려 두면 되는 것이다. 마음에 드는 곳에서 살고 싶은 욕망은 누구나 있다. 거창한 집이나 별장을 지을 게 아니라, 잠시 머물 수 있는 작은 오두막이면 충분하다. 무지 헛은 세컨드 하우스로서 충분하다.

한국의 간삼생활디자인은 2018년에 이동식 주택 ODM을 출시했다. 한국의 대표적 건축 사무소인 간삼건축은 대형 오피스 빌딩, 병원, 학교, 데이터 센터, 미술관 등 대형 건축 프로젝트를 진행하는데, 이들이 개인의 라이프스타일을 위한 모듈형 소형 주택 사업을 위해 만든 자회사가 간삼생활디자인이다. ODM은 'Off-site Domicile Module'의 이니셜로 어디든 설치 가능한 집이란 의미다. 공장에서 완제품으로 만든 주택을 원하는 장소에 배달해 설치한다. 물론 주택을 위한 인허가는 미리 받아야 하고, 땅은 기반 시설 공사를 해 둬야 한다. 어제의 빈 땅에 오늘 집이 들어서는 것이 가능한 게 바로 이동식, 모듈형 주택이다. 2가지 제품이 있는데, 단층의 원룸형 구조와 다락이 있는 복층형이

▶▶▶ 한국의 간삼생활디자인은 2018년에 이동식 주택 ODM을 출시했다. 한국의 대표적 건축사무소 간삼건축은 대형 오피스 빌딩, 병원, 학교, 데이터 센터, 미술관 등 주로 대형 건축 프로젝트를 진행해 왔다. 최근 간삼건축이 모듈형 소형 주택 사업을 위해 만든 자회사가 간삼생활디자인이다. (출처: 간삼생활디자인 홈페이지)

다. 가격은 4800만~7300만 원이다. 여기에 원하는 용도에 따라 맞춤형 설계가 되는 제품도 있다. 20제곱미터 이하는 농막에 준한 간단한 신고만 하면 설치 가능하고, 20제곱미터 이상은 건축 신고, 건축 허가를 받아야 한다.

▶▶▶ 간삼생활디자인에서 출시한 ODM의 내부 전경. (출처: 간삼생활디자인 홈페이지)

아무리 작더라도 엄연히 주택과 농막은 다르다. 농사짓는 데 필요한 장비나 소품을 보관하는 창고 용도가 농장 근처에서 잠시 휴식을 할 수 있도록 만든 게 농막이다. 농막은 가설 건축물 축조 신고만 하면 되기에 짓기가 쉬운 반면 면적은 20제곱미터 미만이다. 6평 정도니까 앞서 소개한 무지 헛은 충분히 농막의 조건에 부합된다. 국내에서 농막이나 초소형 모듈 주택을 상품화하는 건축 회사들도 많다. 농막은 주택 수에 포함되지 않는다. 농막을 여러 개 가져도 다주택자가 아닌 것이다. 다만 농막은 가설 건축물 연장 신고를 3년마다 계속해야 한다. 연장 신고가 안 되거나 법에 어긋나는 상황이 생기면 과징금과 함께 철거해야 한다.

잠시 쉴 세컨드 하우스를 위해 농막을 선택하는 이들도 늘어난다. 농사 용도가 아닌 별장의 용도라면 세련된 농막, 럭셔리 농막도 가능한 것이다. 물론 주택이 아니라서 한계는 명확하다. 2012년 이후 수도나 가스 설비가 가능해졌지만, 지자체 허가가 필요한 오수 처리 시설 설치는 환경적 문제 때문에 허가받기 어렵다. 즉 화장실을 못 만든다는 이야기다. 농막을 집처럼 살 수는 없게 하기 위해서다. 숲속 월든과 같은 삶을 누려 볼 때도 좋고, 집과 별개로 잠시 쉬며 책 읽을 공간, 음악 감상을 위한 공간을 하나 가져도 좋다.

빈집세와 인구 소멸, 그리고 세컨드 하우스에 대한 욕망

▼

영국은 2013년, 캐나다 밴쿠버는 2017년, 그리고 일본의 교토는 2022년 빈집세가 도입되었다. 영국은 2년 이상 비어 있는 집에 지방세를 최대 50% 중과하고, 일부 지역에선 300%까지 중과하기도 한다. 영국 내에서도 런던은 주택이 부족하다. 그럼에도 빈집은 많다. 러시아와 중동의 부자들이 런던에 집을 사 뒀기 때문이다. 이들은 런던에 생활하진 않고 집만 소유한 채 비워 둔다. 세금이 아무리 중과되어도 신경도 안 쓰는 부자들이긴 하지만, 정부 차원에서 빈집 정책을 만들어서 대응하는데 덕분에 빈집이 줄어드는 효과는 생겼다. 스코틀랜드와 웨일스에선 1년 이상 비어 있는 집에 200% 부과금을 내게 한다. 빈집이 방치되는 건 자원 낭비다. 주택 부족 상태에서 빈집 문제는 반드시 풀어야 할 숙제일 수밖에 없다. 캐나다 밴쿠버도 중국과 홍콩 부자들이 주택을 구입하며 집값이 크게 올랐고, 그들이 산 집은 투자 목적이다 보니 빈집으로 둔 채 되팔려고 한다. 이렇게 빈집이 늘다 보니 빈집세를 공시가격의 1% 수준으로 부과하는 것으로 시작해 2021년부터는 3%로 올렸다. 영국과 캐나다 밴쿠버의 빈집세는 부자들이 집을 사서 방치해서 주택 부족이 심화되는 것에 대한 대응 차원이다.

반대로 교토는 주택 부족이 아니라 주택 과잉 문제 때문에 빈집세를 부과한다. 일본에는 빈집이 850만 채로, 전체 주택 중 14% 정도가 빈집이다. 2038년이면 전체 주택 3채 중 1채가 빈집이고, 총 2200만 채가 될 것으로 예측하기도 한다. 초고령화 사회에서 부모가 사망하거나 요양 시설에 들어가면 그 집은 자식에게 상속되는데, 자식들은 거주하지 않고 비워 둔다. 일본은 상속 주택에 대해 세제 혜택을 주고 있는데, 이러다 보니 빈집은 더 방치된다. 그래서 일부 지자체는 빈집 중 붕괴 위험 주택에 대해 세제 혜택을 철회하거나, 빈집에 세금을 부과하는 정책을 꺼내고 있다. 교토에만 1만 5000채의 빈집이 있는데 여기에 빈

▶▶▶ 부자들은 집을 소유할 뿐, 직접 생활하지 않고 비워 둔다. 세금이 아무리 중과되어도 신경도 안 쓰는 부자들이긴 하지만 각국 정부는 빈집 정책을 만들어 대응하고 있고, 덕분에 빈집이 줄어드는 효과가 생겼다.

집세를 부과해, 궁극적으로 빈집이 방치되지 않고 활용되길 유도하는 것이다. 그동안 수많은 빈집 정책들이 나왔음에도 빈집이 늘어나는 것을 막지 못했는데, 빈집세를 통해 이를 해소하려는 것이다. 어떤 이유가 되었건 빈집은 사회적 해결 과제다. 한국은 영국과 밴쿠버보다는 일본의 경우에 가깝다. 물론 서울은 해외 부자들이 집을 투자 목적으로 사서 비워 두는 경우가 없지 않지만, 인구 소멸을 걱정하는 농어촌 지역에선 방치된 빈집이 계속 늘어난다. 빈집이 낙후되어 안전 문제도 생기고 경관도 해친다.

전라남도는 2022년 3월 농어촌의 빈집을 전수 조사했는데, 이중 경관을 훼손하는 빈집이 1만 9727채였고 그중 철거 대상은 1만

▶▶▶ 1970년대 새마을운동 때 대거 보급된 슬레이트 지붕은 철거와 리모델링 비용 문제로 특히 농어촌에 많이 방치되어 있다.

1003채였다. 특히 발암성 물질인 석면 재질 슬레이트 구조로 된 빈집이 9032채나 되었다. 슬레이트 지붕은 1970년대 새마을 운동의 일환으로 농어촌의 초가지붕을 대신해 대거 보급되었다. 그때는 몰랐지만 나중에 슬레이트의 석면이 1급 발암 물질이고, 오래될수록 석면이 공기 중에 노출되어 집에 거주하는 사람뿐 아니라 이웃들에게도 피해를 준다는 사실이 알려졌다. 철거하거나 리모델링하는 데도 다 돈이다. 농어촌 집을 상속받은 자녀들로서도 방치된 빈집에 돈을 들여 고치기 쉽지 않고, 이런 집들은 거래도 쉽지 않다. 이건 전라남도만의 문제가 아니라 전라북도, 경상남도, 경상북도, 충청도, 강원도 모두에 해당되는 이야기다.

주택 부족은 도시의 문제다. 농어촌은 빈집 문제다. 결국 이 문제를 해결하는 건 지자체여야 한다. 수많은 지자체가 소규모로 빈집을 수리해 귀농, 귀촌 프로그램에 활용하는 경우는 있었지만, 빈집 활용에 대한 전면적 프로젝트는 아니었다. 이는 전라남도 강진군에서 먼저 시작되었다. 강진군은 빈집 1000채를 리모델링해서 청년 창업이나 도시인들의 5도 2촌, 4도 3촌을 위한 공간으로 제공할 계획이다. 귀농, 귀촌보다 훨씬 필요한 것이 5도 2촌, 4도 3촌 하는 도시인을 유입시키는 것이다. 도시에서 경제 활동을 기반으로 농어촌 지역 경제에 기여할 사람들이 지자체로선 더 필요하다.

인구 소멸을 걱정하는 농어촌 지자체는 빈집 문제도 더 심각하게 겪는 곳이다. 이들에게 대도시를 탈출하려는 사람들, 대도시의 기업에서 일하지만 원격 근무가 가능한 사람들, 5도 2촌과 4도 3촌을 하며 도시와 농어촌의 삶을 병행하려는 사람들이 필요하다. 농사를 짓기 위해 돌아오는 사람들 이상으로 농어촌 지자체에게 이득을 줄 사람이다. 이제 우린 도시냐 농어촌이냐 둘 중 하나를 선택할 필요가 없는 시대를 맞았다. 기술의 발달, 산업의 변화, 교통의 발달은 우리가 머물 공간을 확장시켜 새로운 욕망을 만들어 낸다. 세컨드 하우스는 모두의 욕망으로 자라게 될 것이다.

7장

잘코사니와
샤덴프로이데

Life_Trend_2023
#잘코사니 #샤덴프로이데 #평등주의 #차별주의 #이혼 #실직 #자살 #과잉
근심사회 #경쟁사회 #삶의만족도 #실업률 #자살률 #불안

불안한 세상에서 걱정을 달고 사는 것도 당연하고, 그런 상황에서 점점 자기만 챙기는 이기심이 발동하는 것도 이해가 되기도 한다. 하지만 계속 이럴 순 없다. 함께 살아갈 방법을 찾아내지 않으면 안 된다. 쓸데없는 과잉 근심 대신 좀 더 생산적인 것에 집중할 필요도 크다. 세상에서 제일 무서운 말이 '나만 잘 살면 된다'는 것이다. 극단적 이기심이다.

샤덴프로이데Schadenfreude는 남의 불행이 곧 나의 행복이 된다는 아주 못된 단어다. 손실, 고통이라는 뜻의 독일어 'Schaden'에 기쁨, 환희라는 뜻의 독일어 'Freude'를 합친 말이다. 독일어를 합쳐서 만든 말인 만큼 독일에서 유래된 말인데, 영어권에서도 이 단어 그대로 쓴다. 프랑스어, 이탈리아어, 스페인어, 러시아어, 덴마크어 등에서도 이 말을 쓴다. 이 단어를 쓰지 않더라도 전 세계에서 이 단어의 의미를 담은 말을 쓰고 있다. 사실 우리말에도 있다. '잘코사니'는 국립국어원 표준국어대사전에도 나오는 말로, 미운 사람의 불행을 고소하게 여길 때 내는 감탄사다. 요즘 만들어 낸 신조어가 아니다. 홍명희의《임격정》, 채만식의《탁류》같은 일제 강점기 시절의 문학 작품에도 쓰였다.《임격정》이 16세기 조선을 배경으로 한 작품인 걸 감안하면 잘코사니라는 말도 꽤 오래된 말임을 짐작할 수 있다. 조선 시대 문헌 중에는 잘코사니의 옛말인 '잘코셔니'로 쓰인 것도 있고, 제주도 방언으로 '잘콰니'가 있을 정도다. 즉 아주 오래전부터, 전국적으로 다 썼단 얘기다. 우리에겐 '쌤통'이란 말도 있다. '쌤통'은 남이 낭패 본 것을 고소하게 여긴다는 뜻을 가진 말이다. 이 또한 표준국어대사전에 있는, 오래전부터 보편적으로 쓰는 말이다. '사촌이 땅을 사면 배가 아프다' 같은 말도 비슷한 감정인데, 샤덴프로이데의 우회적 표현이다. 샤덴프로이데라는 말 자체를 전혀 몰랐을 때에도 우리가 그 비슷한 말을 써 왔다는 건, 이러한 감정은 동서고금을 막론하고 보편적 욕망에 부합하는 셈이다.

누가 남의 불행에 기뻐할까?

▼

설마 누가 그럴까 싶겠지만 많이 그런다. 구경 중의 최고는 불구경과 싸움 구경이라는 말이 있다. 사실 못된 말이다. 불이 나면 같이 끄는 데 힘을 보탤 생각은 않고 구경이라니? 2022년 상반기의 주식 시장 폭락을 두고 하락장, 조정장이 아닌 장례식장이라는 농담이 있었다. 사실 농담 치곤 속이 쓰리고 가혹하다. 루나 사태를 비롯 암호 화폐 시장의 폭락도 많은 이들을 나락으로 떨어뜨렸다. 하지만 이런 상황에서도 주식 투자자, 암호 화폐 투자자가 아닌 사람들로선 불구경하듯 했다. 그것도 신나게 미소를 머금은 채로 잘코사니와 샤덴프로이데를 외쳤을 것이다. 2020~2021년 주식 시장이 활황일 때 주식 투자로 막대한 돈을 벌었다는 투자자들의 자랑을 들으며 배 아팠던 사람들도 꽤 많다. 당시 코인 열풍에 편승했다가 수십, 아니 수백 배 이득을 본 이들을 보며 속이 쓰려서 뒤늦게 투자 대열에 진입한 이들도 있었지만, 그럼에도 주식이나 암호 화폐 투자에 담을 쌓고 열심히 노동 소득에만 집중했던 이들도 꽤 많다. 그들로선 2022년의 폭락장 때 잘코사니를 외친다

▶▶▶ 한국 사회는 아주 이기적인 사회다. 함께 잘 살자는 이야기는 겉으로만 떠들고, 속마음은 나만 잘 살자다. 승자 독식 사회를 살아온 우린 상대적 박탈, 비교에 따른 열세를 못 견딘다.

고 사악한 사람이라 할 순 없다. 수년간 폭등했던 아파트도 마찬가지다. 하락세로 전환되며 일부 지역이나 일부 아파트에선 큰 폭으로 떨어지는 급매물이 나오는 걸 보면서, 그 이전에 폭등으로 남들 집값 오르는 동안 상대적 박탈감을 가졌던 무주택자들로선 잘코사니를 외칠 찬스다.

우린 끊임없이 비교하고 끊임없이 경쟁하는 사회에 산다. 한국 사회는 아주 이기적인 사회다. 함께 잘 살자는 이야기는 겉으로만 떠들고, 속마음은 나만 잘 살자. 승자 독식 사회를 살아온 우린 상대적 박탈, 비교에 따른 열세를 못 견딘다. 내 월급이 오르는 것보다 남들보다 월급이 높다는 것에 더 만족감을 느낀다. 우린 늘 남과 비교하는 삶을 살고 있었고, SNS로 실시간 남과의 비교가 더 잘되는 시대를 살면서 비교하는 삶은 더 가속화되었다. 악플을 다는 사람들은 사악한 사람이 아니다. 대개 평범한 사람, 심지어 청소년도 많고 평범한 아저씨도 있다. 특정 연령, 특정 계층이 아니다.

세계가치관조사World Values Survey는 1981년 설립된 비영리 기구로, 전 세계 사회 과학자들의 네트워크이자 학술 프로젝트이다. 민주주의, 환경, 성 평등, 종교, 삶의 만족도, 정치, 가족, 일, 다양성 등 전 세계의 사회 문화적 가치와 사람들의 가치관을 조사한다. 세계가치관조사에 따르면, '열심히 노력하면 성공한다'를 믿는 한국인은 1990년(2차 조사) 73%나 되었지만, 2010년(6차 조사) 54%, 2018년(7차 조사)에는 30%로 줄었다. 추세만 보자면 향후의 8차 조사 때는 20%대까지 줄어들 것이다. 현재의 한국인 5명 중 1명만이 노력을 통한 성공을 믿고, 4명은 노력해 봤자 소용없다는 가치관을 가지는 셈이다. 이건 가치관이 아니라 실제 우리 사회가 그렇다. 금수저와 흙수저를 가를 정도로 부의 대물림도 심하고, 연줄과 인맥이 많은 걸 결정하는 사회다. 기회의 균등이 아니다. 가진 자는 더 가지려고 사다리를 걷어차고, 못 가진 자는 가지기 위해 수단과 방법을 가리지 않는다. 이 과정에서 우린 함께 잘 살기를 포기한다. '나만 잘 살면 돼'라는 말이 자리 잡았다.

한국인에게 '노력에 따른 보상 차이가 더 벌어져야 한다'는 가치관이 1990년 조사에선 39%, 2010년 조사에선 59%였는데, 2018년 조사에선 65%가 되었다. 2018년 조사에서 미국은 30%, 독일은 44%, 중국은 39%, 일본은 28%가 노력에 따른 보상 차이가 더 벌어져야 한다는 입장이었던 데 비해, 한국인은 2배 가까이나 높다. 실제로 '소득이 더 평등해져야 한다'에 대한 한국인의 답변은 1990년 45%, 2010년

24%, 2018년 12%로 계속 크게 줄었다. 우린 소득이 평등해지길 바라지 않으며, 능력에 따라 소득 격차가 더 벌어져야 한다고 생각하는 것이다. 금수저가 누릴 특혜를 암묵적으로 동의하는 셈이다. 이런 나라에서 보편적 복지나 공생, 상생이란 이야기가 먹히겠는가? 분명한 건 과거의 한국 사회, 과거의 한국인보다 현재, 그리고 미래의 한국인들이 차별주의와 능력주의를 더 우선한다. 안타깝지만 남의 불행을 목격할 일은 많아진다. 자신의 불행을 극복할 방법으로 남의 불행에서 위안을 얻는 이들도 많아질 것이다. 남이 잘되지 못하게 발목을 잡거나 끌어내리는 이들도 많아질 것이다. 어쩌겠는가? 한국인의 가치관과 욕망이 이미 그 방향으로 꽤 많이 틀어져 가고 있다.

왜 그들은 차별주의를 지지하는가?

▼

당신은 평등주의자인가 차별주의자인가? 2010년 조사 때 1020세대 중 평등주의를 지지하는 비율은 11%, 차별주의를 지지하는 비율은 40%였다. 3050세대는 평등주의 16%, 차별주의 33%였다. 아이러니하게도 나이가 어릴수록 평등주의보다 차별주의를 지지했다. 가장 열심히 수저론(금수저, 흙수저)을 얘기하고, 가장 민감하게 공정과 차별에 반응하는 세대가 1020세대다. 부모 덕으로 입시에서 유리해지거나, 인맥으로 입사한다거나 소위 부모 찬스에 가장 민감해하는 1020세대가 차별주의를 지지하고 있는 것이다. 2010년 조사 때 1020세대는 현재의 2030세대다. 현재의 10대라고 다르지 않을 것이다. 바로 MZ세대다. 그들이 이야기하는 공정은 '사회 정의'가 아니라 '손해 보고 싶지 않다'

에 가깝다. 그들의 능력주의는 곧 차별주의다.

2020학년도 서울대학교에서 중도 탈락한 학생은 317명으로 전체 재적생 중 1.5%였다. 학교에서 중도 탈락했다는 것은 중퇴, 자퇴를 의미한다. 서울대학교 졸업장을 중간에 포기한 것이다. 2007학년도 서울대학교의 중도 탈락 학생이 227명으로 전체 재적생 중 1%였던 것에 비해 조금 늘었다. 사실 매년 중도 탈락자는 증가해 왔다. 고려대학교는 2020학년도 중도 탈락 학생이 746명으로 재적생 중 2.7%이고, 연세대학교는 561명으로 2.1%다. 2007년도에 고려대학교가 288명으로 1%, 연세대학교가 374명으로 1.4%였던 것과 비교하면 꽤 늘었다. SKY 전체로 보면 2007학년도 대비 2020학년도 중도 탈락 학생은 889명에서 1624명으로, 중도 탈락 학생 비율은 1.1%에서 2.1%로 각기 2배 늘었다. 왜 SKY 학생들의 자퇴가 늘어 가는 걸까? 한국의 대학에서 가장 유리한 고지를 점하는 학교, 졸업장의 가치가 가장 높은 학교의 학생들 사이에서도 자퇴가 증가세다. 자퇴하는 이들의 상당수는 의대에 가기 위해서다. 실제 의대 진학을 위한 공부를 하는 재학생은 훨씬 많고, 그중 합격한 일부가 자퇴하는 셈이다. 아무리 SKY를 나와도 취업하기 어려운 시대, 그나마 가장 안정적이면서 고소득 일자리로 보이는 의대를 노리는 건 당연해 보이기도 한다. 사실 자퇴는 '의치한수'도 한다.

의전원, 치전원, 한의전원을 제외한 37개 의대, 8개 치대, 11개 한의대, 10개 수의대의 2020학년도 자퇴율은 5.28%로 나타났다. 총 4853명의 재적 인원 중 256명이 자퇴한 결과다. 의치한수 중에선 8개 치대의 자퇴율이 9%로 가장 높았고, 수의대 7.82%, 한의대 5.98%, 의

대 4.02% 순으로 나타났다. '치한수'의 경우 자퇴 이후 의대 진학을 비롯한 상위권 대학의 의학 계열 진학을 목표로 둔 자퇴라고 볼 수 있다. 의대도 자퇴 후 상위권 대학의 의대로 진학이 목표인 경우가 많다. 승자 독식 사회를 살아가는 대학생들로선 이런 선택이 당연하다. 노력한다고 잘되는 것도 아니고, 자기가 좋아하는 일을 한다고 미래가 보이는 것도 아니고, 결국 돈 잘 벌고, 사회적 지위가 있는 직업을 갖는 데 집중한다. 다소 비약하자면, 돈이 목적인 사람에게 직업 윤리를 기대할 수 있을까? 이건 모든 직업에서 마찬가지다.

2030세대의 불행 지수가 가장 높을 것이다. 실제 서울대학교 행복연구센터의 자료를 봐도, 모든 연령대 중에서 불안 지수가 가장 높은 연령대는 20대, 그다음이 30대, 그다음이 40대, 그다음이 10대. 행복 지수에선 가장 낮은 것이 20대와 30대, 그다음이 40대다. 입시에 전념하는 10대는 오히려 고민이 단순하다. 공부만 하면 된다. 하지만 20대가 되면 공부 잘해서 들어간 대학, 자신의 노력으로 얻는 시험 점수가 자신의 인생을 바꾸는 데 한계가 있다는 사실을 알게 된다. 20대는 취업에 대한 스트레스가 크고, 30대는 직장에 대한 스트레스와 미래에 대한 불안감이 크다.

한국경제연구원이 2021년 11월에 발표한 청년 체감 경제 고통 지수 분석에 따르면, 청년들이 느끼는 체감 경제 고통 지수가 역대 최악이었다. 체감 경제 고통 지수를 집계하기 시작한 2015년 이후 2021년 상반기가 최고로 경제적 어려움을 청년들이 겪고 있다는 말인데, 다른 연령대에 비해서 15~29세가 훨씬 더 힘겹다. 사실 2022년 상반기를 기준으로 분석하면 역대 최악의 체감 경제 고통 지수는 2022년 상반기

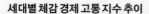

세대별 체감 경제 고통 지수 추이

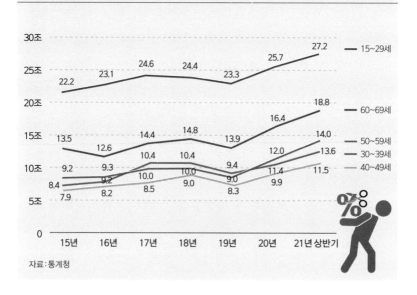

자료 : 통계청

가 될 것이고 아마 하반기도, 2023년으로 넘어가서도 청년들이 느낄 고통은 역대급일 것이다. 청년 실업은 더 악화되고 있고, 청년들의 물가 상승률도 점점 무서운 줄 모르고 오른다.

한국경제연구원이 2022년 7월에 발표한 '국민고통지수 상승의 경제적 효과 및 정책 시사점'에 따르면, 2022년 1분기 국민 고통 지수(경제 고통 지수)는 역대 최고였다. 이는 확장 실업률 통계를 처음 발표한 2015년 1분기부터 분석한 것이다. 2015년 1분기부터 2022년 1분기까지의 평균 국민 고통 지수보다 2022년 1분기가 1.38배 높았다. 2022년 본격화된 인플레이션과 자산 가치 하락, 스태그플레이션과 경제 위기는 2023년으로도 이어지고 있다. 2020~2021년 팬데믹 위기 속에서 자

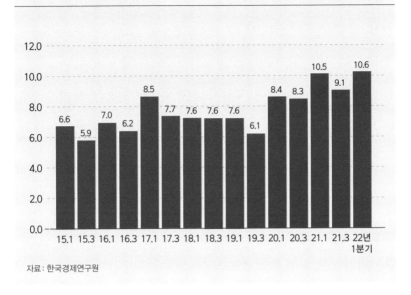

분기별 국민 고통 지수 추이

- 15.1: 6.6
- 15.3: 5.9
- 16.1: 7.0
- 16.3: 6.2
- 17.1: 8.5
- 17.3: 7.7
- 18.1: 7.6
- 18.3: 7.6
- 19.1: 7.6
- 19.3: 6.1
- 20.1: 8.4
- 20.3: 8.3
- 21.1: 10.5
- 21.3: 9.1
- 22년 1분기: 10.6

자료: 한국경제연구원

영업자와 서민들의 타격이 심각했는데, 2022~2023년에도 위기는 이어진다. 청년들이 더 심각하다는 것뿐이지, 다른 연령대도 심각하다. 불행한 사람들이 늘어날수록, 남의 불행에 기뻐할 사람도 많아진다. 잘코사니, 샤덴프로이데라는 못된 말을 우린 좀 더 실감하게 될 것이다.

　과학 저널《사이언스》2009년 2월호에 일본 교토대학교 의학대학원 다카하시 히데히코 교수팀이 흥미로운 실험 결과를 게재했다. 평균 연령 22세의 신체 건강한 남녀 19명에게 스스로를 가상 시나리오 속 주인공으로 여기도록 했다. 주인공은 능력과 경제적, 사회적 지위 등이 평범한 사람이며, 시나리오 속에는 주인공 외에 대학 동창 3명이 더 있는데 이들은 주인공보다 능력이 탁월했다. 시나리오는 이들이 사회 진출 후 동창회에서 다시 만난 이야기가 묘사되어 있는데, 연구팀은 실험 참가자가 이야기 속에 몰입하는 동안 뇌에서 나타나는 반응을 fMRI(기능성 자기 공명 영상) 장치로 촬영해 분석했다. 실험 결과 강한 질투를 느끼는 사람에게 불행이 닥쳤을 때 우리의 뇌는 기쁨을 느꼈다. 바로 샤덴프로이데이자 잘코사니를 과학적으로 증명한 것이다. fMRI 영상을 분석한 결과, 질투를 강하게 느낄수록 불안한 감정이나 고통을 느낄 때 활성화되는 '배측전방대상피질dACC, dorsal Anterior Cingulate Cortex'이 반응했고, 질투한 대상의 불행을 얘기해 줬을 때는 뇌에서 기쁨과 만족감을 발생시키는 보상 회로인 '복측선조체ventral striatum' 활동이 더 활발해졌다. 굳이 실험이 없었더라도 우린 다 알고 있다. 동창회에 가서 이런 경험을 해 본 이들도 있고, 평소에 친구와 비교하면서 샤덴프로이데를 느꼈던 이들이 많다. 2013년 9월, 《뉴욕과학아카데미연보》에 미국 하버드대학교 심리학과 미나 시카라 교수팀이 발표한 연구 결과는 평소에 느꼈던 부러움이 큰 지인일수록 안 좋은 일을 당했을 때 기쁨에 해당되는 생리적 반응이 나타난다는 것으로, 이 또한 샤덴프로이데를 실험한 것이다.

분명한 건 우리 현실은 더 팍팍해졌고, 2030세대가 느끼는 체감경제 고통 지수는 더 커졌다. 2023년에는 더 가혹한 상황이 생길 가능성도 크다. 영끌한 이들이 겪을 고통, 부동산이나 주식 시장에서 겪을 불행들이 심화되는 상황에서 잘코사니, 세덴프로이데는 우리 사회, 우리의 욕망에 어떤 일을 벌일지 우린 지켜봐야 한다.

왜 이혼율, 자살률이 급등한 시기와
경제 위기 시기가 일치할까?

▼

검색어 '이혼, 실직, 자살'에 대해 최근 5년간(2017년 8월~2022년 8월) 검색량(관심도) 추이를 봤다. 실직은 해고, 구조 조정까지 포함해서 봤다. 통계청 '2021 혼인 이혼 통계'에 따르면, 2021년 이혼 건수는 10만 5000건이다. 2022년 7월 통계청 경제 활동 인구 조사를 기준으로 실업자는 83만 6000명이다. 《2022 자살예방백서》에 따르면, 2020년 기준 우리나라의 자살자 수는 1만 3195명이다. 이혼과 자살은 연간 기준이고 실업자는 월간 기준이다. 숫자만 보면 실직, 이혼, 자살 순으로 검

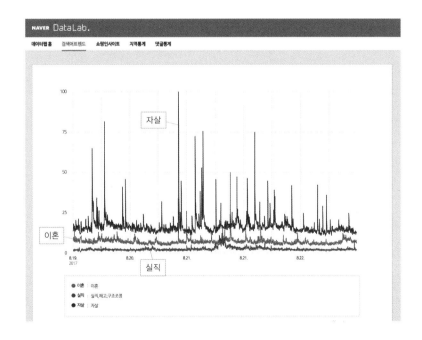

색량이 높아야 맞다. 그런데 자살이 압도적으로 높다. 그다음이 이혼이다. 왜 한국인들은 자살이라는 극단적인 단어를 많이 검색하는 걸까?

삶의 만족도와 자살률(인구 10만 명당 자살 사망자 수)은 관계가 있다. 우리나라에서 자살률이 가장 급격히 치솟은 해는 1998년이다. 1997년에 14.2에서 다음 해 18.6으로 크게 올랐다. 이후 일시 하락했다가 2001년부터 다시 상승을 시작해 글로벌 금융 위기의 여파인지 2009년에도 크게 올랐다. 2011년을 정점으로 조금씩 하락하고 있긴 하지만 2020년 기준 자살률 25.7로 OECD 평균(11.5)보다 2배 이상 높고, 1980년대 자살률이 20~30 정도로 아주 높았던 일본, 덴마크, 핀란드 등이 이후 지속적으로 감소해 OECD 평균 수준이 된 것과는 대조적이다.

분명 한국의 경제력은 계속 좋아졌다. 1980년대 초반 GDP 순위 20위권 후반부에서 1990년대 10위권 초반부로 비약적으로 올라갔고, 그 후 계속 10위권 초반에 있다가 2018년 처음 10위가 된 이후 2020, 2021년에 10위를 지켰다. 국민 1인당 소득도 1980년대는 2000~5000 달러 수준이었고, 1만 달러를 처음 넘은 건 1994년이었다. 계속 성장만 하다가 1인당 국민 소득이 꺾인 시점은 1998년이다. 1996년에 1만 3077달러까지 갔던 것이 7989달러로 급락했다. 이후 IMF 금융 위기를 극복하고 다시 국민 소득은 상승했고 2006년에 2만 달러를 넘었다. 하지만 2009년 글로벌 금융 위기 여파로 힘들게 올라간 2만 달러에서 1만 8356달러로 다시 내려왔다. 이후 위기를 또 넘어서며 다시 상승세를 이어 가다 2017년 처음 3만 달러를 넘어서고 2018년 3만 달러 중반으로 정점을 찍었으나 2019, 2020년 계속 하락했고 2021년 3만

5000달러를 넘으며 반등했다. 하지만 2022년 조금 내려올 것이고, 2023년도 그럴 가능성이 크다.

공교롭게도 자살률 추이 그래프와 1인당 국민 소득 추이 그래프는 IMF 구제 금융 시기와 글로벌 금융 위기 때가 큰 폭의 변화가 있었다는 공통점이 있다. 이혼 건수 추이 그래프에서도 IMF 구제 금융 시기와 그 여파가 미치는 시기까지 두드러지게 증가했다. 1970년 우리나라의 이혼 건수는 연간 1만 건이었는데 꾸준히 상승하다 1998년 10만 건 벽을 처음 뚫더니 2003년 국내 이혼 건수는 17만 건까지 갔다. 이때를 정점으로 계속 하락해 2021년 10만 5000건까지 내려왔다. 연간 10만 건 이상의 이혼이 있으니 20만 명이 이혼의 당사자가 된다. 평균 이혼 연령은 남자 50.1세, 여자 46.8세다. 연령별로 이혼율이 가장 높은 것은 남자는 40대 후반, 여자는 40대 초반이다. 이혼한다고 다 불행한 건 아니다. 오히려 더 행복해질 수도 있다. 하지만 타인의 시선을 의식하는 한국 사회, 이혼에 대한 편견이 여전히 존재하는 한국 사회에서 이혼도 불행의 범주로 보는 이들이 있다. 실직뿐 아니라 파산도 늘어날 수밖에 없는 게 경제 위기 때다. 자영업자들이 팬데믹 기간 중 힘들었는데, 팬데믹 이후에도 계속 힘들 것이다.

안타깝지만 2023년 우린 불행을 겪는 지인들을 더 많이 보게 될 가능성이 있다. 과연 우리 사회는, 당신은, 정부와 지자체는 이 상황에 어떻게 대응할 것인가? 포용하고 위로해 줄 것인가, 샤덴프로이데를 외칠 것인가?

무엇이 우릴 불안하게 만드는가?

▼

미국의 싱크 탱크이자 여론 조사 기관 퓨 리서치센터Pew Research Center
가 2021년 11월 18일 발표한 리포트는 많은 이들에게 생각할 거리
를 던져 주었다. 특히 한국인들에게 그러했다. 17개 경제 선진국 각
1000명씩을 대상으로 '당신의 삶을 의미 있게 만드는 것은 무엇입니
까?'라는 질문을 했다. 아주 기본적인 이 질문은 우리가 가진 욕망, 가
치관, 우리의 라이프스타일을 말해 준다.

국가와 상관없이 전체 조사 대상자의 38%는 가족/자녀가 삶을
의미 있게 만드는 중요한 요소라고 생각했다. 직업/일을 꼽은 사람이
25%, 물질적 웰빙(재산과 풍요)을 꼽은 사람은 19%, 친구/커뮤니티(공
동체)는 18%, 정신/신체적 건강은 17% 수준이었다. 이 조사 결과로만
보면 우리 인생에서 가장 중요한 5가지 요소라 할 수 있다. 그 밖에 사
회, 자유, 독립, 취미, 교육 등을 꼽았다. 국가별로 봐도 17개국 중 14개
국에서 가족을 1위로 꼽았는데, 한국은 물질적 웰빙이 1위다. 그다음
이 건강이고, 가족은 3번째다. 경제력과 건강이 최고인 셈인데 이건 자
신만을 위하는 태도로 해석될 수 있다. 물론 돈과 건강이 있어야 가족
과 자녀를 챙기고, 친구들과도 잘 어울리고, 사회에 기여할 수 있다. 하
지만 가족을 아주 중요하게 여기던 한국, 이웃과 공동체의 가치를 아주
높게 여겼던 한국은 더 이상 없다. 과거엔 그랬지만 지금은 확실히 아
니다. 물질적 웰빙은 재산, 돈, 경제적인 요소를 포함하는데, 우린 이런
것들이 1위다.

아주 합리적이고 실용적으로 보이는데 뭐가 문제냐 싶겠지만, 물

"당신의 삶을 의미 있게 만드는 것은 무엇입니까?"

	1위	2위	3위	4위	5위
오스트레일리아	가족	직업	친구	물질적 웰빙	사회
뉴질랜드	가족	직업	친구	물질적 웰빙	사회
스웨덴	가족	직업	친구	물질적 웰빙 / 건강	
프랑스	가족	직업	건강	물질적 웰빙	친구
그리스	가족	직업	건강	친구	취미
독일	가족	직업 / 건강		물질적 웰빙 / 일반적으로 긍정적	
캐나다	가족	직업	물질적 웰빙	친구	사회
싱가포르	가족	직업	사회	물질적 웰빙	친구
이탈리아	가족 / 직업		물질적 웰빙	건강	친구
네덜란드	가족	물질적 웰빙	건강	친구	직업
벨기에	가족	물질적 웰빙	직업	건강	친구
일본	가족	물질적 웰빙	직업/건강		취미
영국	가족	친구	취미	직업	건강
미국	가족	친구	물질적 웰빙	직업	종교
스페인	건강	물질적 웰빙	직업	가족	사회
대한민국	물질적 웰빙	건강	가족	일반적으로 긍정적	사회/자유
대만	사회	물질적 웰빙	가족	자유	취미

자료: 〈2021 봄, 전 세계 태도 조사〉, 퓨 리서치센터.

질적인 것을 1위로 꼽은 유일한 나라이며 가족과 직업, 친구 등에 대해
선 상대적으로 소홀한 셈이다. 이것을 돈만 밝히는 사람이라고 해석하

는 건 무리가 있다. 다만 경제력이자 돈이 우리 삶에 얼마나 큰 영향을 주는지 경험한 사람들이 많다 보니 물질적 풍요에 대한 민감도가 높을 뿐이다. IMF 금융 위기를 겪으며 돈 문제가 가정을 무너뜨리고, 건강과 인간관계도 잃게 한다는 것을 깨달은 한국인들이다. 물론 우리는 사촌이 땅을 사면 배가 아프다는 말이 오래전부터 보편적으로 쓰였던 나라이고, 가뜩이나 타인과의 비교로 인한 시기, 질투도 강하고, 자살률에서도 최상위권인 나라다.

17개국 중에서 친구와 커뮤니티가 삶을 의미 있게 한다는 답이 가장 적은 나라가 한국이다. 여행과 새로운 경험이 삶을 의미 있게 만든다는 답도 17위, 취미도 17위, 심지어 일, 직업도 17위다. 이 결과만 보면 참 재미없는 삶을 사는 한국인들 같다. 돈과 자신의 건강만 있으면 된다는 극단적인 답으로 몰고 가지 않더라도 뭔가 많이 아쉬운 결과다. 종교가 삶을 의미 있게 만든다는 응답은 1%였는데 미국은 15%였고, 조사 대상 17개국 중 우리보다 종교에 대한 응답이 적은 곳은 일본뿐이었다. 참고로 한국 갤럽이 2021년 5월에 발표한 '한국인의 종교와 종교 의식 보고서'에 따르면 종교를 믿는 20대가 2004년 조사에선 45%였지만 2014년 조사에선 31%, 2021년 조사에선 22%로 계속 감소세다. 30대도 2004년에 49%에서 2014년 38%, 2021년 30%로 감소했다.

다시 돌아가서, 앞에서 언급한 삶을 의미 있게 하는 것은 무엇인지를 묻는 조사는 객관식이 아닌 주관식이었다. 즉 자유롭게 의견을 말할 수 있는 개방형 질문이었다. 그런데 이 질문에 한국의 조사 대상자들은 62%나 같은 대답을 내놓았다. 주관식이니까 여러 가지를 답할 수 있는데도 하나만 답했다. 한국의 62%, 일본의 59%가 1가지만 답했는데, 확실히 입시 위주 공부와 4지선다 학습에 강한 나라여서 그런지, 생각에서도 유연성이나 다양성이 적은 느낌이다. 17개국 전체에선 1가지만 답한 사람의 비율이 34%였으니 우리가 유독 2배쯤 높다는 것을 알수 있고, 대만 46%, 싱가포르 45%로 유독 아시아 사람들이 1가지만 답한 비율이 높다는 것을 보면 아시아의 학습, 교육에 대한 태도가 미친 영향으로 해석될 여지도 있다. 이런 점이 유독 한국 사회에 더 높았고, 한국 사회가 가진 승자 독식 구조의 심화가 우릴 불안하고 사악하게 만드는 건 아닐까?

2022년 7월 23일, CNN 아시아에서 〈How Koreans fell in love with an American World War II era personality test〉(어떻게 한국인들은 미국이 제2차 세계 대전 때 쓰던 성격 테스트에 빠졌을까)라는 제목의 기사가 올라왔다. 이 기사는 홍콩에 있는 작가와 서울에 있는 PD가 함께 작성했다.《라이프 트렌드 2022: Better Normal Life》에서 중요하게 제시한 "강력한 욕망이 된 '셀프 행복': 믿을 것은 나뿐이다"에서 MBTI에 진심인 한국의 20대에 대해 다뤘었다. 팬데믹 기간 동안 타인과의 거리 두기, 사람에 대한 불안 혹은 사회적 불안이 MBTI 테스트를 통해 자신과 상대를 파악하려는 욕망으로 진화했음을 이야기했다. MBTI 테스트는 상대나 자신을 알아 가는 과정에 시간과 노력을 투자하지 않고도 간단한 답을 빨리 내기 좋다. 실패가 두렵고 시행착오를 못 견디는 사람들, 시간도 돈도 기회도 부족한 시대를 살아가는 사람들에겐 이런 테스트가 합리적일 수도 있다. 결과의 신뢰도를 떠나 적어도 빨리 답을 준다. 자신이 어떤 사람인지, 상대가 어떤 사람인지, 어울릴지 피

MBTI

ENTJ   ESFP   ENFP   INTJ

▶▶▶ 한국의 20대는 MBTI에 진심이다. 팬데믹 기간 동안 타인과의 거리 두기, 사람에 대한 불안 혹은 사회적 불안이 MBTI 테스트를 통해 자신과 상대를 파악하려는 욕망으로 진화한 것이다.

할지, 어떻게 대응할지 쉽게 답을 준다. 앞으로 더할 것이다. 팬데믹 위기도 겪은 데다, 미래는 더더욱 불투명하기 때문이다. 결국 믿을 건 자기 자신이고, 문제가 생겨도 위기가 닥쳐도 자신이 해결할 수밖에 없다는 인식이 커졌기 때문이라고 분석했었다. 이 내용은 2023년에도 유효하다. MBTI에 빠진 한국의 20대(넓게 보면 1030세대)가 특이하고 이상한 게 아니다. 그들은 단지 불안하고 불리한 상황을 살아가고 있을 뿐이다.

독일 철학자 쇼펜하우어Arthur Schopenhauer(1788~1860)는 "To feel envy is human, to savor schadenfreude is devilish(시기를 하는 건 인간적이지만, 샤덴프로이데는 악마적이다)"라는 말로, 샤덴프로이데를 아

주 강력하게 경계했다. 사실 시기와 질투는 남의 행복 때문에 내가 느끼는 고통이다. 샤덴프로이데는 남의 불행 때문에 내가 느끼는 기쁨이니 쇼펜하우어의 말이 맞기도 하다. 하지만 사촌이 땅을 사면 배가 아픈 건 내가 사악한 사람이어서가 아니다. 친구가 잘나가면 질투하는 것도 내가 못난 친구라서 그런 게 아니다. 질투가 인간의 본성은 아닐지 모르겠지만, 치열한 경쟁과 승자 독식 사회를 살아가는 사람들에겐 보편적인 감정이다. 선과 악의 문제가 아니라 씁쓸한 문제다. 우리가 그만큼 여유가 없고 불안해서는 아닐까? 이런 불안감이자 위기의식이 정부와 지자체로선 해결할 정책 과제가 되고, 기업으로선 풀어야 할 소비자 욕망이 된다. 위기가 증폭될수록 불안과 위안을 위한 산업은 커질 수밖에 없다.

과잉 근심 사회: 세상이 우릴 이렇게 만들었다!

▼

미국의 저명한 정신과 의사 조지 월튼George L Walton 박사는 《Why Worry》라는 책에서 걱정에 대한 흥미로운 통계를 제시했다. 걱정의 40%는 절대 현실로 일어나지 않고, 걱정의 30%는 이미 일어난 일에 대한 것이고, 걱정의 22%는 사소한 고민이다. 아울러 걱정의 4%는 우리 힘으로 어쩔 도리가 없는 일에 대한 것이다. 오로지 걱정의 4%만 우리가 바꿔 놓을 수 있는 일에 대한 것이다. 즉 96%의 걱정은 해도 그만 안 해도 그만이란 얘기다. 그만큼 우린 걱정을 과하게 하고 있는 셈이다. 과잉 근심 현상을 일컫는 램프증후군Lamp Syndrome이라는 용어가 있다. 《알라딘과 마술 램프》에서 램프 속 거인 지니를 불러내듯, 수시로

▶▶▶ 과잉 근심 현상을 일컫는 램프증후군이라는 용어가 있다.《알라딘과 마술 램프》에서 램프 속 거인 지니를 불러내듯, 수시로 걱정을 끄집어내서 걱정을 사서 하는 사람들 때문에 만들어진 말이다.

걱정을 끄집어내서 걱정을 사서 하는 사람들 때문에 만들어진 말이다. 없는 걱정도 끄집어내면 순식간에 증폭되며 마치 엄청난 걱정처럼 느껴질 수도 있고, 그 걱정들 속으로 빠져들면 현실 감각도 떨어지고 점점 불안감과 위기감만 증폭된다. 사실 현대인들이 과잉 근심에 빠진 건 이유가 있긴 하다. 우리의 현실이 너무 불안하기 때문이다. 부동산 폭등과 주거 불안, 비정규직 확산과 고용 절벽, 구조 조정 확대, 빈부 격차 심화와 정치적 갈등 고조, 노후 불안과 기후 위기, 여기에 코로나19 팬데믹이 초래한 경제적 위기와 건강의 위기, 공동체의 위기 등 셀 수 없이 많은 불안과 위기가 우리의 현실이다. 과거보다 미래가 나아질 거라는 희망이 사라진 시대다. 그런 상황에서 걱정을 달고 사는 건 당연한 일인지도 모른다. 그만큼 우린 지금 불안한 세상에서 산다.

이기적인 사람들은 정말 나만 잘 살면 되는 걸까? 불안한 세상에서 걱정을 달고 사는 것도 당연하고, 그런 상황에서 점점 자기만 챙기는 이기심이 발동하는 것도 이해가 되기도 한다. 하지만 계속 이럴 순 없다. 함께 살아갈 방법을 찾아내지 않으면 안 된다. 쓸데없는 과잉 근심 대신 좀 더 생산적인 것에 집중할 필요가 크다. 세상에서 제일 무서운 말이 '나만 잘 살면 된다'는 것이다. 극단적 이기심이다. 우린 너무 치열한 경쟁 구도를 만들어 냈고, 그 속에서 이겨야만 한다는 강박을 쌓아 왔다. 인생의 패자와 도태자들을 양산시켰고, 그것이 우릴 더 불안하게 하고 있다. 사회적 도태자들의 묻지 마 범죄나 증오 범죄도 증가하고 있고, 오로지 믿을 건 돈밖에 없다는 생각에 우린 더 물질 만능주의에 빠져든다. 하지만 장기 불황이자 경제 위기는 이마저도 힘들게 했다. 고성장 시대에선 이기는 게 전부였어도 되었다. 하지만 지금은 함께 살아갈 공생의 답을 찾아내지 못하면 사회는 더 불안해진다. 결국 복지에 대한 근본적 혁신이 필요하기도 하다. 복지 강국 북유럽을 부러워하는 이들이 점점 늘어 가는 건, 우리가 가진 경제적 불안감이자 그로 인한 삶에 대한 전반적 불안 때문이다. 결국 과잉 근심 사회는 개개인의 문제가 아니라 사회의 문제다. 사회가 가진 정치적, 경제적, 사회적 시스템에 대한 불신이자 불안감이 개개인을 더더욱 과잉 근심으로 빠지게 만들었다. 정치의 역할이 무엇보다 중요해진 시기가 된 것이다.

과잉 근심 사회는 다양한 기회와 새로운 욕구를 낳는다. 불안이 커지고 위안에 대한 수요가 커질수록 종교는 상대적으로 더 많은 기회를 누리게 된다. 종교에서 안식을 찾고자 하는 이들로 인해 종교 산업이 호황이 되기 쉽기 때문이다. 그런데 지금 한국에선 종교 산업은 호황이 아니다. 대신 위안을 작은 사치와 같은 소비를 통해서 찾거나, 소셜 네트워크에서 사람들과 교류하는 것에서 찾는다. 종교가 채워 주지 못하는 위안 산업의 역할과 기회를 명상과 힐링, 상담 등이 누리고 있다. 이젠 정신과 상담에 대한 거부감도 줄어들고 있다. 심리적 안정과 위안을 위해 병원을 찾는 게 확산되고 있다. 개인에 대한 카운슬링 산업도 커져 간다. 미래와 현재에 대한 불안감을 가진 개인들이 자신의 상황과 미래 계획에 대해 상담받고 조언받는 것도 확산되는 일이다. 템플 스테이를 비롯한 명상, 힐링 상품도 확대되고, 요가를 비롯한 신체와 정신을 함께 수양하는 힐링에 대한 관심도 커졌다. 심지어 운세나 점술에 대한 수요가 커졌다. 장난감에 열광하는 키덜트족과 캠핑족 증가와도 연결된다.

취미에 투자하고 일상의 즐거움에 열광하는 이들의 증가는 분명 불안하고 근심 많은 세상에서 살아가는 나름의 위안 방법이기 때문이다. 위안은 안전 서비스에서도 찾는다. 자신의 신체적 안전을 지켜 줄 서비스를 통해 심리적 안정도 더 찾을 수 있다. 보안 서비스 시장으로서는 기회가 더 많아진 셈이다. 우리에겐 마음의 위안뿐 아니라 신체적 위안을 위한 상품이 더 필요해진다. 복고도 위안을 준다. 과거의 향수와 추억은 현실의 팍팍함을 잠시 잊게 해 준다. 현실을 잠시 잊기 위한 과거로의 순간 이동이 필요하기 때문이다.

8장

전방위로
확장하는
클린 테크

Life_Trend_2023
#클린테크 #친환경 #온실가스 #지구온난화 #탄소중립 #탄소제거 #탄소절감 #탄소배출 #탄소포집 #넷제로 #재생에너지 #팜유

클린 테크놀로지Clean Technology, 즉 클린 테크Clean tech는 에너지 및 자원의 소비와 오염 물질 발생을 줄이고, 탄소 감축과 제거 등을 하는 환경 기술이다. 태양광, 풍력 같은 재생 에너지 기술을 비롯, 저전력 기술, 에너지 효율성을 높이는 기술, 탄소 배출 측정 기술, 탄소 포집과 제거 기술, 폐기물 처리, 배터리 기술, 전기차, 전기 비행기 등도 클린 테크에 해당된다. 클린 테크와 IT 기술과도 밀접한 관계다. 전 세계의 모든 산업 구조가 저탄소로 전환되고, 모든 비즈니스가 지속 가능 경영으로 재편되고 있는 시대, 투자 자본들도 클린 테크에 적극 투자하고 있다. 2021년 클린 테크 스타트업으로 600억 달러 이상이 유입되었고, 사상 최고치를 기록했다. 이는 전년 대비 50% 증가한 수치로, 거래 규모가 대폭 증가했다. LG그룹은 바이오 소재, 폐배터리·폐플라스틱 재활용, 탄소 저감 기술 등 클린 테크를 미래 성장 동력으로 삼고, 향후 5년간 2조 원을 투자할 계획이라고 밝힌 바 있다. 사실 국내외 글로벌 기업들과 글로벌 투자 기관들도 클린 테크를 중요하게 바라보고 있다. 분명 새로운 기회의 땅인 것은 틀림없다.

클린 테크를 주도하는 빌 게이츠

▼

2022년 6월, 테크크런치 세션즈TC Sessions에 연사로 나온 빌 게이츠는 '어떻게 하면 클린 테크에 막대한 자본을 투입할 것인가How to Deploy Billions in Clean Tech'라는 주제로 이야기했다. 세계 경제에 불어닥칠 위기가 클린 테크에도 위기가 될 수 있으며, 수년간의 겨울을 겪을 수 있다고 얘기했다. 러시아 전쟁으로 클린 테크는 위기와 기회가 공존한다. 러시아의 석유와 천연가스에 의존도가 높은 유럽에선 에너지 공급 문제가 생기면서 석탄 발전을 다시 꺼내는 등 탄소 중립에 후퇴적 액션이 나오는 반면, 한편에선 재생 에너지에 대한 투자가 역대급으로 확대되는 액션이 나온다. 자산 시장 하락, 경기 침체 등도 클린 테크에 위기와 기회를 동시에 준다. 투자 자본이 위축되며 스타트업에 투자되던 자금이 크게 줄어들기 시작했고, 이 과정에서 클린 테크 투자가 위축되는 것에 대해 우려를 표한 것이 빌 게이츠다. 탄소 중립 2050 목표를 위한 실행이 위축되는 것도 우려했다.

BEVBreakthrough Energy Ventures는 2015년 빌 게이츠의 주도로 설립된 20억 달러 규모의 투자 펀드다. 여기엔 빌 게이츠의 돈뿐 아니라 아마존 창업자 제프 베이조스, 버진 그룹 창업자 리처드 브랜슨, 알리바바 그룹 창업자 마윈, 글로벌 미디어 그룹 블룸버그 L.P. 설립자이자 전 뉴욕 시장 마이클 블룸버그, 세계 최대 헤지 펀드 회사 브리지워터어소시에이츠를 설립한 전설적 투자자 레이 달리오, 릴라이언스인더스트

▶▶▶ BEV는 2015년 빌 게이츠의 주도로 설립된 20억 달러 규모의 투자 펀드다. BEV는 지속 가능한 에너지, 친환경 기술의 혁신을 통해 온실가스 배출을 줄이는 게 목표이고, 혁신적인 친환경 기술을 가진 스타트업을 투자하고 있다. (출처: BEV 홈페이지)

리스 회장이자 인도 최고 부자 무케시 암바니, 썬마이크로시스템스의 공동 설립자이자 코슬라 벤처스의 설립자인 실리콘 밸리 투자 거물 비노드 코슬라, 쇼피파이 설립자 토비아스 뤼트케, 사우디아라비아 알 왈리드 빈 탈랄 왕자 등이 투자했다. BEV는 지속 가능한 에너지, 친환경 기술의 혁신을 통해 온실가스 배출을 줄이는 게 목표이고, 혁신적인 친환경 기술을 가진 스타트업에 투자하고 있다. 모든 테크 투자가 그렇겠지만 실험실에선 성공했어도 상업적인 성과로 이어지지 못하면 투자한 돈은 날린다. 반대로 기술이 상업적 성공을 거뒀을 때 기후 위기 대응에서 중대한 진척을 가져올 수도 있고, 막대한 투자 수익도 거둘 수 있다. 분명 리스크가 큰 분야가 클린 테크지만, 대의도 중요하다. 그래서 실현 가능성이 낮은 아이디어일지라도 과감히 투자하기도 한다.

　BEV의 포트폴리오를 보면 그동안 투자한 70개 스타트업(2022년 8월 기준)이 있다. 다양한 분야에서 클린 테크가 적용되고 있음을 알 수 있는데, 이들 중 일부를 소개하면 다음과 같다.

　미국의 스타트업 '에어룸 카본 테크놀로지Heirloom Carbon Technologies' 는 값싸고 쉽게 구할 수 있는 석회석을 사용해 대기에서 탄소를 제거하는 기술을 개발했다. 탄소 제거 기술의 핵심은 가격이 싸야 한다. 아무리 제거를 잘해도 너무 비싸면 쓸 수가 없다. 싸고 효과적이라면 이건 탄소 제거의 게임 체인저가 될 수 있다. BEV와 마이크로소프트의 기후 혁신 기금Climate Innovation Fund 등은 이 회사에 5300만 달러를 투자했다.

　미국 광물 탐사업체 코볼드 메탈KoBold Metals은 세계에서 가장 큰 섬인 그린란드에서 니켈, 플래티나, 코발트 등 광물을 채굴하는데, 이 지역에는 미국 지질 조사국의 조사 결과 세계 최대 규모의 미개발 희토류 퇴적층이 있다. 코볼드 메탈은 인공 지능과 머신 러닝 기술을 광산 채굴에 활용한다. 흥미롭게도 이 회사에 BEV와 마이크로소프트의 기후 혁신 기금이 투자를 했다. 러시아 전쟁으로 리튬을 비롯한 전기차 배터리에 들어가는 광물 가격이 폭등했다. 사실 광물 자원이 충분히 확보되어야 전기차 산업은 더 커진다. 탄소 중립과 광물 자원이 서로 연관 있는 것이다.

　2020년 미국에서 설립된 배터리 스타트업 'ONEOur Next Energy'는 전기차 주행 거리를 기존보다 2배 늘리고, 니켈과 코발트를 사용하지 않거나 사용량을 크게 줄여 지속 가능하고 안전한 물질로 배터리를 만들겠다는 목표를 가지고 사업을 한다. 2022년 3월에 공장 설립을 위해

6500만 달러 투자를 받았는데, 이때 주도 투자사가 BMW iVentures 와 BEV이다. ONE이 목표로 하는 배터리를 개발하면, 전기차 시장은 더 보편화되고 대중화의 길을 걷게 될 것이다.

미국의 버독스Verdox는 2019년 MIT에서 분사되어 설립된 스타트업으로 탄소 포집 기술 개발을 하는데, 이 기술은 특수 플라스틱을 이용해 많은 열이 나고 많은 양의 물이 필요한 기존 탄소 포집 기술보다 에너지 절감 효과가 최대 70%다. 2022년 2월, 버독스가 8000만 달러를 투자 유치했는데, BEV가 주도했다.

온실가스로 지구 온난화가 될수록 우린 폭염을 더 겪게 되고, 에어컨 사용은 더 늘어난다. 에어컨은 전 세계 온실가스 배출량의 4% 정도를 차지하는데, 폭염과 에어컨은 악순환의 고리다. 국제 에너지 기구에 따르면 전 세계에 16억 대의 에어컨이 가동되고 있고, 2030년이면 56억 대로 늘어날 것으로 전망했다. 에어컨의 온실가스 배출을 줄이는 것이 중요한 숙제가 될 수밖에 없다. 미국의 스타트업 블루 프런티어 Blue Frontier는 기존 냉매를 대신해 에어컨 효율을 극대화하는 기술을 개발하는데, 온실가스 배출은 85% 줄이고 전기 사용량은 60% 줄일 수 있다. 이 기술이 적용된 에어컨은 2025년 상업용(빌딩용)으로 출시되고 2026~2027년에 가정용 제품으로 출시된다. 계획대로만 된다면 미래의 에어컨 시장에서 경쟁 우위를 가질 기업이 바로 블루 프런티어가 된다. 2022년 7월, 블루 프런티어는 2000만 달러를 투자받았는데 이 투자를 주도한 곳이 BEV이다.

막대한 자금이 투입되는 분야에 인재가 몰리고, 더 좋은 기술적 진화가 만들어진다. 빌 게이츠는 인재들이 금융 투자로 돈 버는 데만 집

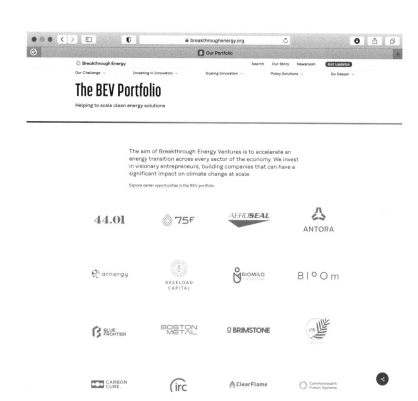

▶▶▶ BEV의 포트폴리오를 보면 그동안 투자한 70개 스타트업(2022년 8월 기준)이 있다.
다양한 분야에서 클린 테크가 적용되고 있음을 알 수 있다. (출처: BEV 홈페이지)

중하고, 온라인 서비스나 콘텐츠 분야에 매달리느라 클린 테크를 소홀
히 여기는 것이 문제라고 지적한다. 이제 빌 게이츠는 더 이상 마이크
로소프트 윈도우를 만든 사람이 아닌, 기후 위기에 대해 가장 적극적인
행동가로 더 각인되는 중이다. 클린 테크를 주도하며 기술 혁신이 지구
온난화를 해결하는 가장 중요한 길임을 강조한다. 기술 혁신에는 돈이
필요하다.

왜 글로벌 기업들이 클린 테크에 투자할까?

▼

프론티어Frontier 펀드는 탄소 제거 기술 개발 가속화를 목표로 하는 기금이다. 탄소 제거 기술을 개발하는 스타트업을 지원해 효과적인 탄소 제거 기술을 만들어 내는 게 목적이다. 프론티어 펀드는 온라인 결제업체 스트라이프Stripe가 만들고, 최고의 빅 테크 기업인 알파벳(구글), 메타(페이스북), 아마존과 비교될 정도의 이커머스 기업 쇼피파이, 글로벌 경영 컨설팅 기업 맥킨지 컴퍼니 등 5개 사가 총 10억 달러를 투자했다. 스트라이프는 미국에서 페이팔에 이어 시장 점유율 2위의 온라인 결제업체로 40여 개국에 진출했고, 더 확대될 것이다. 2010년에 설립된 스타트업으로, 2021년에 944억 달러의 기업 가치를 평가받았다. 가장 비싼 비상장 유니콘인 셈인데, 페이스북이나 우버의 비상장 시절보다 더 기업 가치가 높다.

그렇다면 왜 스트라이프가 펀드를 만들고, 왜 글로벌 최고 기업들이 투자를 했을까? 메타는 프론티어 펀드에 참여한 이유를 자선이 아닌 연구 개발이라고 밝힌 바 있다. 탄소 감축은 모든 기업의 숙제다. 지구를 위한 숙제가 아니라 지속적으로 사업하기 위해 해결해야 할 필수적인 숙제다. 탄소 감축을 위해서 가장 중요한 기술이 탄소 제거 기술이다. 탄소 배출을 줄이는 노력도 중요하지만 한계는 있다. 탄소 상쇄, 탄소 포집, 광물을 분쇄해 탄소를 제거하는 다양한 솔루션이 현재 사용되고 있지만, 더 혁신적이고 더 효과적인 기술이 필요하다. 기후 변화에 관한 정부간 협의체IPCC는 2050년까지 매년 60억 톤의 이산화탄소가 제거될 필요가 있다고 한다. 그런데 말이 쉽지 60억 톤을 제거하기

▶▶▶ 프론티어 펀드는 탄소 제거 기술 개발 가속화를 목표로 하는 기금이다. 스트라이프가 만들고 최고의 빅 테크 기업인 알파벳, 메타, 쇼피파이, 맥킨지 컴퍼니 등 5개 사가 총 10억 달러를 투자했다. (출처: 프론티어 펀드 홈페이지)

쉽지 않다. 제거해야 하지만 현재의 기술이 아니라, 앞으로 나올 미래의 기술이 대안이 될 수밖에 없다. 탄소를 제거하는 비용이 낮아질수록 넷제로 2050 목표 도달도 수월해지고, 결정적으로 탄소 제거 상쇄분 판매이자 탄소 배출권 판매에서 더 많은 이익이 생긴다. 탄소 제거 기술에 대한 투자는 잉여 탄소 배출권 확보로 연결된다.

알루미늄은 애플의 제품 생산에서 중요한 소재 중 하나이면서, 세계적으로 가장 널리 사용되는 소재이기도 하다. 세계 최초로 무탄소 알루미늄 제련 공정을 개발한 엘리시스ELYSIS는 캐나다 퀘백 산업 연구 개발 센터에서 수력 발전을 통해 상용 순도 저탄소 알루미늄을 생산했다. 실험실이 아닌 산업 수준으로 제조되는 최초의 알루미늄인 셈인데, 1차 선적분을 애플이 구매해 아이폰 SE에 쓴다. 애플은 아이폰뿐 아니라 맥북, 맥 미니, 애플 와치 등의 외장에 알루미늄을 쓴다. 앞으로는 모든 알루미늄을 화석 연료가 아닌 수력 전기를 사용해서 제련한 무탄소 알루미늄이나 100% 재활용 알루미늄으로만 사용할 계획이다. 알루미늄 관련한 애플의 탄소 배출량은 2015년 이후 70% 정도 감소한 상태인데, 향후 더 감소할 수 있는 것이다. 애플은 덴마크 비보르에 있는 애플 데이터 센터를 위해 세계 최대 규모의 육상 풍력 터빈도 구축했다. 데이터 센터에서 쓰는 전기를 다 소화한 것은 물론이고, 잉여 에너지는 덴마크 전력망에 보낸다. 애플은 비보르 데이터 센터 운영을 확장할 계획이고, 새로운 인프라도 구축한다. 마이크로소프트는 핀란드에서 특별한 난방 발전을 위해 설비 투자를 한다. 청정에너지 생산업체 포툼Fortum과 협력하는 프로젝트인데 2억 유로가 투입된다. 클라우드 컴퓨팅 사업을 하는 마이크로소프트의 데이터 센터를 활용한 난방이다. 데이터 센터는 서버에서 열이 많이 발생하기에 냉각이 필수다. 그런데 이 열을 단열 파이프 시스템과 연결해 헬싱키와 주변 지역의 난방으로 쓰는 프로젝트다. 핀란드는 화석 연료에 의존해 지역 난방을 주로 하고 있었는데, 이를 데이터 센터에서 나오는 열로 일부 대체하여 연간 40만 톤의 탄소 배출 절감이 예상된다고 한다. IT 서비스가 계속 확대될수록 클라우드 컴퓨팅을 위한 데이터 센터도 계속 확대될 수밖에 없다. 여기서 나오는 열을 난방으로 활용하는 것은 전 세계로 확대시킬 일이다. 아울러 데이터 센터 서버의 에너지 효율을 높이는 기술도 계속 개선되는데 이것도 클린 테크다.

클라우드 컴퓨팅 서비스의 빅3는 아마존 AWS, 마이크로소프트 애저, 알파벳 구글클라우드다. 구글이 연간 사용하는 전력은 2020년 기준 15.5TWh인데, 이는 미국 샌프란시스코가 연간 소비하는 전력의 2배다. 87만 명이 거주하고, 연간 300만 명 가까운 외국인 관광객이 오는 도시가 쓰는 전력보다 2배를 쓰는 건 데이터 센터 때문이다. 24시간 전 세계에서 연중 무휴 전기를 먹고 있는 게 데이터 센터다. 2022년 4월, 구글은 2030년까지 모든 데이터 센터를 100% 무탄소 에너지로 운영하는 목표를 제시했다. 이를 실행하기 위한 방법 중 하나가 전력 사용 효율PUE 향상이다. 구글의 PUE는 2008년 기준 1.22였으나, 2021년 2분기 기준 1.1이다. PUE가 높다는 것은 낭비되는 에너지가 적다는 의미다. PUE 1은 데이터 센터가 소비하는 전력이 서버를 비롯한 IT 장비에만 쓰이면 1이 되고, PUE 2는 실제 장비가 소비하는 전력량보다 데이터 센터가 소비하는 전력량이 2배라는 의미다. 즉 1에 가까울수록 효율성이 높다. 업타임 인스티튜트Uptime Institute의 조사에 따르면, 전 세계 대규모 데이터 센터의 평균 PUE는 1.57이다. 그런데 구글의 데이터 센터는 1.1이니 평균보다 30% 이상 효율적인 것이다. 구글은 전 세계에 데이터 센터가 있는데, 2021년 연간 PUE가 1.07인 곳을 비롯해 1.1 이하인 데이터 센터도 8개 정도나 된다. 이미 가장 효율적인데 여기서 더 개선시키겠다는 목표다. 그 방법은 기술 혁신이다. 하드웨어 효율성을 위해 열을 적게 방출하는 소재를 비롯 신소재를 서버에 쓰고, 머신 러닝 소프트웨어를 개발해 열 펌프를 가동하는 가장 효율적 시간을 예측해 데이터 센터를 냉각시키는 것이다. 아마존과 마이크로소프트의 데이터 센터에서도 전기 효율성 향상은 계속 진행된다.

포스코는 2030년까지 사업장의 온실가스 배출량을 2017~2019년 3개년 평균 대비 10% 줄이는 것이 목표다. 철강은 한국이 최고다. 기술만 최고인 게 아니라 철강 사업장의 에너지 효율도 세계 최고다. 에너지 효율성을 더 높여서 탄소 배출량을 줄일 여지는 별로 없는 것이다.

▶▶▶ 클라우드 컴퓨팅 서비스의 빅3는 아마존 AWS, 마이크로소프트 애저, 알파벳 구글클라우드다. 이들 데이터 센터는 하루 24시간 전 세계에서 막대한 양의 전력을 소비한다. 클린 테크 투자를 통해 서버의 에너지 효율을 높이는 기술을 개발하고 있다.

목표 달성을 위해선 탄소 제거 기술, 탄소 저감 기술이 필수다. 기술 개발이 계획처럼 잘 되지 않는다면 목표 달성에 실패하거나, 아니면 목표를 지키기 위해 생산을 줄여야 한다. 결국 탄소 배출량을 줄일 기술을 확보하는 것은 돈 버는 일이다. 그러니 돈을 투자할 이유는 충분하다.

도대체 어디까지가 클린 테크인가?

▼

탄소 제거, 탄소 절감은 모든 글로벌 기업의 숙제이고, 클린 테크가 적용되는 분야는 아주 광범위하다. 우리가 알고 있는 모든 산업에서 다 클린 테크가 가능하기 때문이다. 심지어 농업마저도 클린 테크가 중요하다. 캐나다의 비료 회사 뉴트리언Nutrien은 세계 최대 칼륨 비료POTASH 생산업체이자 세계 3위 질소 비료 생산업체다. 농업에서 비료는 필수다. 뉴트리언은 세계적 비료 회사이면서 저탄소 비료 개발에 적극적인 회사다. 연간 2500만 톤 이상의 칼륨, 질소, 인산염 제품을 생산하고 있는데, 2021년 기준으로도 연간 100만 톤은 저탄소 제품을 생산한다. 이를 계속 늘리는 게 목표다. 아울러 농가와 협력해 탄소 배출량이 줄어든 기준에 따라 인센티브도 제공하고, 여기서 확보된 탄소 배출권을 거래하는 시장도 만들고 있다. 미국에 22만 에이커의 땅을 시범지구로 테스트하고 있고 향후 남미, 호주 등에서도 테스트한다. 비료 회사가 농작물 재배와 관련한 탄소 배출권 시장과 함께, 스마트 농업과 농작물 서비스로 사업을 다각화하는 것이다. 비료도, 농업도 클린 테크를 통해 비즈니스 기회를 도모하고 있는 것이다. 세계 1위 비료 생산국은 러시아인데, 전쟁으로 인해 경제 제재를 받아 러시아 비료 기업들의 수출이 막히고 그 결과 캐나다의 비료 기업들의 기회가 커졌다. 그중 대표적 회사가 뉴트리언이고, 이들은 탄소 절감과 클린 테크를 통해 기회를 확장시키고 있다.

탄소 배출을 줄이는 노력과 함께, 이미 대기 중에 있는 탄소를 포집하는 기술을 개발하는 노력도 활발하다. 식물이 이산화탄소를 흡수하는데, 만약 식물에 유전자 조작을 해서 자연적으로 흡수하는 이산화탄소보다 훨씬 더 많은 양을 흡수한다면 어떨까? 그렇게 되면 탄소 포집과 제거가 확대되어, 지구 온난화 해소에도 도움되지 않을까? 이런 문제의식에서 시작된 연구가 식물에 유전자 조작을 해서 광합성에 관여하는 효소를 수정하고, 이를 통해 이산화탄소를 더 많이 흡수하고 더 오래 저장하는 것이다. 이를 위해 뿌리를 더 크게 만들어 탄소 저장량을 늘리기도 한다. 지구상에 존재하는 수많은 나무들이 이렇게 해서 더 많은 양의 탄소를 흡수해 땅속에 저장해 두고, 이것이 땅속에서 바이오

▶▶▶ 탄소 배출을 줄이는 노력과 함께, 이미 대기 중에 있는 탄소를 포집하는 기술을 개발하는 노력도 활발하다.

오일로 만들어지는 것을 연구한다. 궁극에는 나무를 바꾸는 것이지만 테스트에선 생장 속도가 빠른 농작물에 먼저 적용한다. 이것도 클린 테크다. 기후 위기 대응이자 지구 온난화 해결을 위해 정말 다양한 영역의 과학자, 기술자들이 다양한 연구를 한다. 그만큼 지구 온난화는 인류에게 심각한 위험이기 때문이다.

식물의 유전자 조작과 탄소 포집을 연결시킨 이 연구를 하고 있는 곳이 UC버클리/UC샌프란시스코 산하 비영리 연구 센터 IGIInnovative Genomics Institute다. 유전체 혁신을 연구하는 이곳은 유전자 가위라고 불리는 크리스퍼CRISPR 기술의 최초 발명자 중 한 명인 제니퍼 다우드나Jennifer Doudna UC버클리 교수가 설립했다. 이 연구 프로젝트는 우선 3년간 초기 프로그램으로 진행되는데, 챈 저커버그 재단Chan Zuckerberg

Initiative이 1100만 달러의 연구비를 댔다. 참고로 챈 저커버그 재단은 2015년에 설립되었는데 질병 퇴치나 교육 개선, 기후 위기 대응 등 사회가 가진 어려운 문제를 해결하는 것이 목적이다. 재단 이름에서 알 수 있듯, 마크 저커버그와 프리실라 챈 부부가 공동 설립자다. 2000년 설립된 빌 & 멀린다 게이츠 재단Bill & Melinda Gates Foundation을 연상시키는데, 세계적 부자이자 빅 테크 창업자가 부부의 이름을 걸고 세상을 바꾸는 자선 사업을 벌인다. 그리고 세상을 바꾸는 사업의 중심엔 기후 위기 대응이 있다.

농업 로봇 제조사 아이언 옥스Iron Ox는 딸기, 토마토, 바질 등을 수경 재배할 수 있는 농업 로봇 그로버Grover를 개발했다. 그로버는 일조량이 부족한 작물의 위치를 바꾸고, 수확 시기가 된 작물을 작업대까지 옮길 수 있다. 배양액을 감지하는 센서도 있어서 산도, 질소량 등을 측정해 부족한 영양분을 자동으로 보충해 주고, 물과 비료의 낭비도 없이 최적의 재배 조건을 유지한다. 기존 농법보다 물을 90% 이상 절감한다. 물 부족과 가뭄은 전 세계적 이슈이고, 미국은 수년간 가뭄이 심각한 상태다. 결국 물 부족 문제를 해소하면서 농업 생산성을 높이는 데는 사람이 아닌 로봇의 역할이 필요하다. 농업의 지속 가능성을 위해서도 로봇이 필요한 것이다. 아이언 옥스가 1억 달러 이상을 투자 유치했는데, 그중 5300만 달러를 브레이크스루 에너지벤처스Breakthrough Energy Ventures가 투자했다.

미국 식품 기업 심플밀즈SimpleMills는 원재료 조달에 클린 테크를 적용한다. 제조 공정이나 포장 단계에서 클린 테크를 적용하는 식품 기업은 많지만, 원재료 조달에 적용하는 것은 흔치 않다. 왜 그럴까? 바로 탄소 배출 절감 때문이다. 식품 기업의 원재료면 농산물일 텐데 농산물이 무슨 탄소일까 싶을 수 있다. 전 세계 식품 산업에서 가장 많이 활용되는 원재료는 밀, 쌀, 사탕수수, 옥수수다. 이들 4개 작물이 전체 작물의 절반 이상을 차지할 정도로 높은 건 매년 수확이 가능하고, 가장 활용도가 높고, 가장 상업성이 높은 작물이라서다. 즉 모든 농업 현장에서 이들 4개 작물에 대한 쏠림 현상이 큰데, 이는 토양 입장에서 보자면 다양성 부족이다. 이는 토양 회복력에도 문제가 된다. 그리고 매년 수확한다는 것은 다년생 작물에 비해 탄소 순환 주기가 짧다. 다년생 작물의 비중을 높일수록 농작물에서의 탄소 배출량을 줄일 수 있다. 앞서 제시한 4대 작물 소비량의 일부를 다년생 작물로 대체한다면, 그만큼의 탄소 절감이 이뤄지는 것이다. 먹는 걸 줄이는 것도 아니고, 단지 원재료만 바꾸는 것으로 가능한 것이다. 그래서 심플밀즈는 밀가루를 대신해 밤가루로 팬케이크를 만든다거나, 심지어 우리가 활용하지 않던 수박씨를 가루로 만들어 마치 밀가루 같은 형태의 가루를 만들거나, 사탕수수 대신 코코넛으로 설탕을 만드는 시도도 한다. 단년생 작물 대신 다년생 작물의 활용도를 높이는 것은 전적으로 탄소 배출과 관련된다. 온실가스는 자동차나 공장만 배출하는 게 아니다.

축산업에서도 엄청나게 배출하고 농업과 토지 사용, 식량 분야에서도 막대하게 배출된다. 따라서 탄소 배출을 줄이려는 시도이자 클린 테크는 농업도 축산업도 식품 산업도 예외가 아니다. 당연히 유통, 건설, 그리고 우리가 살아가는 도시도 클린 테크가 활발하게 적용된다. 2022년 3월, 아마존과 타겟은 각 사의 첫 번째 넷제로를 위한 매장을 오픈했다. 이들 모두 ILFI International Living Future Institute 인증을 신청했는데 건물의 에너지가 효율적이어야 하고, 모든 전기는 재생에너지로 공급되어야 하고, 건축 자재의 내재 탄소 감소와 건설 과정에서도 탄소 중립을 이뤘음을 증명해야 인증을 받을 수 있다. 미국의 대표적 대형 유통 회사인 타겟이 캘리포니아 비스타 지역에 선보인 넷제로 매장은 건물 지붕과 야외 주차장 캐노피에 태양광 패널이 가득하다. 여기서 만들어 내는 에너지로 자체적으로 필요한 전기를 다 사용하는 것은 물론이고 매년 10% 이상의 잉여 에너지를 만들어 지역 전력망으로 보낼 계획도 갖고 있다. 매장 내의 조명은 LED로만 설치되어 총 에너지 비용의 10%를 절감하고, 냉난방에서도 천연 냉매인 이산화탄소 기반의 냉각 시스템을 태양광 에너지로 구동하는데, 2040년까지 탄소 배출량을 20% 절감한다. 첫 번째 넷제로 매장은 타겟 매장의 미래를 위한 테스트 버전이며, 향후 다른 매장으로 넷제로를 확대시켜 갈 것이다. 아마존이 시애틀에 만든 넷제로를 위한 아마존 프레시 매장도 100% 재생에너지를 사용하고, 냉난방 시스템도 타겟의 방식과 같다. 매장 건설에서 콘크리트 바닥에 강철 부산물을 사용하는 방식으로 내재 탄소를 크게 감소시켰다. 상업용 매장 건설에서 넷제로는 중요한 선택이 되고 있고, 향후 제도적으로 의무화될 수밖에 없다. 유통업계, 건설업계 모두가 이 문제를 비즈니스의 관점으로 다룰 수밖에 없다. 한국의 모든 상업 건물이 기존의 건축물에서 적용할 방법을 찾는 것도 숙제이고, 새롭게 건축할 건축물에서 넷제로를 기본으로 적용하는 것은 언젠가 맞이할 일이다. 누가 더 빨리 대비하느냐, 누가 비즈니스 기회를 잡느냐에 성패가 달렸다.

왜 유니레버는 팜유를 대체하려고 거액을 투자할까?

▼

2022년 6월, 영국의 유니레버와 미국의 생명 공학 기업 제노마티카Genomatica가 파트너십을 맺고 1억 2000만 달러를 공동 투자해 새로운 식물성 원료를 연구하기로 했다. 유니레버에게 팜유는 아주 중요한 원재료다. 비누, 화장품, 청소용품, 퍼스널 케어 제품 등 클렌징(세정) 제품에 사용되는 주성분이 팜유다. 이런 팜유를 대체하는 연구에 돈을 쓰는 건 팜유의 탄소 배출량 때문이다. 제노마티카는 설탕을 사용해 클렌징하는 기술을 가졌는데, 팜유보다 탄소 배출량이 절반 수준이다. 유니레버가 팜유를 완전 대체하게 된다면 연간 6000억 달러 규모 이상인 미용, 가정, 퍼스널 케어 시장 전반에 큰 변화가 생기는 것이다. 전 세계에서 팜유 공급의 90% 이상이 동남아시아의 두 나라다. 인도네시아는 전세계 팜유 공급의 50% 정도를 차지한다. 말레이시아도 40%가량을 차지해 이 두 나라가 절대적 비중을 가진다. 왜 하필 이 두 나라일까? 팜Palm(기름야자)은 열대 우림에서 잘 자라는 작물이기 때문이다. 이들 나라에서 팜유 농장을 만들기 위해 열대 우림을 밀어 버리는데, 벌목이아니라 태워 버리는 방식이 가장 쉽고 빠르고 싸다. 이 과정에서 막대한 탄소 배출이 발생하고, 이런 이유로 팜유 불매의 목소리도 자주 나왔다. 유니레버로선 지속 가능성과 ESG 경영을 위해서라도 팜유를 대체할 필요가 있는 것이다. 우리가 일상적으로 쓰는 플라스틱을 비롯 각종 생활용품, 미용과 건강 기능 제품 등 수많은 영역에서 석유 화학이연관된다. 화석 연료와 팜유를 대체하는 원재료 연구에 기업이 돈을 쓰는 건 지속 가능성, 탄소 배출 이슈와 무관하지 않다.

▶▶▶ 팜, 즉 기름야자는 열대 우림에서 잘 자라는 작물이다. 이것을 주성분으로 하는 팜유
는 전 세계에서 가장 많이 소비되는 식물성 기름이다.

여러분도 팜유 소비자다. 세수할 때, 화장할 때, 화장실을 청소할 때, 라면이나 과자를 먹을 때도 팜유를 소비한다. 식용유의 대명사는 콩기름이 아닌 사실 팜유다. 전 세계에서 가장 많이 소비되는 식용유, 즉 식물성 기름vegetable oils 1위는 팜유(야자유)다. 팜유가 연간 7550만 톤으로 우리가 콩기름이라 부르는 2위 대두유 6028만 톤보다 훨씬 많다. 3위는 유채씨유(카놀라유) 2830만 톤, 4위는 해바라기씨유 2207만 톤, 5위는 팜커널유(야자핵유) 870만 톤이고, 그 뒤로 땅콩유 648만 톤, 면실유(목화씨) 508만 톤, 코코넛오일 351만 톤, 올리브유 328만 톤 순이다. 아마 가정용으로는 콩기름, 카놀라유, 해바라기씨유, 올리브유 등이 더 익숙하겠지만 라면, 과자 등 식품 회사들은 식용유로 팜유를 쓴다. 커피의 프림도 팜유로 만든 것이고, 마가린과 쇼트닝의 재료도 팜유다. 제과 회사의 저가 초콜릿은 카카오 버터 대신 팜유를 넣어 초콜릿 제품을 만든다. 팜유를 전 세계에서 가장 많이 쓰는 건, 특히 식품 업계에서 많이 쓰는 건 가격과 가공성 때문이다. 팜유는 같은 재배 면적에서 가장 많은 기름을 생산할 수 있기에 가장 저렴하고, 포화 지방이 많아 산패가 더디고 장기 보존성도 좋다. 팜유는 기름야자의 과육에서 짠 기름이고, 팜커널유는 기름야자의 씨앗kernel에서 짠 기름이다. 세계 식용유 소비의 1, 5위가 같은 재료에서 나온다. 이 둘을 합치면 8420만 톤이 팜에서 나온 기름이다. 전 세계 식용유 중 3분의 1 이상이 기름야자에서 나온다. 팜유는 식용유로만 쓰이는 게 아니다. 80% 이상은 식용으로 쓰지만 20%가량은 비누, 화장품, 바이오 디젤, 제약 등에 쓰인다.

코로나19 팬데믹으로 팜유 농장의 인력 수급의 문제도 생기고, 글로벌 공급망의 문제도 생기면서 팜유 가격은 올라갔다. 여기에 러시아가 우크라이나에 전쟁을 일으키면서 팜유 가격은 더 올라갔다. 전 세계 식용유 소비 4위인 해바라기씨유는 우크라이나가 75%라는 독보적 점유율을 가진 세계 최대 수출국인데, 전쟁으로 생산과 수출에 심각한 타격이 생겼다. 영국은 자국에서 소비하는 해바라기씨유의 83%를 우크라이나에서 수입해 왔는데, 전쟁 이후 가격이 2배가 오르고 대형 마트에선 1인당 구입할 수 있는 식용유 양을 제한했다. 이는 일시적으로 해결될 문제가 아니라서, 기존에 해바라기씨유를 사용하던 제과, 식품업계에선 팜유나 대두유로 대체하기 위해 제조법과 생산 설비 변경을 하기도 한다. 해바라기씨유 가격이 급등하고, 이는 팜유를 비롯해 식용유 전반의 가격 급등으로 이어졌다. 이러니 팜유 1위 국가 인도네시아가 자국의 식용유 가격 안정을 위해 팜유 수출을 1달간 중단하기도 했다. 전 세계적 식용유 대란이 생긴 것이다. 식용유 가격 급등은 밥상 물가만 바꾸는 게 아니다. 제과, 제빵 등 식품 전반의 물가와 함께 화장품, 생활용품의 물가도 바꾼다. 제과 회사와 함께 화장품 회사가 팜유 가격 급등을 소비자 가격 인상으로 연결시킬 수밖에 없다.

그렇다면 팜유를 소비하지 않으면 되는 걸까? 아니다. 식용유를 얻기 위해 재배하는 콩, 옥수수, 유채, 해바라기 등에 비해 단위 면적당 독보적 효율성과 생산성을 가지기에 팜유가 그나마 환경 부하가 적다. 그리고 식용유는 동물성이 아닌 식물성 기름으로 하는 게 훨씬 낫다. 동물성 기름으로 대체한다면 가축을 키우느라 더 많은 열대 우림 파괴와 탄소 배출이 될 수 있기 때문이다. 열대 우림을 밀어 버리고 팜유 농장을 만드는 건, (다양한) 기존 식물을 없애고 새로운 식물(기름야자)을 심는 것이다. 결과적으론 기름야자로 가득한 농장이 열대 우림의 역할 일부를 한다.

인도네시아 인구는 2억 6000만 명 정도인데, 팜유 산업에 종사하는 사람은 5500만 명 정도로 추산한다. 전체 노동 인구 중에선 3분의 1에 해당되는 숫자다. 팜 산업이 인도네시아 GDP의 4.7% 정도를 차지하고, 인도네시아 전체 수출액의 12.3% 정도다. 인도네시아 농지의 40%가 팜유 농장이다. 인도네시아에서 열대 우림을 밀어 버리고 팜유 농장을 확대시키는 건 환경적 측면에선 위험한 일이지만, 인도네시아 경제를 봐선 하지 말라고 하기 쉽지 않은 일이다. 결국 팜유 산업에서도 클린 테크가 필요하다. 유니레버 같은 글로벌 기업 입장에선 팜유를 대신해 다른 원료로 넘어가는 게 훨씬 사업적으로 이득이 될 방향일 수 있겠으나, 인도네시아 경제와 농장의 노동자, 서민들을 고려하면 팜유

산업이 미래에도 필요하고, 이를 위해서라도 클린 테크가 적용되어야 한다. 커피, 아보카도, 초콜릿 등 우리 식탁에 오르는 먹거리들도 숲을 파괴한다는 불편한 진실이 있다. 결국 모든 영역에서의 클린 테크 적용은 기본이 된다.

결국 클린 테크가 새로운 부의 중심이 된다

▼

국제에너지기구IEA가 2022년 6월에 발표한 〈세계 에너지 투자 2022 보고서World Energy Investment 2022〉에 따르면, 에너지 분야 투자가 2조 4000억 달러(약 3120조 원)으로 전년보다 8% 증가할 것으로 예상했다. 에너지 분야 투자를 주도하는 건 클린 테크다. 저탄소 에너지 전환과 재생 에너지 분야에 투자가 몰려드는 이유는 지구를 살리기 위해서가 아니라 사업성, 수익성 때문이다. 저탄소 전환에 대한 투자 금액은 앞으로 더 늘어날 것이다. 그런데 탄소 포집과 저장을 의미하는 CCScarbon capture and storage 분야는 투자 금액에선 아주 적은 비중이다. 쉽지 않은 기술이지만, 기술 개발이 잘 된다면 가장 효과적일 수 있다.

글로벌 컨설팅업체 맥킨지의 맥킨지 글로벌 인스티튜트Mckinsey Global Institute에서 2022년 1월에 발표한 보고서 〈The net-zero transition: What it would cost, what it could bring〉는 넷제로 달성을 목표로 하는 2050년까지 전 세계가 넷제로에 얼마나 많은 돈이 투입되어야 하는지를 예측하고 있다. 2050년까지 매년 9조 2000억 달러(약 1경 1000조 원)씩 투입해야 하고, 2050년까지의 합이 275조 달러라는 것이다. 이는 2021년부터 2050년까지 전 세계 GDP 총량의 약

7.5% 정도다. 이는 GDP의 2~3% 정도가 필요할 것이라고, 2021년 로이터가 기후 경제학자들을 대상으로 설문 조사한 결과보다도 크게 높다. 전 세계 온실가스 배출량의 85%가 에너지와 토지 이용 부문에서 발생하는데, 이 보고서는 전 세계 GDP의 95%를 차지하는 상위 69개국의 에너지와 토지 이용 부문을 중심으로 분석했다. 전 세계 각국과 기업들이 연간 5조 7000억 달러를 투입하고 있는데, 이 중 고탄소 자산에 2조 7000달러, 저탄소 자산에 2조 달러다. 고탄소 자산은 화석 연료 추출 및 정제, 축산업 같은 탄소 집약도가 높은 산업군에 속한 자산이고, 저탄소 자산은 신재생 에너지나 탄소 포집 산업 같은 탄소 배출이 없거나 아주 적은 산업군에 속한 자산이다. 그리고 고탄소 자산을 저탄소 자산으로 전환하는 데 1조 달러가 투입된다. 맥킨지는 이 전환 비용 수준으로는 넷제로가 불가능하고, 이걸 대폭 늘려야 한다고 주장했다. 넷제로는 6대 온실가스인 이산화탄소(CO_2), 메탄(CH_4), 아산화질소(N_2O), 수소불화탄소(HFCs), 과불화탄소(PFCs), 육불화황(SF)의 순배출을 제로로 만드는 것이다. 이산화탄소를 중심으로 이야기하는 탄소 중립보다 더 큰 범주가 넷제로다. 매년 추가 지출되어야 할 돈으로 제시된 3조 5000억 달러는 2020년 글로벌 기업들이 거둔 이익의 절반 정도이고, 전 세계 정부가 거둔 세수의 4분의 1 정도의 큰돈이다. 물론 이는 예측치다. 덜 들어갈 수도 있지만 더 들어갈 수도 있다. 그리고 275조 달러라는 막대한 돈은 우주에 흩뿌리는 돈이 아니다. 결국 지구에 있는 수많은 기업들이 차지할 돈이다. 275조 달러짜리 대규모 시장이 생긴다는 의미가 된다. 넷제로 전환 과정에서 30년간 1억 8500만 개의 일자리가 사라지고, 2억 개의 일자리가 새로 만들어진다. 당연히

화석 연료 산업에선 크게 줄어들고, 신재생 에너지 산업에선 크게 늘어난다.

2022년 3월, 스타트업 블록파워BlocPower는 마이크로소프트와 골드만삭스 등으로부터 1억 달러 규모의 투자금을 유치했다. 블록파워는 건물의 에너지 절감 솔루션을 제공하는 기업으로, 건물에 친환경 냉난방 시스템과 태양광 패널을 설치하고 유지 보수 관리한다. 에너지 효율을 높이고, 재생 에너지 사용 비율을 높이는 건 건물주에겐 중요한 문제다. 건물주라고 거대한 빌딩만 이야기하는 게 아니다. 주택도 되고, 교회도 되고, 식당도 된다. 우리 모두에게 해당되는 문제라는 얘기다. 실제 블록파워의 건물 에너지 절감 솔루션은 뉴욕시에서 1200개 이상의 건물에서 사용 중인데, 에너지 비용을 최대 50% 절감하고, 온실가스 배출은 최대 70%까지 절감했다. 블록파워는 아마존의 기후 위기 대응 기금인 베이조스 어스 펀드Bezos Earth Fund에서 500만 달러의 보조금을 받아 미국 내 1억 2500만 채 건물을 디지털로 지도화하고, 친환경 장비 설치 지도를 만든 바 있다. 만약 1억 2500만 채 건물 모두가 에너지 절감 솔루션을 선택한다면 어떨까? 어마어마한 시장 규모가 된다. 개별 건물마다 선택하는 게 아니라, 도시 전체가 이런 선택을 의무화한다면 어떨까? 이미 정치는 그 방향으로 가고 있다. 2021년 11월, 뉴욕주 이타카 시의회는 모든 빌딩의 전력 수요를 2025년까지 재생 에너지로 충족하는 탄소 중립 도시 계획을 만장일치로 통과시켜 추진 중이다. 인구 3만 명에 건물 6000여 개가 있는 이타카에 블록파워가 함께 하고 있다. 미국 내 수십 개 도시가 이런 프로젝트를 추진 중이고, 블록파워가 파트너가 되고 있다. 미국 전역의 수많은 도시가 모두 기존 건물과 새로 지을 건물 모두에서 탄소 중립을 지향해 가고 있기에, 블록파워의 사업성은 긍정적이다. 온실가스 감축과 에너지 낭비 해소가 그들의 비즈니스다. 이런 비즈니스는 미국만 할 게 아니다. 전 세계가 필요하고, 한국에서도 필요할 수밖에 없다. 건축, 건설업계에서 새로운 경쟁력이자 중요한 비즈니스다.

사실 클린 테크는 오래전부터 투자 이슈였다. 가장 대표적인 것이 바로 전기차다. 내연 기관을 전기차로 전환시키려는 이유는 지구 온난화 문제 때문이다. 초기는 명분이 중심이었다면 이제 확실히 실리가 중심이 될 정도로 시장이 진전되었다. 글로벌 에너지 정보 분석 기업 S&P 글로벌 플래츠S&P Global Platts는 전기차가 2030년 전 세계 자동차 판매량의 30% 이상, 2040년에는 50% 이상으로 전망했다. 조사 분석 기업 스태티스타Statista에 따르면, 2026년에 전 세계 전기차 시장 규모는 1조 달러를 넘어선다. 현재 환율로 보면 1300조 원 정도다. 2021년 기준 현대자동차의 연간 매출이 117조 원 정도였고, 테슬라는 65조 원 (538억 달러) 정도였다는 걸 감안하면 전기차 시장의 점유율이 높은 자동차 기업이 미래 자동차 산업의 주도권을 가질 수밖에 없다는 걸 알 수 있다. 그동안 전기차 시장에 투자한 자본들은 이런 미래를 기대했던 것이고, 결국 그들은 돈을 버는 것이다. 전기차는 자동차 시장에선 클린 테크에 해당된다. 클린 테크 투자는 돈을 벌기 위해서다. 전기차 시장이 커질수록 같이 커지는 것이 전기차 배터리 시장이고, 또 이것과 같이 커지는 것이 배터리 재활용 시장이다. 미국의 시장 조사 기관 얼라이드 마켓 리서치Allied Market Research에 따르면, 전 세계 배터리 재활용 시장 규모가 2020년 111억 달러에서 2030년 666억 달러로 성장할 전망이다. 지속 가능성, 친환경성 관련 기술 분야는 가장 전망 좋은 미래 비즈니스 분야다. 전 세계의 돈과 인재가 모이고 있는데, 이건 단지 지구를 구하자는 명분 때문만이 아니라 강력한 비즈니스 기회 때문이다. 온실가스 배출 감소뿐 아니라 기후 위기 대응에서 기술적 혁신이 중요하다. 기존 기술을 유지한 채 물리적 개선, 물리적 감축으로는 한계가 있다. 결국 클린 테크를 통한 기술적 혁신이 답이다. 그리고 클린 테크는 모든 산업으로 전방위적인 확장을 하고 있다. IT가 모든 산업을 주도하며 세계의 돈을 빨아들였던 것처럼, 클린 테크도 강력한 주도자가 될 것이다.

9장

일상에 들어온 로봇 택시와 무인 공장, 그리고 당신의 위기

Life_Trend_2023

#무인 #무인공장 #로봇 #자동화설비 #로봇택시 #스마트팩토리 #보스턴다이내믹스 #벡스 #자율주행 #경영위기 #AI상담 #지속가능경영

이미 우린 사람이 아니어도 되는 시대를 살고 있다. 그리고 이건 사람이 싫어서 생긴 변화가 아니다. 효율성과 생산성을 극대화 시켜야 하는 시대여서 그렇다.

코로나19 팬데믹 기간 중 가장 크게 변한 것을 꼽자면 로봇에 대한 우리의 태도이자 로봇 산업의 급진전일 것이다. 팬데믹이 가장 큰 수혜자다. 로봇은 더 이상 미래 먹거리가 아니라 이제 현재의 먹거리가 되고 있음을 실감나게 해 줬다. 로봇이 서빙을 하고, 주방에서도 요리하고, 전화 상담원도 사람이 아니라 AI 로봇이고, 반려동물이 아니라 반려 로봇이 대두되고, 로봇 택시가 돌아다니기 시작했다. 산업 현장에서 로봇과 자동화는 더 늘어났고, 농업에서도 로봇 활용은 확대된다. 로봇이 친구이자 가족이자 일하는 동료이자 때론 적이 될 수도 있는 시대가 열렸다. 반대로 노동의 위기가 더 커진 시대다. 미국의 미래학자 마틴 포드Martin ford가 "합리적인 기업가라면 인력을 절감할 수 있는 기술이 나올 경우, 거의 예외 없이 그 유혹을 뿌리치지 못한다"고 말한 것을 우린 실감하기 시작했다. 2023년 당신은 분명 로봇 택시를 타볼 것이고, 무인 공장 확산이 미칠 직간접적 영향도 받을 것이다.

왜 삼성전자는 무인 공장을 원하는가?

▼

삼성전자는 2022년 7월 무인 공장 도입을 추진하는 태스크 포스를 구성했다. 전 세계에 있는 삼성전자의 주요 생산 기지의 공정을 100% 자동화 기계로 가동하는 시스템을 개발하고 실현 가능성을 점검하는 것이 태스크 포스의 역할이다. 왜 삼성전자가 무인 공장을 추진하는 걸까? 생산직 인력 수급도 이유가 된다. 2021년 인구주택총조사에 따르면, 2021년 11월 기준 생산 가능 인구는 전년 동기 대비 0.9% 감소했다. 전체 인구 대비 생산 가능 인구 비율은 2021년 71.6%인데, 2037년에는 59.7%가 될 것으로 전망된다. 생산 가능 인구가 줄어들면 생산직 인력 부족 문제도 생길 수 있다. 하지만 실질적인 이유는 글로벌 기업들과 생산성, 효율성 측면에서의 경쟁 때문이다. 스마트 팩토리 기술 수준의 고도화로 글로벌 선도 기업들의 공장 자동화는 필수가 되고 있고, 삼성전자도 스마트 팩토리를 통한 무인 공장으로 전환해 인력 중심의 제조업에서 벗어나야 미래에도 생존할 수 있다.

빅 테크 기업들은 직원 수는 적으면서도 막대한 매출을 거둔다. 반면 제조 기업들은 규모의 경제를 위해선 막대한 투자와 대규모의 인력이 필수였다. 하지만 이제 제조 기업들도 공장 자동화를 통해 생산성 극대화를 지향한다. 테슬라는 자동차만 혁신적으로 만든 게 아니라, 자동차 생산 공장을 혁신적으로 만들었다. 기존 자동차 생산 방식이 수많은 부품과 금속 패널들을 용접해서 연결하는 것이었다면, 테슬라는 거대한 하나의 금속판을 주물 틀에 넣고 높은 온도와 압력으로 찍어 내 하나로 만드는 초대형 다이 캐스팅die casting 공법이다. 이를 위해선

6000~8000톤급 초대형 캐스팅 설비가 필요하다. 테슬라에선 이런 제조 공장을 기가 팩토리라고 부르고 테슬라의 생산 방식을 기가 캐스팅(기가 프레스)이라고 부른다. 테슬라의 방식은 기존 자동차 생산 공정에 투입되는 사람을 대폭 줄이는 것은 물론이고, 투입되는 로봇도 3분의 2 정도, 컨베이어 시스템 면적도 20%, 생산 단가도 40% 줄인다. 당연히 생산 시간도 줄인다. 마치 붕어빵 찍어 내듯 기가 캐스팅으로 차를 빨리 찍어 낸다고 생각해 보라. 테슬라가 다른 자동차 회사보다 영업이익이 훨씬 높은데, 향후 공장 자동화와 기가 캐스팅 설비가 더 확대되면 영업 이익률은 더 높아질 것이다. 2021년 영업 이익률은 12.1%를 기록했던 테슬라는, 2022년 1분기엔 19.2%, 2분기엔 14.6%의 영업이익률을 기록했다. 자동차업계로선 상상도 못 할 영업 이익률이다. 참고로 현대자동차의 2021년 영업 이익률은 5.7%다.

기가 캐스팅은 다른 자동차 제조사는 쉽게 따라 하기 어렵다. 기술적 난이도가 높기 때문이다. 테슬라는 기가 캐스팅을 위해 관련 기술도 직접 개발해 특허도 확보했고, 금속 물성의 균일성 유지를 위해 특수 알루미늄 합금도 개발했다. 특히 합금 개발은 스페이스X의 우주 항공 재료 공학에서 확보된 기술력이 적용되었다. 그리고 초대형 캐스팅 설비를 만들 수 있는 업체도 세계에 2곳(이탈리아 IDRA, 중국의 임프레스플러스)밖에 없는 데다, 이들이 만들어 낼 수 있는 것도 각기 연간 9대 정도다. 초대형 다이 캐스팅 방식을 통한 공장 생산성 혁신의 우위를 테슬라가 한동안 유지할 수밖에 없는 환경인 셈이다. 볼보는 2025년을 목표로 테슬라의 방식과 같은 초대형 캐스팅으로 자동차를 생산하려고 하고, 다른 글로벌 자동차에서도 생산 라인을 혁신하지 않을 수 없다.

테슬라의 2021년 생산 대수는 93만 422대였는데 미국 프리몬트와 중국 상하이에 있는 공장 2곳에서 만든 것이다. 공장 1곳당 47만 대를 만든 것인데, 기가 캐스팅 설비는 프리몬트에 2개, 상하이에 3개가 있다. 2022년 3월에 독일 베를린 공장, 4월에 미국 텍사스주 오스틴 공장을 각기 오픈했다. 베를린에 8개, 오스틴에 3개의 기가 캐스팅 설비가 가동된다. 코로나19 재확산으로 중국 공장이 폐쇄되는 악재를 겪었음에도 2022년 연간 출하량은 150만 대 정도로 예상되고, 2022년 연말에 테슬라의 생산 능력은 연간 190만 대 규모가 될 것이다. 테슬라의 목표는 2030년에 연간 2000만 대 생산이다. 이 목표대로 된다면 전기차 분야에 국한된 1위가 아니라 생산 대수에서 전 세계 자동차 회사 중 압도적 1위가 된다. 현재 1위인 토요타가 1000만 대 수준이다. 제조 경쟁력이 높은 독일, 일본, 한국, 미국 모두 자동차 강국이기도 하다. 한국은 IT 분야에서도 서비스가 아닌 제조에서 경쟁력을 가진다. 한국의 대표적인 수출 분야인 철강, 선박, 석유 화학 등도 제조다. 결국 제조 경쟁력을 계속 유지하기 위해서는 공장 자동화이자 스마트 팩토리를 통한 제조 혁신으로 가야만 한다.

삼성전자의 무인 공장 도입 목표 시점은 2030년이다. 꽤 먼 것처럼 보여도 아주 가까운 미래다. 삼성전자의 무인 공장 도입은 산업 전반, 국내 기업 전반에 영향을 미칠 수밖에 없다. 단기간에 인위적으로 인력을 조정하는 것은 쉽지 않다. 정년퇴직으로 줄어든 인력만큼 새롭게 고용하지 않는 것처럼 자연스럽게 인력을 조정하는 것이 시간은 더 걸리더라도 훨씬 현실적이다. 삼성전자의 무인 공장 도입 목표 시점을 2030년으로 잡은 것에도 이런 이유가 포함될 것이다. 생산 인력 구조 조정의 저항은 크다. 하지만 무인 공장 전환은 저항이 적다. 사실 이미 무인 공장 전환은 시작되었다. 삼성전자 '지속 가능 경영 보고서 2022'에 따르면, 2021년 말 기준 삼성전자의 국내외 총 임직원 수는 26만 6673명이다. 임직원 수가 가장 많았던 2015년 32만 5677명과 비교하면 5만 9000명이 줄어든 것이다. 줄어든 건 국내가 아니라 해외 임직원이고 그중 베트남, 인도, 인도네시아 등이 있는 동남아·서남아 지역이 가장 많고, 그다음은 중국이다. 사실 임직원 수 감소는 이 두 지역에서 거의 다 이뤄졌다고 해도 과언이 아니다. 바로 공장 자동화 때문이다. 삼성전자는 2013년부터 대표적 생산 거점이었던 구미에서 스마트폰 자동화 생산 라인을 시작했다. 이것을 구미 프로젝트라고 명명했는데, 스마트폰 생산에서 전 공정을 자동화했고 사람은 검사를 비롯한 일부 작업에만 투입된다. 최종 목표는 무인 자동화다. 해외에선 2016년 베트남 공장에서 스마트폰 자동화 공정을 시작해 이후 중국, 인도, 인도네시아, 브라질 등으로 확대했다. 생산 라인은 자동화되고, 부품은 모듈화되고, 제조업에서 생산 인력에 대한 의존도도 점차 낮아지므로 인력이 줄어드는 건 당연하다. 반면 연구 개발R&D 인력은 줄어들지 않는다. 삼성전자의 해외 R&D 거점인 리서치아메리카SRA가 있는 북미 지역의 임직원 수는 2021년 2만 5695명인데, 5년 전에 2만 5988명이었다. 삼성전자의 임직원 중 R&D 인력의 비중은 계속 높아질 것이고, 제조업의 경쟁력도 결국은 R&D다. 2015년 대비 2021년 삼성전자의 임직원 수는 20% 정도 줄었지만 오히려 매출은 79조 원이나 증가했고 영업 이익은 2배 늘었다. 2022년 상반기에 매출 155조 원, 영업 이익 26조 원 정도로, 삼성전자의 상반기 실적으로선 역대 최고다. 2022년

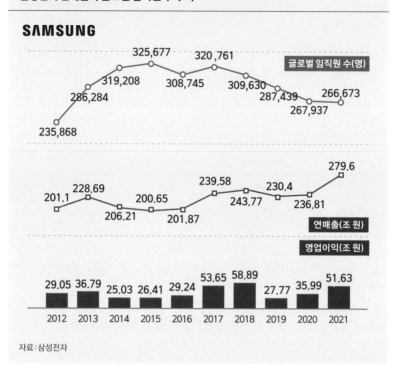

삼성전자 연매출과 글로벌 임직원 수 추이

SAMSUNG

글로벌 임직원 수(명)

325,677
320,761
319,208
308,745
309,630
287,439
266,673
286,284
267,937
235,868

279.6
239.58
230.4
228.69
243.77
201.1
200.65
236.81
206.21
201.87

연매출(조 원)

영업이익(조 원)

| 2012 | 2013 | 2014 | 2015 | 2016 | 2017 | 2018 | 2019 | 2020 | 2021 |
| 29.05 | 36.79 | 25.03 | 26.41 | 29.24 | 53.65 | 58.89 | 27.77 | 35.99 | 51.63 |

자료 : 삼성전자

삼성전자 매출이 과연 300조 원대를 돌파할지 관심사인데, 시장 추세로는 가능할 것으로 예측된다. 그리고 2022년에도 삼성전자 해외 생산 거점의 인력은 줄어드는 추세를 이어 갈 것이다. 사람은 줄어들고 로봇과 자동화 설비는 늘어나는 건 이미 시작된 미래다.

국내 제조 대기업이 제조 설비의 자동화와 스마트 팩토리 건설을 확대한 것은 2010년대 들어 시작되었고, 2020년대에 혁신적인 진전을 거쳐 2030년대는 완전 자동화, 무인 공장이 제조의 중심이 되는 것이

▶▶▶ 국내 제조 대기업들은 제조 설비의 자동화와 스마트 팩토리 건설을 확대해 나가고 있다. 2010년대 들어 시작된 이러한 움직임은 2020년대 혁신적인 진전을 거쳐 2030년대에는 완전 자동화와 무인 공장이 제조의 중심이 될 것으로 예상된다.

다. 스마트 팩토리로 전환한 기업들에선 인력은 크게 줄었지만, 불량률은 줄고 업무 효율과 생산성은 높아졌다. 물론 이 과정에서 일자리 감소는 필연적이다. 안타깝지만 이 문제를 완충하기 위해서 기업은 인위적 구조 조정보단 정년퇴직으로 줄어든 인원만큼 새로 보충하는 것을 하지 않아 자연스러운 감소를 이어 가고 있다. 전환 배치를 통해 업무 재조정도 한다. 분명한 건 이런 변화는 국내만이 아닌 전 세계적 방향이다.

현대중공업은 3200억 원을 들여 울산의 조선소를 2030년까지 스마트 조선소로 전환하는 FOSFuture of Shipyard 프로젝트를 시작했다. 가상 현실, 증강 현실, 로보틱스, 자동화, AI 등의 기술을 적용해 선박의 설계부터 생산까지의 모든 공정을 서로 연결하고 관리하는 건 효율성 때문이다. FOS 프로젝트는 3단계로 이뤄지는데, 최종 단계까지 완료

되면 스마트 조선소의 생산성은 30% 높아지고 작업 시간은 30% 줄어들며 공정상의 낭비 요소를 0으로 만들 것이다. 이 과정에서 작업장 안전은 좀 더 강화될 수 있다. 물론 전체 인력은 줄어들고, 대신 매출과 영업 이익은 늘어날 수 있다. 현대두산인프라코어는 2019년 건설 장비 자동화·무인화 솔루션인 콘셉트 엑스Concept-X를 도입했다. 이는 작업 계획을 5G 통신을 통해 건설 장비에 보내면 장비들이 사람 없이 알아서 작업 계획에 따라 움직이도록 하는 관제 시스템이다. 2022년 2월에는 콘셉트 엑스를 활용한 건설 현장 자동화, 무인화 시스템 도입을 위해 삼성물산과 손을 잡았다. 건설 현장은 사람이 중심이었고 사람의 안전도 중요했다. 그런데 건설 현장이 자동화와 로봇 중심이고 사람이 사라지게 된다면 어떨까? 사람의 안전 문제는 자동으로 해결된다. 현장에 작업하는 사람이 없으니까. 물론 완전히 사람이 없어지는 건 아니지만, 시스템을 관리하는 사람이 있는 것이지 건설 인부가 있는 건 아니다.

왜 현대자동차는 SW R&D 인력을 분리시키는가?

▼

제조업에서 생산직 인력 대비 R&D 인력 비중을 높이고, R&D 조직의 위상을 강화하는 추세는 대세다. 이는 삼성전자뿐 아니라 현대자동차그룹도 마찬가지다. 전체 인력 숫자는 줄어들지만 R&D 인력 숫자는 늘어나고, 인건비 수준도 높아진다. AI, 소프트웨어를 비롯 미래 기술 관련 인력은 수요보다 공급이 훨씬 적기에 기업 입장에선 신규 인재 확보도 중요하고, 기존 인재 유출 방지도 중요하다. AI, 소프트웨어 인재는 현대자동차만 필요한 게 아니라 모든 기업이 다 필요하고, 특히 빅 테크 기업들에서도 필요하다. 빅 테크 기업들은 높은 연봉과 유연한 근무 환경으로 인재를 데려간다. 그래서 R&D 인력을 우대하는 정책이 필요하다. 생산 인력이 중심이 되는 규모의 경제에서, 기술이 중심이 되는 새로운 규모의 경제를 만드는 것이 제조업으로선 반드시 가야 할 길이기 때문이다. 물론 대기업은 조직 제도상 R&D 인력만 우대하는 게 쉽지 않다. 2021년 현대자동차그룹이 사무, 연구직 책임 매니저 중 성과 좋은 상위 10% 직원에게 500만 원씩 탤런트 리워드를 지급했다가 노동조합이 단체 협약 위반이라 반발해서 결국 모든 직원에게 400만 원의 특별 격려금을 지급하고 말았다. 모든 사람의 능력과 생산성이 동일하지 않다. 현대자동차그룹은 글로벌 SW 센터를 설립한다. 내부 조직이 아니라 별도의 외부 조직이다. R&D 조직을 외부에 만드는 것은 앞서 제기한 문제와도 연결된다. 같은 회사 내에선 R&D에 대한 우대와 혜택은 한계가 있다. 글로벌 자동차업체 중에서도 SW와 자율 주행 관련해 별도의 외부 R&D 조직을 만든 곳이 많다. 제조 중심의 자동차 산업이 SW 중심으로 전환되는 상황에서 필연적 선택이기도 하다. 생산직 중심의 노동조합이 힘을 가진 건 자동차 산업의 특징 중 하나인데, 자동차 산업의 패러다임이 바뀌면서 이 문제를 둘러싼 딜레마도 분명 존재한다.

2022년 8월, 미국의 인플레이션 감축법이 통과된 후 현대자동차그룹이 위기감을 느꼈다. 인플레이션 감축법은 4400억 달러 규모의 돈을 쓰는 정책인데, 이 중 3690억 달러가 기후 위기 대응에 들어가고 그중 전기차 관련한 항목이 있다. 미국에서 신형 전기차를 구매할 때 소비자 가격 기준 SUV는 8만 달러, 세단(승용차)은 5만 5000달러 미만이면 최대 7500달러의 보조금을 받는다. 그런데 이제 이 보조금은 미국 공장에서 미국 노동자에 의해 조립된 전기차에만 혜택을 주게 되어, 미국으로 수출하는 현대자동차의 아이오닉5와 코나EV, 아이오닉EV, 기아자동차의 니로EV, 소울EV, EV6 등은 보조금을 못 받는다. 현대자동차그룹은 미국에 전기차 제조 공장이 없기 때문이다. 2023년부터는 좀 더 보조금 기준이 강화되는데, 미국에서 조립했다고 해도 전기차 배터리에 사용되는 핵심 원재료와 배터리 부품이 북미에서 생산되거나, 미국과 자유 무역 협정FTA을 맺은 동맹국에서 수입된 것이어야만 보조금을 다 받을 수 있고, 중국을 비롯한 적대적 국가에서 수입된 건 차등 지급한다. 그리고 보조금도 제조사별로 연간 20만 대 한도가 있었는데 이마저 풀어 버려 미국 내 공장을 가진 자동차 회사의 전기차 판매를 촉진시킨다. 확실히 미국 자동차 회사를 밀어주는 것이다. 테슬라와 포드, GM 등 미국 자동차 회사로선 기회다.

미국에서 아이오닉5과 EV6는 인기 많은 전기차다. 현대자동차그룹이 2022년 상반기 미국 전기차 시장에서 3만 4518대를 팔았는데, 점유율 10% 정도로 2위다. 1위는 압도적 점유율을 가지고 22만 대 정도를 판 테슬라다. 하지만 테슬라를 가장 열심히 뒤쫓는 건 지금으로선 현대자동차그룹이다. 점유율 3위가 2만 2979대를 판 포드이고, 그 다음에 폭스바겐, GM 등이 뒤따른다. 현대자동차는 2021년 상반기 대비 2022년 상반기의 미국 내 전기차 판매량이 2.5배 증가했고, 기아자동차는 6배 증가했다. 현대자동차의 아이오닉6도 하반기에 미국 시장에서 판매될 텐데 인플레이션 감축법 때문에 보조금에서 차별을 받게 되어 손해 볼 수밖에 없다. 아이오닉5 미국 판매가가 4만 달러 정도(세부 모델과 옵션에 따라 다르긴 하지만)인데, 보조금을 받으면 소비자 입장에선 20% 정도 할인되는 셈이다. 그런데 보조금이 사라지면 판매에 차질이 생길 수밖에 없다. 그래서 대안을 모색하려고 현대자동차그룹 정의선 회장이 미국으로 갔고, 한미 자유 무역 협정 원칙과 세계 무역 기구WTO 규범을 들어 제소한다는 이야기도 있지만 현실적이지 않다. 제소해 봤자 4~5년 걸리니까 시간만 허비하고 이득은 없다. 그 전에 현대자동차그룹도 미국 내 전기차 공장이 완공된다. 현대자동차그룹이 미국 조지아주에, 2025년 상반기 가동을 목표로 연간 30만 대 생산 규모의 전기차 공장과 배터리셀 공장을 설립하는 것을 확정한 것이 2022년 상반기다. 2023년 상반기에 착공하려던 것을 2022년 10월로 앞당기고, 가동 시점을 2024년 하반기로 당기는 것이 그나마 대안이 된다. 물론 2024년 하반기까지 미국에서 현대자동차그룹의 전기차 판매는 큰 손해를 볼 수 있다.

사실 바이든 정부가 미국 내 생산한 전기차에만 보조금을 준다는 이야기는 갑자기 나온 게 아니다. 바이든 정부 임기가 시작되며 추진해 왔던 대규모 재정 사업인 '더 나은 재건 법안'을 일부 수정해서 만든 것이 '인플레이션 감축법(완화법)'이기 때문이다. 이미 전기차 보조금을 자국 기업에게 유리하게 할 것은 당연했다. 심지어 친노조 성향의 바이든 정부는 2021년 미국 자동차 노조UAW의 지부가 들어선 사업장에서 생산된 전기차에 보조금 7500달러와 별도로 추가 4500달러의 혜택을 제공하는 안을 제시했고, 노동조합이 있는 미국 자동차 공장에서 전기차를 생산하는 GM, 포드, 스텔란티스Stellantis(크라이슬러, 지프, 닷지 등)

미국 빅3 자동차 회사가 반겼다. 반대로 미국에 전기차 공장이 없는 자동차 회사나, 공장이 있더라도 노조가 없는 자동차 회사로선 반발했다. 2021년 8월, 바이든 대통령은 백악관에서 GM의 CEO, 포드의 CEO, 스텔란티스의 COO 등 미국 자동차업계의 주요 경영진과 미국 자동차 노조 지도부들이 참석한 행사를 가졌고 이때 BEV, PHEV, FCEV 등 전기차가 2030년 미국에서 판매되는 신차의 절반을 차지할 수 있도록 지원하는 행정 명령에 서명했는데, 일론 머스크는 이때 초청받지 못했다. 미국에서 전기차를 가장 많이 파는 미국 회사인데 왜 제외되었을까? 노조 설립을 반대하던 일론 머스크 때문에 테슬라는 미국 자동차 노조 지부가 없기 때문이다. 이후 일론 머스크는 노조에 대한 태도를 바꿨다. 이유는 짐작하는 대로다. 전기차를 적극 지원하는 정책을 펴면서, 노조가 있는 미국 공장에서 생산된 자동차에 특혜를 주는 정부에 맞설 순 없기 때문이다.

바이든 대통령의 임기는 2021년 1월부터 2025년 1월이고, 재임을 하게 되면 2029년 1월까지다. 과연 현대자동차그룹의 경영진은 이런 상황을 몰랐을까? 절대 아니다. 그렇다면 현대자동차는 왜 이제야 미국 내에 전기차 공장을 짓는 걸까? 분명 전기차가 미래 자동차 시장의 중심이 될 것이고, 미국은 중요한 자동차 시장이다. 트럼프 정부부터 바이든 정부까지 한결같이 애국심을 강조하며 미국 내 공장과 미국의 노동자를 위한 정책을 펼치고 있었다. 바이든 정부의 정책 기조는 2020년 대선 때 이미 드러났었는데, 서둘렀으면 현대자동차의 미국 내 전기차 공장은 2023년, 아니 2022년 하반기에 가동될 수도 있었다. 현대자동차가 미국에 자동차 공장을 짓고 처음 가동한 건 2005년이다.

현대자동차의 조지아주 전기차 공장 가동이 2024년 하반기라고 한다면, 내연 기관 공장이 가동된 지 20년이 지나 전기차 공장이 가동되는 격이다. 사실 현대자동차그룹에서 미국에 전기차 공장을 지으려는 시도를 한 것은 오래되었다. 하지만 현대자동차그룹은 국내외 생산 규모를 변경할 때 노동조합과 합의해야 한다는 조항으로 인해 미국에 전기차 공장을 짓는 것이 계속 미뤄졌다. 그럼 왜 노동조합은 이를 반대했을까? 아이오닉 5는 울산1공장에서, EV6는 화성2·3공장에서 생산하는데, 국내 공장에서 생산된 물량의 절반 이상이 해외로 수출되고 그중 절반 이상이 미국으로 수출된다. 즉 미국에서 판매할 전기차를 미국에서 생산한다면, 국내 공장의 생산량은 4분의 1 이상 감소한다. 이는 국내 공장의 생산 인력 감소로 이어질 수 있다. 노동조합의 입장, 그들의 이해관계만 보면 반대할 만한 이유라 할 수도 있다. 하지만 기업 없이 노동조합도 없다. 기업의 미래, 자동차 산업의 미래, 대내외 경제, 정치 상황을 간과하면 결국 기업의 위기, 그로 인한 노동조합의 위기를 맞는다.

미국 정부가 자국 기업, 자국민의 이익을 위해 돈을 쓰는 건 정당하다. 그것을 막을 수 없다. 그 어떤 정부도 남의 나라를 위해 자국 기업의 손해를 허용하지 않는다. 한국은 제조와 수출 중심의 경제이고 국제 외교, 국제 정치에서 결코 강대국이 아니다. 정부가 힘없고 무능하면 한국 기업으로선 더 위기가 가중된다. 한국 기업으로선 시장 변화에 발빠르게 대응하고 생산성과 효율성을 높여야 살아남는다. 그런 점에서 제조, 생산에서 R&D 인력 비중을 높이고 생산직 인력을 낮추며 자동화, 무인화, 스마트화 시키는 것은 선택이 아닌 필수일 수밖에 없다.

왜 현대자동차는 송창현을 원했는가?

▼

2022년 8월, 현대자동차그룹은 4276억 원을 들여 포티투닷42dot을 인수한다고 공시했다. 현대자동차가 2746억 원을, 기아자동차가 1530억 원을 들여서 각기 지분율은 55.9%, 37.3%가 된다. 현대자동차그룹의 계열사가 된 셈이다. 포티투닷은 2019년 3월 시작해 2022년 7월 기준 직원 수는 166명에 불과하다. 이 회사가 창업 이후 3.5년간 투자받은 금액은 5766억 원이 넘는다. 자동차 회사, 금융사, 통신사, 렌털 회사 등 수많은 대기업이 이 회사에 투자를 했고, 최종적으로 현대자동차그룹에 M&A된 것이다. 자율 주행 기반 모빌리티 스타트업 포티투닷(전, 코드42)은 네이버 최고 기술 책임자CTO, 네이버의 R&D 전문 회사 네이버랩스 CEO를 거친 송창현 대표가 2019년 3월에 설립한 회사다. 자율 주행 솔루션 Akit, 자율 주행 택시 호출 플랫폼 TAP!, 모빌리티 플랫폼 유모스UMOS, Urban Mobility Operating System를 개발하는데, 포괄적인 수송 서비스를 의미하는 TaaSTransportation as a Service를 구현하는 게 핵심 사업이다. TaaS는 물류에서의 LaaSLogistics as a Service와 교통에서의 MaaSMobility as a Service를 통합한 상위의 개념이다. 자율 주행차뿐 아니라 로봇 택시, 배달 로봇, 드론, 도심형 항공 모빌리티UAM 등 미래의 모든 이동 수단을 통합해 교통, 물류, 쇼핑 서비스를 제공하는 통합 플랫폼을 개발한다. 차량 상태와 주행 데이터를 활용해 개인화된 서비스를 제공할 수도 있고, 데이터를 실시간 활용하는 통합 데이터 플랫폼도 구축한다. 모든 자동차업체는 완성차 제조업체를 넘어 스마트 모빌리티 솔루션 기업, 통합 모빌리티 서비스 기업을 지향한다. 글로벌 자동차 기업들이 다들 모빌리티 비즈니스 기업임을 천명하고, 소프트웨어 퍼스트를 외친 지 오래다. 다들 테슬라처럼 SDV~Software Defined Vehicle~(소프트웨어로 정의되는 차량) 개발 체제로 전환하고, 차량의 기능 개선을 무선 wi-fi으로 소프트웨어 업데이트하는 OTA~Over The Air~를 도입하는 방향으로 가고 있다. 자동차 산업에서 소프트웨어이자 모빌리티 서비스의 중요성은 점점 커져 간다. 하지만 현대자동차가 글로벌 자동차 산업의 소프트웨어와 모빌리티 서비스에서 우위를 가진 건 아니다. 2019년 4월, 창업한 지 1달밖에 안 되어 직원도 몇 명 없던 회사의 대표를 현대자동차그룹 정의선 회장(당시는 수석부회장)이 직접 만나 모빌리티 협력에 대해 논의했고, 바로 현대자동차는 투자를 해서 지분 20%를 취득했다. 그 몇 달 후 기아자동차도 지분을 16% 확보했다. 그만큼 송창현 대표의 역량에 대한 기대치가 컸다는 의미다.

2021년 4월 현대자동차그룹은 TaaS 본부를 신설했다. 전략 기술 본부와 ICT 본부, AIRS 컴퍼니 등에 흩어져 있던 유관 조직을 다 모은 것이다. 글로벌 모빌리티 서비스 전략 수립에서 기획·개발·운영까지 모빌리티 기능을 총괄하는 중요한 부서로서, 현대자동차그룹의 미래 먹거리이자 미래 자동차 산업에서 가장 중심이 될 본부를 만들면서 포티투닷 송창현 CEO를 TaaS 본부장(사장)으로 영입했다. 현대자동차 본부장을 하면서 다른 회사의 대표를 하도록 겸직을 허용한 것도 이례적이다. 외부 영입에서 바로 사장 직급을 준 것도 현대자동차의 그동안의 행적에선 이례적이었다. 2022년 2월에는 그룹 연구 개발 본부 산하에 차량 SW 담당 조직을 신설했는데, 여기 수장을 송창현 대표가 맡았다. 연구 개발 본부와 TaaS 본부를 서로 연계시킨 것이면서, 향후 SDV

개발 체제로 전환하는 과정에서도 TaaS 본부의 역할이 커진다는 의미기도 하다. 2021 HMG(현대차그룹) 개발자 콘퍼런스(2021년 11월)의 키노트 스피치를 맡은 송창현 TaaS 본부장은 TaaS 사업 비전을 실현하기 위한 핵심 경쟁력으로 AMES를 제시했다. AMES는 자율 주행Autonomous, 모빌리티Mobility, 탄소 중립을 위한 에너지 플랫폼Energy, 소프트웨어Software의 앞 글자를 딴 말이다.

현대자동차그룹의 포티투닷 인수는 예견된 일이었다. 현대자동차에게 포티투닷은 중요한 회사다. 현대자동차그룹이 가야 할 미래 자동차 산업에 중심 역할이기 때문이고, R&D 조직의 핵심이 된다. 포티투닷 인수를 발표한 시점에 현대자동차그룹은 국내에 글로벌 SW 센터를 설립하는 것도 발표했다. SDV 개발 체제로의 조기 전환을 위해 글로벌 SW 센터를 만들고, 그룹 내 SW 역량을 결집시키는 것이다. 글로벌 SW 센터의 핵심 역할을 포티투닷이 맡고, TaaS 본부의 SW 개발 인력 50~60명을 포티투닷으로 통합하는 방안이 공개되었다. 외부에서 SW 인력을 대거 영입해서 글로벌 SW 센터 조직을 크게 만들 텐데 여기서도 송창현 대표의 역할이 크다. 이건 그의 테크 역량도 중요하지만, 그로 인해 조직의 일하는 방식이나 조직 문화가 바뀌는 것도 주목해야 한다. 테크 기업의 문화를 자동차 기업에 뿌리내리게 할 것이기 때문이고, 정의선 회장이 그를 선임하고 막중한 역할을 계속 부여하는 데에는 이런 이유가 포함되어 있을 것이다. 가장 보수적이고 경직된 제조 기업의 문화를 바꾸는 작업이 현대자동차그룹에서 계속 시도되고 있었는데, R&D 중심이자 소프트웨어 중심으로 무게 중심이 옮겨가는 것으로 결정적 전환을 맞을 수 있다.

현대자동차그룹의 현대자동차, 기아자동차, 현대모비스 3개 사가 4억 2400만 달러(한화 5500억 원 정도)를 투자해 미국 보스턴에 로봇 AI 연구소를 만든다. MIT, 하버드대학교 등 세계 최고 대학들과 연구 기관, 글로벌 테크 기업들이 많이 있는 보스턴 케임브리지에 연구소를 설립하는 것은 산학연 협업과 인재 확보 등의 이유다. 연구소 이름은 '보스턴다이내믹스 AI 인스티튜트'가 되는데, 보스턴다이내믹스 창업자이자 회장을 지낸 마크 레이버트가 연구소장 겸 CEO를 맡는다. 현대자동차그룹이 2021년 6월 세계적인 로봇 기업 보스턴다이내믹스 인수를 완료했는데, 지분 80%를 인수하는 데 1조 원가량이 들어갔다. 여기에 5500억 원 정도를 더 들여서 로봇 AI 연구소도 만드는 것이다. AI와 로봇은 현대자동차그룹의 미래 먹거리 중 하나다. 가장 유망한 미래 산업 중 하나가 로봇인 건 분명하다. 테슬라가 개인용 로봇 비서 테슬라봇을 만드는 것도 우연이 아니다. 현대자동차그룹에 따르면, 전 세계 로봇 시장은 2020년 444억 달러(약 58조 원)에서 2025년 1772억 달러(약 231조 원)로 성장할 것으로 전망했다. 현대자동차는 보스턴다이내믹스 인수 전부터 로봇 사업을 하고 있었다. 그중 하나가 벡스VEX인데, 2022년 하반기 웨어러블 로봇 벡스를 국내 사업장에 시범 도입한다. 벡스를 착용한 작업자가 공구와 함께 팔을 올리면 최대 6킬로그램가량의 힘을 더해 줘 근골격계 질환 예방은 물론 작업 효율성도 높일 수 있다. 벡스는 현대자동차 미국, 인도, 인도네시아, 멕시코 공장의 생산 라인에서 사용 중이고, 기아자동차 광명 사업장 생산 라인에서도 사용한다. 현대자동차는 하반신 보조 로봇 '첵스CEX'도 개발했고, 의료용 웨어러블 로봇 '멕스MEX'도 미 FDA 인증을 진행 중이다.

▶▶▶ 현대자동차그룹은 2021년 6월 세계적인 로봇 기업 보스턴다이내믹스를 인수했다. 지분 80%를 인수하는 데 1조 원가량이 들어갔다. 여기에 5500억 원 정도를 더 들여서 로봇 AI 연구소도 만든다. AI와 로봇은 현대자동차그룹의 미래 먹거리 중 하나다. (출처: 현대자동차)

▶▶▶ 현대자동차그룹은 2022년 하반기 웨어러블 로봇 벡스를 국내 사업장에 시범 도입한다. 벡스를 착용한 작업자가 공구와 함께 팔을 올리면 최대 6킬로그램가량의 힘을 더해 줘 근골격계 질환 예방은 물론 작업 효율성도 높일 수 있다. (출처: 현대자동차)

2022년 8월, 현대자동차에 흥미로운 직군의 채용이 진행되었다. 달 탐사 모빌리티 개발 전 부문을 총괄하는 '달 탐사 모빌리티 프로젝트 관리' 직군이다. 항공, 우주 분야 정부 출연 연구 기관들과 공동 연구 협약을 체결해서 달 탐사에 필요한 로봇 개발, 달에서 이동할 모빌리티 개발을 하는 것이다. 아울러 미래 항공 모빌리티AAM 사업도 전개하고 있는데, AAM은 도심 항공 모빌리티UAM와 지역 간 항공 모빌리티RAM를 포괄하는 개념이다. 사실 이런 사업은 기존에 없던 사업이다. 기존에 주도권을 가진 강자가 없는 분야이며, 누가 먼저 상용화하느냐에 따라 시장의 주도권을 가질 수 있다. 국토교통부에 따르면, 글로벌 UAM 시장은 2023년 61억 달러(약 8조 원)에서 2040년에 6090억 달러(약 800조 원)로 커진다. AAM 시장으로 확대하면 훨씬 더 큰 시장이 된다. 사실 이런 사업들과도 AI 로봇 연구소, 글로벌 SW 센터, TaaS 본부 등이 밀접하게 연결된다. 이들이 바로 자동차 기업의 미래를 만드는 셈이다. 제조 산업의 경쟁력은 R&D이고, 그중에서도 탁월한 리더가 중요하다.

당신도 이제 로봇 택시를 탈 것인가?

▼

팬데믹을 겪으며 우린 택시 대란을 겪고 있다. 수많은 법인 택시 기사가 이탈했다. 그들이 간 곳은 음식 배달업이다. 밤늦게 술 마시고 우리가 탔던 택시는 대부분 법인 택시였는데 이들 중 4분의 1 이상이 이미 택시업계를 떠났다. 개인 택시는 이탈하지 않았지만 이들은 자영업자다. 아침에 출근하듯 나와서 저녁까지 일하고 밤엔 집에서 쉰다. 굳이

고생해 가면서 밤늦게 취객을 상대할 필요가 없다. 당연히 밤늦게 택시 잡기 어려워지는 대란이 벌어질 수밖에 없다. 팬데믹이 끝나도 택시 대란이 해소되긴 쉽지 않다. 택시 요금을 크게 올려 주지 않고선 음식 배달업으로 간 기사를 데리고 오는 데 한계가 있다. 택시 요금을 올려도 사납금도 같이 올려 버릴 것이다. 계속 택시 요금 인상이 시도되겠지만 택시 대란을 해소하는 건 궁극엔 로봇 택시로의 전환일 것이다. 너무 먼 이야기 같다고? 아니다. 이미 시작된 미래다.

포티투닷은 서울에서 로봇 택시를 처음 상용화시킨 회사이기도 하다. 포티투닷은 2021년 11월 자율 주행차 한정 운수 면허를 취득했고 서울시 자율 주행 운송 플랫폼 사업자로 선정됐다. 2021년 12월 자율 주행 택시 시범 운영에 이어, 2022년 2월 10일부터 유료 서비스를 시작했다. 서울 마포구 상암동(자율 주행 자동차 시범 운행 지구)에서 2개 노선(각기 5.3킬로미터, 4.0킬로미터 구간), 4대를 운영했는데, 자율 주행 택시는 기아의 전기차 니로EV에 솔루션 Akit을 달아 자율 주행차로 개조했다. 차량 지붕 등 7곳에 카메라를 설치했고 범퍼 등 5곳에 레이더를 달았다. 전용 앱으로 실시간 호출해 탑승할 수 있고, 요금은 회당 2000원이다. 2022년 6월부터 상암동 내 자율 주행 택시는 7대로 늘었고, 운행 노선도 3개로 늘었다. 점차 운행 대수를 늘리고 지역을 강남으로도 확대하고 있는데, 일부 제한된 구역에서 하고 있긴 하지만 유료화된 로봇 택시의 시작이다. 포티투닷은 국토교통부가 주관하는 포항 스마트시티 챌린지 사업에서 DRT 운행도 맡고 있다. DRT는 정해진 노선 안에서 운행 구간과 횟수, 시간 등을 탄력적으로 운영하는 신개념 대중교통 수단이다. 택시뿐 아니라 버스도 자율 주행, 로봇화되는 게

▶▶▶ 2022년 6월 국토교통부와 서울시가 현대자동차와 함께 서울의 강남대로, 테헤란로 등에서 전기차 아이오닉5 기반의 자율 주행 차량 로보라이드를 시범 운행했고, 8월부 터는 사람도 태웠다. (출처: 현대자동차)

미래의 방향이다.

　로봇 택시는 현대자동차도 추진하고 있는 사업이다. 2022년 6월 국토교통부, 서울시가 현대자동차와 함께 서울의 강남대로, 테헤란로 등에서 전기차 아이오닉5 기반의 자율 주행 차량 로보라이드를 시범 운행했고, 8월부터 사람도 태웠다. 로보라이드는 레벨 4 수준의 자율 주행 기술이 적용되었다. 현대자동차그룹은 미국에서 2023년부터, 한국에서 2024년부터 로봇 택시 상용화를 할 계획을 2021년에 발표한 바 있었다. 이는 현대자동차그룹과 미국의 자율 주행 기업 앱티브가 합작해 만든 기업 모셔널이 진행하는데, 2022년 하반기 라스베이거스에서 차량 공유 회사 리프트와 함께 아이오닉5 기반으로 차량 호출 택시 서비스를 시작(운전자가 탑승하지만 운전에 개입하지 않는 상태)했고, 로봇 택시를 이용해 음식 배달 서비스도 하고 있다. 2023년부터는 완전 무인 자율 주행으로 서비스를 전개한다.

레벨 3 자율 주행 기술 HDP_{Highway Driving Pilot}가 탑재된 제네시스 G90이 2022년 12월 출시된다. 자율 주행 기술은 레벨 0부터 레벨 5까지 총 6개 단계인데, 레벨 3이 적용된 자동차는 벤츠의 S클래스와 혼다 레전드의 최신형 일부 모델이다. 제네시스 G90에서 레벨 3 적용 모델이 판매된다면 상용화된 자동차에선 3번째가 된다. 그렇다고 이걸 기술에서 세 번째라고 이야기할 순 없다. 레벨 3이 적용된 차를 출시하는 건 안전성과 가격 문제가 있기 때문이다. 더 진화된 기술에는 더 비싼 비용이 요구되기 마련이고, 교통 관련 법 제도와도 연결되는 문제이기에 레벨 단계를 높이는 건 여러 복합적 문제가 얽혀 있다. 그럼에도 불구하고 현대자동차가 레벨 3 적용 자동차를 출시하는 건 관련 시장에 대한 의지로도 볼 수 있다. 그리고 한국은 2020년에 이미 레벨 3 자동차를 국내에서 출시, 판매할 수 있는 안전 기준을 도입하기도 했다. 물론 레벨 3 판매가 시작되고 운행이 되면 보험에서 이슈가 발생한다. 레벨 3 자동차가 사고 났을 때의 사고의 주체와 책임을 가려내는 가이드라인이 아직은 명확히 없다. 레벨 3 적용 자동차가 출시되고, 운행 과정에서 다양한 사고를 겪으면서 좀 더 세밀한 가이드라인이 나올 수밖에 없는데, 2023년부터 본격적으로 만들어지긴 할 것이다. 보험 회사도, 자동차 회사도 손해를 보려 하지 않을 테니 운전자인 개인이 불리할 수밖에 없긴 하다.

지금 운행되는 자동차에서 소위 반자율 주행이라 불리는 기술은

SAE 자율 주행 레벨 구분

레벨 구분	Level 0	Level 1	Level 2	Level 3	Level 4	Level 5
명칭	無 자율 주행	운전자 지원	부분 자율 주행	조건부 자율 주행	고도 자율 주행	완전 자율 주행
자동화 항목	없음 (경고 등)	조향 or 속도	조향 & 속도	조향 & 속도	조향 & 속도	조향 & 속도
운전 주시	항시 필수	항시 필수	항시 필수	시스템 요청 시	작동 구간 내 불필요	전 구간 불필요
자동화 구간	–	특정 구간	특정 구간	특정 구간	특정 구간	전 구간

자료 : 대한민국 전자정부

레벨 2다. 앞차 간격과 차선을 잘 지키며 자율 주행하지만 운전대에서 손을 계속 떼면 경고를 한다. 자율 주행 기술을 자랑하는 테슬라지만 공식적인 단계에선 레벨 2에 해당된다. 레벨 2를 자율 주행으로 맹신하다가 교통사고가 나는 경우도 미국에선 많이 발생한다. 레벨 3부터는 고속 도로나 자동차 전용 도로에서 손을 떼도 된다. 그래서 레벨 3부터가 진정한 자율 주행의 시작으로 보는데, 앞서 이야기한 무인 자율 주행 택시이자 로봇 택시가 레벨 3~4에 해당된다. 시장 조사업체

KPMG에 따르면, 글로벌 자율 주행차 시장 규모는 2035년 1조 달러 (약 1310조 5000억 원)까지 커진다. 한국자동차연구원에 따르면, 2035년 국내 자율 주행차 시장 규모는 26조 1794억 원이다. 현대자동차그룹은 2030년까지 전기차와 자율 주행 자동차, UAM 등 미래 자동차 산업의 중심 시장을 위해 95조 원을 투자할 계획을 갖고 있다.

왜 "최악의 상황에 대비하라"는 말이 유행할까?

▼

요즘 경영자들이 직원들에게 주는 메시지에 단골로 등장하는 것이 바로 "최악의 상황에 대비하라"이다. 이건 투자업계에서도 급증한 메시지다. 이 말이 유행하는 이유는 경기 침체 때문이다. 미국이 겪는 40여 년 만의 인플레이션, 빅 스텝을 지나 자이언트 스텝으로 단기간 급등하는 기준 금리, 경기 침체가 이어지며 스태그플레이션이 될 우려가 위기감을 고조시킨다. 지금도 위기지만 이보다 더 위기가 심각해질 것이라는 비관주의자들의 목소리도 커진다. 기업이 위기에 할 수 있는 최선의 선택은 구조 조정 아니면 생산성과 효율성 향상이다. 직원을 줄여 비용을 절감하거나, 아니면 비용은 그대로 두되 생산성과 효율성을 높여 비용 이상을 거두면 된다. 소소한 변화가 아니라, 패러다임이 바뀔 큰 변화는 위기 속에서 나온다.

알파벳(구글)의 2022년 2분기 매출은 696억 9000만 달러(약 91조 3000억 원)다. 전년 동기 대비 12.6% 성장했다. 그런데 구글의 순다 피차이Sundar Pichai CEO는 위기를 이야기했다. 직원들에게 경제 위기의 영향을 받고 있으며, 2023년까지 채용과 투자를 줄이겠다는 메시지를 보냈다. 매출이 올랐는데 왜 위기를 얘기할까? 사실 알파벳은 계속 성장하는 회사다. 분기 매출 성장률은 20%대가 보통이고, 팬데믹 쇼크를 입었던 2020년 2분기 이후 급속도로 회복하고 2021년엔 급등하기까지 했던 매출 성장률이 크게 꺾인 것이다. 시장 전망치 699억 달러보다 실제 실적은 낮았다. 결정적으로 순이익은 전년 동기 대비 -13.6%였다. 증가는커녕 크게 줄어든 것이다. 알파벳 매출의 80% 이상이 광고 부문 매출인데, 온라인 광고 시장의 위축이 매출 성장률 감소의 원인이다. 경제 위기는 기업의 광고를 크게 위축시키고, 이는 고스란히 구글에게 타격이 된다. 인플레이션과 스태그플레이션 등 우려되는 경제 상황이 2023년까지 이어질 수 있고, 온라인 광고 시장의 위축도 더 이어질 수 있다. 분명 알파벳으로선 위기가 맞다.

알파벳은 S&P 500 기업 중에서 직원들의 연봉 중간값이 가장 높은 회사다. 2021년 기준 29만 5884달러가 연봉 중간값이다. 3억 7000만 원을 받는 것이 연봉 순서로는 딱 중간이란 얘기다. 우리나라에선 3억 7000만 원은커녕, 1억 원 연봉도 높은 편이다. 삼성전자, 현대자동차, SK하이닉스, 네이버, 카카오 등 평균 연봉 1억 원대는 대기업에서 꽤 있지만, 대다수 직장인들에게 여전히 1억 원은 목표 기준이다. 하여간 알파벳으로선 경제 위기 상황과 온라인 광고 매출 감소, 순이익 감소를 겪으며, 인력 조정을 할 수도 있다. 2022년 상반기에 가뜩이나 인력 채용을 역대급으로 많이 하기도 했다. 2022년 2분기 기준, 알파벳 직원 수는 17만 4000명이다. 2021년 12월 기준 15만 6500명이었으니 단기간에 1만 7500명이 증가했다. 2021년까지 분위기는 좋았다. IT 기업의 주가는 치솟았고, 미국 경제와 기업의 실적도 좋았다.

2022년에 코로나19 팬데믹도 끝날 것 같았고, 빅 테크의 성장도 계속될 것 같았다.

하지만 러시아 전쟁과 심각한 인플레이션, 팬데믹은 쉽게 끝나지 않고, 경기 침체까지 왔다. 이러다 보니 정리 해고를 통해 인력과 인건비를 크게 줄이는 선택을 할 것이라고 보는 직원들이 많았다. 하지만 새로운 고용을 늦추고, 투자를 줄이고, 기존 인력을 재배치하는 계획만 세울 뿐, 인위적인 인력 감소는 하지 않겠다는 메시지를 CEO와 CPO(최고 인사 책임자)가 말했다. 대신 강조한 메시지가 바로 업무 효율성이다. CEO가 모든 직원이 참여하는 미팅에서 직원 수에 비해 생산성이 높지 않음을 공개적으로 제기했다. 생산성 향상을 위해 심플리시티 스프린트Simplicity Sprint라는 인사 프로그램을 도입하는데, 직원들이 일할 때 집중력과 추진력을 향상시키고 주의를 분산시킬 요소를 최소화해서 업무 효율성을 극대화하는 것이다. 확실히 일 많이 시키겠다는 이야기고, 성과주의 강화하겠다는 의미다. 인위적 정리 해고는 하지 않겠지만 효율성, 생산성 중심의 인사 프로그램 도입으로 결국 성과 미달자들이 밀려날 수밖에 없을 것이다.

2021년엔(일부 2022년 상반기까지) 테크 기업이 인력을 블랙홀처럼 빨아들이듯 고용을 늘렸고, 그에 따라 연봉 기준도 크게 높아졌다. 이는 한국의 테크 기업도 마찬가지다. 그런데 미국의 테크 기업에서 고용이 줄어들고, 심지어 마이크로소프트, 오라클 등 정리 해고에 나서는 곳도 있고, 실리콘 밸리에서 치솟던 연봉 상승률도 둔화되었다. 국내에서도 마찬가지다. 기업 조직에서 무임 승차자와 관료주의가 완전히 사라지는 건 모두가 원하는 일일까? 아니다. 무임 승차자들로선 원치 않

▶▶▶ 신한카드는 2018년 처음으로 AI 상담을 도입한 이후, 2021년 이용 건수는 1040만 건이었고, 2022년에는 3000만 건에 달할 것으로 예상된다. (출처: 신한카드 홈페이지)

는다. 관료주의로 입지를 다진 이들도 원치 않는다. 하지만 경기 침체와 기업이 직면한 위기 속에서 기업들은 그동안 풀고 싶었지만, 풀기 어려웠던 이 문제를 풀어 낼 것이다. 전화위복이다. 바로 로봇, AI, RPA 등 기술적 진화가 만들어 낸 효율성, 생산성의 무기들로 풀어 낼 것이고, 궁극엔 공무원, 관료 사회, 정치권 등 비효율과 저생산성이던 그들도 변화를 외면할 수 없게 된다. 그동안 힘 없는 일자리가 먼저 기술적으로 대체되고 진화했다. 힘 있는 일자리는 어떻게든 저항하고 진화를 막거나 둔화시켰다. 아마 그것이 아니었다면 관료 사회와 정치인이 제일 먼저 대체되었어야 했다.

　신한카드가 AI 상담을 처음 도입한 건 2018년이다. 2021년 AI 상담 이용 건수가 1040만 건이었는데, 2022년 1~7월만 1660만 건이다. 7월 한 달간 이용 건수도 370만 건 정도이니, 2022년 연말에 연간 3000만 건은 가볍게 넘을 것이다. 양만 늘어난 게 아니라 AI 상담의 질적 수준도 계속 높아졌는데, 신한카드가 2021년 3월에 'AI 컨택센터 AICC'를 오픈했다. AICC는 빅데이터로 학습된 AI 상담원이 다양한 분야의 고객 상담을 하는 서비스다. 2930만 명의 카드 사용자의 데이터, 매월 280만 건 축적되는 상담 데이터를 활용하는데, 점점 더 정교한 데이터와 자연어 처리 능력 고도화로 사람 상담원의 자리를 대체해 가고 있다. 이건 다른 카드사, 보험사, 통신사 등 상담원이 필요한 기업에선 공통적인 흐름이다. 은행에서 처리되는 업무 중 은행 점포 창구에서 사람이 직접 처리한 비중은 6% 정도다. 94%가 온라인 플랫폼이나 스마트폰 애플리케이션, ATM 등이 처리한 것이다. 주차 요금을 낼 때 사람이 아닌 단말기(키오스크)로 계산하는 것이 이미 보편적이다. 이미 우린 사람이 아니어도 되는 시대를 살고 있다. 그리고 이건 사람이 싫어서 생긴 변화가 아니다. 효율성과 생산성을 극대화시켜야 하는 시대여서 그렇다.

10장

절제의 시대, 축소 지향과 극단적 효율성

Life_Trend_2023

#극단적효율성 #절제 #비소비 #축소지향 #축의금 #상호부조 #자발적고립
#FOMO #스탠딩카페 #스탠딩바 #다치노미 #무알콜 #제로탄산

축소 지향과 극단적 효율성도 과시적 비소비와 연결되는 트렌드다. 관성적 소비를 과감히 버리고, 줄이는 욕망이 일상으로 확대된다. 우린 극단적 효율성의 시대를 살아가고 있다. 어디까지 버리고 줄일 수 있을까? 막연한 풍요의 시대는 끝났다. 절제의 시대다.

효율성은 기업에서만 필요한 게 아니다. 우리의 의식주와 라이프, 소비에서도 효율성은 필요하다.《라이프 트렌드 2020: 느슨한 연대 Weak Ties》에서 관계의 축소이자 효율성 극대화가 직장, 공동체, 인간관계 등에서 확대되는 메가 트렌드를 다뤘는데, 코로나19 팬데믹을 만나면서 느슨한 연대는 더 가속화되었다. 느슨한 연대는 과시적 비소비 트렌드와도 연결된다. 인간관계에서 자신을 중심에 두고 불필요한 관계를 끊어 내고, 관계에서 오는 스트레스를 줄이고, 자신에게 더 집중하고, 심지어 자발적 고립도 하는 건 '인간관계'에 대한 '비소비'가 되는 셈이다. 과거엔 관계의 중심에서 수많은 사람과 연결되고, 연결에서도 주도적이고 적극적인 소위 인싸들이 과시되는 이미지였는데, 이젠 스스로를 잘 숨기고 단절시킨 아싸들도 충분히 과시가 된다. SNS에선 아싸도 자신의 아싸스러움을 과시하듯 드러낸다. 트렌드는 늘 인싸들만 주도해 왔었는데 이제 아싸도 트렌드 주도자가 될 수 있고, 존재감도 충분히 드러내는 시대가 되었다. 드러내지 않고, 축소시키고, 끊어 내는 게

합하고, 심지어 과시적 욕망에 부합되기도 한다. 절제의 시대, 우리가 가진 욕망을 주목하면 새로운 기회가 보인다.

결혼식 축의금을 안 내겠다는 사람들

▼

결혼식에 갈 때 축의금을 안 내고 대신 밥도 안 먹고 축하 인사만 하고 오는 건 예의에 어긋날까? 직장 동료나 적당히 아는 사이에게 결혼식 청첩장을 주는 건 예의에 어긋날까? 결혼식에 참석하고 축의금을 내는 건 상호 부조相互扶助 문화의 산물이다. 한국 사회의 오랜 전통문화 중 하나가 상호 부조다. 농촌의 촌락 사회에서 출발한 상호 부조는 두레, 품앗이, 향약, 계 등을 비롯, 관혼상제에서 부조로 이어졌다. 평생 같은 동네에 살며 서로 농사지을 때 돕기도 하고 어려운 상황일 때 힘을 보태기도 한다.

평생 볼 사이이고 언제 서로에게 도움을 주고받을지 모를 사이다. 현대화, 도시화, 자본주의화되면서 상호 부조의 다른 부분들은 사라지거나 퇴색하거나 일부 농어촌에만 남아 있다면, 결혼식 축의금과 장례식 조의금은 여전히 남아 있다. 결혼식을 당사자만의 문제가 아니라, 혼주를 비롯한 가족, 친척, 그리고 이웃과 공동체의 공동 행사로 여겼다. 그래서 부조를 했고, 음식을 각자 준비해서 가져갔던 것이 현대로 오면서 돈으로 바뀌었다. 1960년대 전까지는 현물 부조가 더 많았다고 하고 1960년대 이후부터 현금 부조가 확대되어 지금은 현금 부조가 당연해졌다. 이웃사촌 문화와 공동체가 굳건했던 1980년대까진 전혀 문제가 없었고, 1990년대를 지나 2000년대에 접어들어서도 문제없었다.

▶▶▶ 결혼식에 초대받으면 축의금을 얼마나 내야 하는지가 항상 고민이다. 축의금을 회수할 기회가 없는 비혼주의자들에겐 더욱 고민이 된다.

하지만 2020년대는 조금 달라졌다. 아주 친한 절친의 결혼식만 가는 게 아니다. 적당히 가깝거나, 연락 안 된 지 오래된 동창이나, 얼굴만 아는 직장 동료가 건넨 청첩장을 두고 가야 할지 말지 고민하는 건 인지상정이다. 안 가면 몰라도 가면 축의금은 내야 한다. 오죽했으면 인터넷에 축의금 액수 기준을 이야기하는 우스갯소리가 회자되기도 했다.

결혼 정보 회사 듀오가 미혼 남녀 300명을 대상으로 결혼식 축의금을 조사한 결과, 5만 원이 48%, 10만 원이 40%였다. 여기에 친밀도에 따라서 15~20만 원이 넘어가기도 한다. 호텔에서 결혼식을 하는 이들도 늘어났는데, 예식 비용과 식사 비용이 비싼 호텔 결혼식에는 축의금 10만 원이 기본이 되기도 한다. 결혼 성수기인 5~6월엔 주말마다 결혼식에 참석하는 2030세대도 있는데, 한 달이면 꽤 많은 금액이 된다. 비혼주의자에겐 이렇게 쌓인 축의금들을 회수할 길이 없다. 심지어 자신보다 형편이 훨씬 괜찮은 지인의 결혼식에 돈을 보태지만, 정작 자신은 돌려받을 일이 없으니 이게 과연 상호 부조의 전통에 부합할까?

결혼하는 사람은 결혼식 때 축의금, 아이를 낳는다면 돌잔치 때 축의금을 받는다. 요즘은 결혼식 전에 브라이덜 샤워bridal shower나 출산 전 베이비 샤워baby shower를 하기도 한다. 브라이덜 샤워는 16세기 유럽에서 가난한 신부에게 살림살이나 지참금을 친구들이 모아서 준 것이 유래라는 설도 있고, 신부(브라이덜)에게 친구들의 우정과 선물이 쏟아진다(샤워)는 표현이라는 설도 있는데, 둘 다 우리의 축의금 문화와 비슷하다. 베이비 샤워는 출산이 임박한 여성이나 갓 태어난 아기를 축하하는 행사인데 미국에서 보편적 문화이기도 하다. 아이러니한 건 한국의 2030세대 중 결혼한 사람들 사이에선 결혼식도 하고 브라이덜 샤워도 하고, 돌잔치도 하고 베이비샤워도 하는 이들이 있다. 한국적 문화도 하고 서구적 문화도 하는 셈인데, 문제는 이 과정에 친구들이 돈을 모아서 보탠다는 점이다. 친구 모두가 다 결혼도 하고 출산도 하면, 서로 주고받는 문화가 되어서 손해될 게 없지만, 결혼도 출산도 할 생각이 없는 사람으로선 아무리 친구라도 이런 건 안 하면 안 될까 라는 생각이 들기 마련이다.

실제로 이런 문제는 소셜 네트워크나 온라인 커뮤니티에서 찬반 댓글이 팽팽할 논쟁거리이기도 하다. 과연 비혼주의자는 결혼식 축의금을 계속 내야 할까? 아니면 비혼주의자도 이제껏 낸 축의금을 되돌려 받기 위해서라도 무슨 비혼식이라도 해야 하는 걸까? 살다 보면 비혼주의자도 언제 어떻게 상황이 바뀔지도 모르는데 까탈스럽게 축의금 논쟁을 왜 벌이느냐는 사람도 있는데, 결혼했다가 바로 이혼하는 사람들은 축의금을 돌려주는 것도 아니지 않는가? 이건 결혼하냐 마냐의 문제가 아니다. 상호 부조라는 전통, 현금 부조라는 관성적 문화를 언제까지 이어 가야 할 것인가에 대한 문제다.

1인 가구라는 말을 들으면 결혼하지 않은 2030세대가 먼저 떠오르는가? 예전엔 그랬다. 1인 가구를 결혼 전 잠시 거쳐 가는 단계로 여겼던 시대가 있었다. 결혼을 하고 자녀를 가지는 걸 당연히 여겼던 시대를 살아온 이들이 여전히 많다. TV 프로그램 〈나혼자 산다〉를 보면, 결혼 전의 젊은 1인 가구만 주로 그려진다. 하지만 현실은 바뀌었다. 실제로 1인 가구 중 미혼 비율이 가장 많지만 이혼, 사별도 점점 비중이 높아진다. 그리고 이젠 미혼과 비혼은 확실히 구분해야 한다. 미혼은 언젠가 1인 가구에서 이탈하겠지만 비혼은 계속 1인 가구로 머물 것이다. 비혼도 늘고, 이혼도 늘고, 설령 이혼하지 않더라도 노령화 사회에선 사별로 혼자될 경우도 늘어 간다. 점점 1인 가구가 늘어날 이유는 많다. 미래로 가면 갈수록 우린 1인 가구에 대해 '결혼하기 전'의 '2030' 이미지에서 벗어날 수밖에 없다. 통계청이 2022년 6월에 발표한 장래가구추계(2020~2050년)에 따르면, 2020년 1인 가구 수는 647만 7000가구로 전체 가구 중 31.2%이고, 2050년에는 1인 가구 수가 905만 4000가구로 전체 가구 중 39.6%가 된다.

1인 가구가 늘어 간다는 건 당연한 이야기인데, 여기서 주목할 것이 1인 가구 중 2030세대의 비중이 2020년에는 36.7%로 가장 높지만, 2050년에는 1인 가구 중 가장 높은 연령대 그룹은 70대 이상으로 42.9%가 된다. 2020년엔 전체 1인 가구 중 70대 이상이 117만 9000가구인데, 2050년엔 388만 가구가 되는 것이다. 저출산 노령화의 영향이다. 앞선 통계청의 추계 자료는 말 그대로 예측치다. 실제로는 그 예측보다 훨씬 가파르게 1인 가구가 증가한다. 통계청의 2021년 인구주택총조사 결과에 따르면, 1인 가구는 716만 6000가구이고, 전체 가구 중 33.4%다. 2020년 결과보다 1인 가구가 68만 9000가구가 늘었다. 비율로도 2.2% 포인트나 증가했다.

국내에서 혼인 건수가 가장 많았던 해가 1996년이다. 그해 43만 5000건의 결혼이 있었다. 전체 인구 4500만 명인 해다. 당시 결혼 적령기가 남자는 20대 중후반, 여성은 20대 초중반인 걸 감안해 보면, 그해 결혼한 사람들은 1966~1973년에 태어난 사람들이 많을 것이다. 1970년부터 출생자 통계 작성이 시작되었는데 1970, 1971년은 100만 명이 넘었고, 합계 출산율은 4.5명 정도였다. 1972, 1973년은 연간 출생자 수가 95~96만 명 정도였고, 1968~1969년 출생자도 연간 90만 명대에 가까웠다. 이 사람들이 바로 X세대다. X세대 중에서도 전반부에 해당되는 사람들로서 현재는 50대가 되었다. 현재의 4050세대가 X세대일 텐데, 이들에게 결혼은 확실히 필수였다. 이 시대를 살아간 사람들은 친구와 동료, 지인의 결혼식에 가장 많이 갔을 것이고, 집들이나 돌잔치에도 많이 갔을 것이다. 물론 빈손으로 가진 않았을 테니 이들이 바로 가장 많은 경조사비를 써 온 사람들이 될 것이다.

2021년엔 혼인 건수가 19만 3000건이다. 전체 인구가 5150만 명 정도이니, 1996년보다 인구는 2000만 명 더 많은데, 혼인 건수는 24만 건이나 줄어든 것이다. 조혼인율은 반토막이 아닌 3분의 1 토막 난 것이다. 통계청에 따르면, 2022년 상반기 혼인 건수는 9만 3111건으로

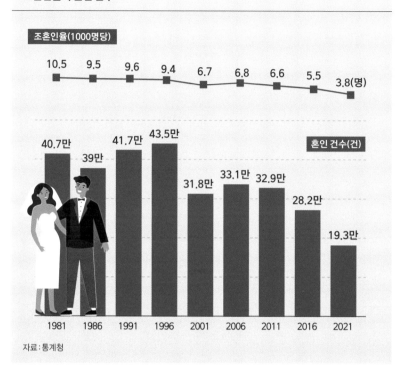

조혼인율과 혼인 건수

조혼인율(1000명당)

10.5   9.5   9.6   9.4   6.7   6.8   6.6   5.5   3.8(명)

40.7만   39만   41.7만   43.5만   31.8만   33.1만   32.9만   28.2만   19.3만

혼인 건수(건)

1981   1986   1991   1996   2001   2006   2011   2016   2021

자료: 통계청

반기 혼인 건수 역대 최저다. 2022년 연간 혼인 건수를 추산하면 역대 첫 18만 건대가 될 것이다. 과거엔 결혼 안 하는 게 비주류였다면, 이제 결혼하는 게 비주류가 되기 시작했다. 미혼과 기혼만 구분했던 시대가 아니라 미혼, 비혼, 기혼을 다 구분해야 하는 시대가 되었다. 설령 결혼해도 출산이 필수가 아니다. 연간 출생자 수가 1970년대 초반 100만 명대에서 계속 하락하며 2001년에 50만 명대가 되고, 2017년에 30만 명대로 내려오고, 2020년에 20만 명대가 되었다. 2021년 26만 600명

으로 2020년보다 4.3%가 줄었다. 통계청에 따르면 2022년 상반기 출생자 수가 12만 8138명으로 전년 동기 대비 6% 감소했으니, 2022년 연간 출생자 수를 추산해도 24~25만 명이 될 것이다. 2021년 합계 출산율이 0.81%였는데, 2022년은 0.7%대에 진입하는 해가 될 것이다. 출산율이 세계 최저 수준인데, 이는 가임기 여성의 탓이 아니다. 정부와 사회가 출산과 양육에 대한 신뢰를 주지 못한 탓이고, 문제의 방향을 제대로 파악 못 한 탓이다. 정부가 2006년부터 2020년까지 저출생을 해결하려고 쓴 예산만 380조 2000억 원이다. 연평균 25조 원이지만, 초기보다 점점 예산이 늘어나 2020년에 40조 원 정도였던 걸 감안해 2021년에서 2022년까지 쓴 것을 합치면 450조 원 정도다. 이런 막대한 돈을 쓰고도 출산율을 올리기는커녕 역대 최저 기록을 경신하는 건, 확실히 무능한 것이다. 관련 정책을 세우는 정치인이나, 집행하는 공무원 조직이나 헛돈만 쓴 것임에도, 여기에 따른 책임을 지는 사람은 없다. 매번 정책을 꺼낼 때마다 효과를 그럴듯하게 과대 포장하며 정치적 액션만 취했을 뿐, 막상 정책의 결과가 형편없었을 때는 조용히 넘어간다. 만약 민간 기업에서 이런 일이 있었다고 생각해 보라. 아니, 있을 수도 없다. 애초에 엉터리 같은 정책이나 실효성 없는 막연한 선심 쓰기 같은 발상에 박수를 쳐 줄 리 없다. 반대로 생각해 보면 보수든 진보든 어떤 정당이 정권을 잡아도 별 차이가 없었다는 건, 둘 다 무능해서 저출산 문제는 앞으로도 해결 못 할 것으로 보인다. 더 떨어질 수 없을 때까지 떨어져야 멈출 것이다. 그러는 사이 2030세대뿐 아니라 10대의 결혼, 출산에 대한 부정적(회의적) 태도가 계속 커지고 있다.

다시 본론으로 돌아가 보자. 이런 시대, 이런 나라에 사는 2030세대가 결혼식 축의금을 내는 게 당연할까? 안 내는 것도 충분히 타당할까? 이건 엄밀히 돈의 문제만이 아니다. 관성의 단절, 낡은 과거의 유산과의 단절이기도 하고, 이 또한 관계에 대한 비소비적 태도이기도 하다. 축의금을 안 내겠다는 비혼주의자가 싸가지 없는 게 아니라, 합리적이면서 효율적일 수 있다고 생각해 볼 필요도 있다. 과연 결혼식의 현금 부조라는 관성은 언제까지 이어져야 할까?

자발적 고립을 받아들인 자발적 아싸의 시대

▼

포모FOMO는 고립 공포감Fear of missing out 을 뜻한다. 남들과 어울리지 못하고 소외되는 것에 대한 두려움을 말하는데, 끈끈한 연대이자 집단의 시대 때만 있었던 게 아니다. 오히려 지금이 더 클 수도 있다. 그래서 우린 소셜 네트워크에서 연결되려고 하고, 인플루언서들을 따라 하거나 인싸가 되려고 하는 것일 수도 있다. 점점 더 개인화되는 사회에서, 자신을 지킬 것은 오로지 자기 자신이다. 그래서 우린 자신이 주도하는 연결을 원한다. 무조건 인플루언서가 되고 유명해지는 것이 목적이 아니라, 연결에서 자기 주도성을 가져서 필요할 때는 자발적으로 단절과 고립도 가능해지는 것이 목적이다. 필요할 때 잠시 연결했다가 필요 없으면 단절해도 된다. 이러기 위해선 끈끈하면 곤란하다. 가령 인플루언서 유튜버가 자신의 여행 영상을 올리면 그걸 보고 그 코스 그대로 따라간다. 여행 가서도 그 영상을 보면 인플루언서가 마치 친구처럼 설명해 주는 느낌도 든다. 분명 그 인플루언서와 개인적 연결은 없다. 하지만 정서적으로 연결된 듯한데 이런 것도 느슨한 연대가 된다. 이런 시

대에선 아싸도 트렌드 세터가 될 수 있다. 인싸보다 아싸가 숫자는 더 많다. 숨어 있던 아싸들을 소셜 네트워크에선 보다 쉽게 연결시키고 노출시킨다. 아싸의 라이프스타일도 다른 누군가의 아싸들이 따라 할 수 있고, 심지어 인싸들도 따라 할 수 있다. MBTI에서 외향적인 E가 아닌 내향적인 I들도 인싸가 많다. 관계의 주도성은 꼭 앞에 나서거나 목소리를 크게 낸다고만 되는 게 아니다. 인싸만 유리하던 시대에서 아싸여도 불리할 게 없는 시대로 바뀐 것은 오히려 자발적 고립, 느슨한 연대를 적극적으로 하는 이들을 늘어나게 만든다.

　우리가 그동안 관성을 쉽게 버리지 못한 가장 큰 이유는 고립이자 단절에 대한 공포 때문일 수도 있다. 분명 합리적으로 따져 보면 하지 않아도 될 일이지만, 그러다가 인간관계가 단절되거나 자신에 대한 평판이 안 좋아질까 봐 울며 겨자 먹기로 참고 하는 경우도 있다. 그런데 이젠 자발적으로 고립되고, 자발적으로 아싸가 되겠다는 이들이 늘어나면서, 관성에 대한 과감한 결별을 한다. 느슨한 연대 트렌드의 연장선상에서 관계의 절제는 앞으로 더 가속화될 것이다. 여기서 핵심은 고립과 아싸가 아니라 '자발적'이다. 이는 곧 관계에서 자기가 중심에 있다는 의미다. 자발적 고립 실험의 대명사 격인 헨리 데이비드 소로의 《월든》이란 책에는 "내 집에는 세 개의 의자가 있다. 하나는 고독을 위한 것이고, 두 번째 의자는 우정을 위한 것이고, 세 번째 의자는 사교를 위한 것이다"라는 내용이 있다. 자발적 고립을 위해 호숫가 숲속 오두막집으로 갔지만, 찾아올 친구나 연인을 위한 의자가 준비되어 있다는 것이다. 늘 오는 것이 아니라 언제 올지도 모를, 아주 가끔 올 사람을 위한 의자를 한정된 공간 안에 처음부터 준비해 뒀다는 것은 사회적 관계이자 교류를 버린 것이 아니라는 증거다. 자발적 고립을 위한 과감한 실험을 한 헨리 데이비드 소로지만, 그의 외로움 예찬이 빛을 발하기 위해서도 느슨한 연대가 병행되어야 함을 보여 주는 것이다. 우린 다른 사람과 연결되고, 사회와 연결되어 살아간다. 이런 연결이 주는 이득도 손해도 있다. 일방적 연결과 관계에 수동적으로만 대응했던 사람들이 점점 자기 주도권을 찾아가고 있는 것이 지금이다. 그러니 과거의 관성을 이어 갈 이유는 계속 줄어든다.

《라이프 트렌드 2017: 적당한 불편》에서 제시했던 '케미컬 휴먼: 화학적으로 결합하는 사람들'은 물리적으로 연결은 되어 있지만 각자 독립성을 최대한 보장하려는 이들의 라이프스타일로 외로움에 대한 새로운 해석이기도 하다. 혼자여서 외롭고, 함께면 외롭지 않다는 물리적 이분법을 넘어서, 혼자든 여럿이든 우린 물리적 연결 상황에 절대적 지배를 받는 게 아니기 때문이다. 관계와 연결에서의 자기 중심주의가 만들어 내는 트렌드다.《라이프 트렌드 2018: 아주 멋진 가짜 Classy Fake》에서 제시했던 트렌드 이슈 '나만의 월든을 찾는 사람들'은 자발적 고립을 지향하는 이들의 트렌드였다. 여기서도 핵심은 '자발적' 고립이자 고독 예찬이다. 고립되는 게 아니라, 스스로의 행복과 평안을 위해서 타인과 단절시키는 자기 주도적인 고립이다.《라이프 트렌드 2019: 젠더 뉴트럴 Gender Neutral》에서 제시했던 '로케이션 인디펜던트: 살고 싶은 곳에서 일한다!'는 물리적으로 출퇴근하는 직장으로부터의 독립이자, 자기 스스로가 하나의 독립적 생산 체제가 가능해진 시대의 라이프스타일이기도 하다. 여기서도 자기 주도성이자, 효율성이 중심이 되는 욕망이자 트렌드다.《라이프 트렌드 2020: 느슨한 연대 Weak Ties》에서는 우리가 가진 관계이자 인맥에 대한 욕망 변화를 중요하게 다뤘었다. 혈연, 학연, 지연이란 인맥이 퇴색되어 가는 것도, 평생직장이 사라지고 동료 간 끈끈함이 퇴색되는 것도 우리의 욕망이다. 그것이 더 편하고 합리적이고 효율적인 시대가 되었다는 의미다.《라이프 트렌드 2021: Fight or Flight》에서 제시했던 '극단적 개인주의: 믿을 것은 나뿐이다'에선, 극단적 개인주의가 오히려 사회적 투명성을 강화하는 데 기여할 수 있고, 극단적 개인주의가 자신에게 더 집중하게 만들어 취향의 심화, 자기 계발 열풍의 심화로도 이어진다는 것을 보여 줬다.《라이프 트렌드 2022: Better Normal Life》에서 제시한 '강력한 욕망이 된 셀프 행복: 믿을 것은 나뿐이다'에서도 극단적 개인주의 트렌드가 이어지는 흐름을 다뤘다. 소비 욕망에서도, 라이프스타일에서도, 위기에 대한 대응에서도 지금은 자기 자신만 믿을 수밖에 없는 시대다. 2021, 2022년은 펜데믹의 시대라서 더더욱 극단적 개인주의가 심화되었다. 이처럼 〈라이프 트렌드〉 시리즈에선 관계의 단절이자 외로움, 그에 따른 개인주의 심화를 중요한 트렌드 코드로 바라보고 있고, 매년 그에 대한 화두를 계속 제시하고 있는 중이었다. 2023년 트렌드에서 '축소 지향과 극단적 효율성'을 주목한 것도 이런 흐름의 연장선상에서다. 우리가 가진 축소 지향과 극단적 효율성의 태도는 인간관계를 넘어 삶의 모든 영역으로 확대된다. 직장에서의 일하는 방식에서도, 소비의 방식에서도 우린 효율성을 지향하고 본질에 집중하고 있다.

축소 지향과 스탠딩
: 관계를 줄여라, 본질에 집중해라!

▼

카페는 커피를 마시는 곳일까? 누군가를 만나 수다를 떨고 어울리는 곳일까? 술집은 술을 마시는 곳일까? 사람들과 어울리며 술자리를 즐기는 곳일까? 카페의 주인공은 커피가 아니라 사람이었고, 술집의 주인공도 술이 아니라 사람이었다. 《라이프 트렌드 2019: 젠더 뉴트럴 Gender Neutral》에서 '트렌드 코드가 된 스탠딩: 우리는 왜 서야 하는가?'를 트렌드로 다룬 바 있다. 그때 서서 일하는 스탠딩 워크가 실리콘 밸리 빅 테크 기업들에서 선택되고, 일본의 스탠딩 술집과 스탠딩 커피가 유행된 이야기를 소개했었다. 이제 한국에서도 성수동, 망원동

▶▶▶ 카페는 커피를 마시는 곳일까, 커피와 함께 사람들을 만나는 곳일까? 시대에 따라서 카페의 주인공은 바뀐다.

처럼 2030세대가 많이 가는 핫 플레이스에 스탠딩 카페, 스탠딩 술집이 늘어나고 있다.

일본에서 다치노미立ち飲み는 말 그대로 '서서 마시는 술집'이자 가볍게 한잔 마시고 가는 술집을 의미한다. 직장인들의 회식이 계속 줄어들고, 술을 마실 때도 가볍게 한 잔 정도만 하다 보니 단체 손님을 받던 대형 이자카야는 어려워질 수밖에 없고, 그 자리를 다치노미가 대체해 갔다. 서서 마시다 보니 퇴근 후 동료와 오거나, 혼자 오거나 짧게 한 잔만 마시고 간다. 대개 1인당 1000엔이면 안주 하나 시켜서 술과 함께 마신다. 다치노미는 지하철역 주변과 사무실 밀집 지역에 많다. 퇴근 후 한잔 먹고 집에 가기 좋은 위치다. 퇴근 후의 삶에 대한 관심이 높아지고, 워라밸도 보편적 문화로 자리 잡아 가다 보니 더 이상 늦게까지

마시며 만취하는 술 문화는 점점 외면될 수밖에 없다. 밀레니얼 세대는 기성세대보다 술 소비가 적다 보니 자연스럽게 다치노미 문화를 받아들이기도 쉽고, 샐러리맨들도 좀 더 경제적 부담 없이 즐기는 다치노미를 받아들이기 쉽다. Z세대는 밀레니얼 세대보다도 술 소비가 적다 보니 가볍고 짧게 마시는 술 문화는 앞으로도 계속될 가능성이 크다.

일본에선 1999년 다치노미의 1차 유행이 있었다. 직장인들이 퇴근 후 이자카야 대신 다치노미로 몰려갔었다. 싸고 간단히 즐길 수 있는 술집이 유행의 원동력이었다. 장기 불황의 영향이었다. 그리고 다치노미 2차 유행이 왔던 건 2000년대 중반이었다. 그땐 샐러리맨 때문이 아니라, 2030세대들과 여성들 때문이었다. 그 당시엔 이탈리아 요리나 스페인 타파스에 와인 한잔을 곁들이는 프리미엄 다치노미 음식점이 유행이었다. 해외여행과 다양한 해외 문화의 경험을 쌓은 2030세대들이 타파스나 핑거 푸드에 와인이나 스파클링을 곁들이는 스탠딩 파티 문화를 다치노미에서 가볍게 구현한 셈이다. 세련된 스탠딩 바Bar도 늘어 가는 것도 이런 흐름과 연결된다. 스탠딩 파티는 서구의 문화였지만 이젠 우리에게도 확산된 문화다. 앉아 있는 상태보다 서 있을 때 더 많은 사람들과 이야기하고 어울릴 수 있는데, 결국 스탠딩 파티의 확산은 사교 문화의 확산으로 볼 수 있다. 2010년대 후반부터 2020년대로 이어지며 확산되었던 다치노미 3차 유행은 워라밸과 저녁이 있는 삶의 영향이라 할 수 있다. 분명한 건 술 마시는 문화가 바뀌는 건 '인간관계'에 대한 태도 변화와도 연결된다. 한국의 핫 플레이스에서 스탠딩 술집이 늘어나는 건 일본의 다치노미 2차 유행의 이유와 같다. 스탠딩 파티 문화가 반영된 술집인 것이다. 사실 우리나라에도 일본의 다치노미

▶▶▶ '서서 마시는 술집'이라는 뜻의 다치노미 문화는 1999년 일본에서 장기 불황의 영향
으로 1차 유행했다. 2000년대 중반 들어 2030과 여성들을 중심으로 2차 유행했다.
(출처: 위키피디아)

1차 유행의 이유와 같은 싸게, 빨리, 서서 마시는 술집이 있다. 수십 년
전부터 '서서갈비' 같은 고깃집이자 술집이 있었다. 이제 우리도 직장
밀집 지역의 술집에 스탠딩 술집이 확산될 충분한 이유가 있다. 회식
문화는 팬데믹을 기점으로 급퇴색했고, 조직 내 세대 갈등 이슈는 극대
화되었는데 어떻게든 소통하고 관계를 원만히 만들고 싶은 조직 내 선
배들과 달리 소통을 피하고 싶은 후배들도 많다. 스탠딩 술집은 이런 선
후배가 서로 조금 양보해서 만날 공간이기도 하다. 짧게 마시고, 멀지도
가깝지도 않은 적당한 거리를 유지하기에 필요한 장치일 수도 있다.

커피를 마실 때도 스탠딩이 부각된다. 도쿄에는 장인이라 불러도 될 정도의 탁월한 바리스타가 많고, 커피 품질에 고집스러운 카페도 많다. 일본은 커피에 있어선 세계적으로 손꼽히는 나라다. 일본 특유의 장인 정신이 커피에도 적용되는데, 그 덕분에 일본 커피의 수준은 아주 높다. 도쿄에는 커피 스탠드가 많다. 커피 스탠드는 좌석도 없어서 서서 마시거나 테이크아웃해 가야 한다. 이런 곳은 목적 자체가 명확하다. 커피를 마시기 위해서 오는 이들뿐이다. 카페의 주인공은 커피일까, 아니면 편안한 소파와 넓은 테이블, 쾌적한 환경과 세련된 음악일까? 수다 떨기 위해 카페를 가거나, 랩톱으로 일하거나 책을 읽으려고 카페에 가거나, 잠시 쉬거나 더위와 추위를 피하려 카페에 들르는 이들도 있다. 하지만 카페의 진짜 목적은 커피를 마시러 가는 것이다. 공간이 중요한 카페와 달리 커피 스탠드는 커피 자체가 핵심이다. 이제 서울에도 의자 없는 카페들이 늘고 있다. 커피 애호가가 늘어나고, 커피에 대한 취향이 심화될수록 공간으로서의 카페가 아니라 커피 자체에 집중할 수 있는 곳에 관심을 가지는 이들이 늘어날 수밖에 없고, 그 끝에는 스탠딩 카페의 확산이 있다. 스탠딩 술집이나 스탠딩 카페는 혼자 가도 좋다. 아니, 혼자 가는 게 더 좋기도 하다. 뭐든 같이 어울려야 했던 술자리, 카페가 아니라 오롯이 술과 커피에 집중하며 자신만의 시간을 갖는 이들이 늘어 간다는 것을 주목해야 한다. 관계를 줄이면 결국 본질에 집중한다.

스탠딩은 효율성을 위해 관성을 버린 것이기도 하다. 스탠딩 워크, 즉 서서 일하기가 확산된 진원지는 실리콘 밸리다. 빅 테크의 개발자들은 의자에 앉아 있는 시간이 많고, 척추 질환과 각종 성인병이 IT 기업들에겐 고민이었다. 빅 테크로 크기 전, 창업 초반부터 회사에 마사지사를 고용해 두거나, 운동 시설에 투자하는 IT 기업이 많은 것도 이런 이유와 무관치 않다. 이런 일환으로 구글, 애플, 메타 등 빅 테크 기업들은 직원들이 원할 경우 스탠딩 데스크를 제공한다. 애플의 CEO 팀 쿡과 메타의 CEO 마크 저커버그는 대표적인 스탠딩 워크 지지자로 스탠딩 데스크에서 일하기도 하고, 공개적으로 스탠딩 워크에 대한 긍정적인 견해를 밝혔었다.

세계 보건 기구WHO가 건강을 해치는 위험 요인으로 꼽은 것 중 고혈압, 흡연, 고혈당, 다음이 바로 움직이지 않는 습관이다. 오래 앉아 있는 습관이 암, 심장병, 비만을 유발하는 원인이 될 수 있는 것이다. 영국 국민 건강 보험NHS은 장시간 앉아 있을 경우 비만, 2형 당뇨병, 암과 조기 사망을 유발할 수 있다면서 30분마다 일어서서 휴식을 취해야 한다고 권장해 왔다. 적어도 수시로 스트레칭하는 게 필요하다. 물론 일에 집중하다 보면 몇 시간 동안 꼼짝 않고 앉아 있는 경우가 많다. 그리고 수시로 일어나서 쉬는 것도 현실적으로 어렵다. 결국 앉아서 일하다가 서서도 일하는 스탠딩 데스크의 필요성이 제기되는 것이다. 척추 질환에도 오래 앉아 있는 습관이 영향을 준다. 장시간 앉아서 일하는 동안 자세가 경직되고, 다리를 꼬거나 비스듬히 앉기 쉬운데 이런 자세가 척추 질환의 원인이 된다. 반면 서서 일하면 척추에 오는 하중을 줄이고 골반과 척추 기립근을 잡아 주기 때문에 디스크 같은 척추 질환 발생 가능성이 낮아진다고 한다. 장시간 앉아서 일할 경우 척추가 감당할 하중이 1.5~2배 정도 높아진다. 결국 장시간 앉아서 일하는 습관이 척추 건강에 치명적 영향을 줄 수 있는 것이다. 스탠딩 워크가 다이어트에도 도움이 된다는 연구가 있다. 영국 체스터대학교University of Chester 연구팀의 연구 결과에 따르면, 하루 3시간씩 5일 동안 서 있으면 약 750킬로칼로리의 열량이 소모되고, 이를 1년간 지속하면 3만 킬로칼로리 정도의 열량을 소모한다. 이는 연간 8파운드(약 3.6킬로그램)의 감량 효과를 얻을 수 있는 열량 소모다. 연구팀에선 이 정도의 열량 소모와 체중 감량 효과에 버금가려면, 연간 마라톤 10번을 뛰어야 한다고 했다. 즉 하루 3시간씩 서 있는 것만으로도 체중 감량 효과와 운동 효과를 볼 수 있다는 의미이기도 하다. 다이어트를 원하는 사람이라면 스탠딩 워크를 하루 3시간씩만 계속해도 효과를 볼 수 있다는 얘기다. 스탠딩 워크의 효과를 가장 직설적이면서 실감 나게 다룬 연구인 셈이다. 일하면서도 다이어트까지 된다면 일석이조다. 이런 게 바로 효율성 아니겠는가?

미국 워싱턴대학교Washington University in St. Louis의 앤드루 나이트Andrew P. Knight와 마커스 배어Markus Baer 교수가 214명의 대학생을 대상으로 연구한 결과에 따르면, 의자 없이 선 채로 회의했던 그룹의 학생들이 더 창의적이고 회의 진행도 원만했고 결과도 더 우수했다고 한다. 214명은 3~5명 단위의 그룹으로 나눠 학교 홍보 비디오 제작 아이디어를 도출하는 미션을 제시했는데, 이들 그룹 중 절반은 책상만 있고 의자가 없는 회의실에서, 나머지 절반은 책상과 의자가 다 있는 회의실에서 논의를 진행시켰다. 그랬더니 서서 회의한 그룹의 성과가 더 좋았다는 것이다. 미주리 컬럼비아대학교University of Missouri Columbia의 알렌 블루돈Allen Bluedorn 교수 연구팀의 연구 결과에 따르면, 서서 회의를 진행한 그룹이 앉아서 회의한 그룹에 비해 의사 결정 시간이 34%나 짧았음에도 의사 결정 내용에서의 질적인 차이는 없었다고 한다.

이 연구는 5명씩 이뤄진 56개의 그룹(총 280명)에게 서서 회의를 하게 했고, 5명씩 이뤄진 55개 그룹(총 275명)에겐 앉아서 회의를 하게 해서 얻은 결과다. 의사 결정 속도가 34%나 빠르다는 것은 회의 시간을 그만큼 줄일 수 있고, 회의 비용도 줄어든다. 이를 연간으로 따져 보면 엄청난 시간과 비용의 절감이 된다. 가뜩이나 의사 결정 속도가 중요하고 급변하는 비즈니스 환경에서 회의 시간을 단축시키는 것은 중요하다. 서서 일하기의 효과는 서서 회의하기에서도 드러난다. 회의 시간의 효율성과 집중도를 높이고, 회의 시간과 의사 결정 속도를 빠르게 하는 건 모두의 숙제다.

서서 술을 마시든, 커피를 마시든, 일하든, 회의하든 우리가 주목할 것은 '스탠딩'이 주는 '효율성' 문제다. 불필요한 관계와 관성을 줄이고 버려서 효율성을 더 높이려는, 고효율성high-efficiency의 시대, 아니 이보다 더한 극단적 효율성extreme efficiency의 시대를 우리가 살아가기 시작했다는 점을 주목해야 한다. '스탠딩'은 도구일 뿐, 그 속에 담긴 핵심 메시지는 '효율성'이다.

축소 지향과 제로
: 무엇을 버릴 것인가?

▼

술 마시는 기분은 나는데 취하지는 않는다면? 이 상태를 좋아하는 사람과 싫어하는 사람은 크게 엇갈릴 것이다. 전 세계적으로 맥주 시장은 10년 이상 정체 상태이고, 일부 국가에선 하락세도 크다. 밀레니얼 세대, Z세대의 술 소비량이 크게 줄어들다 보니 아무리 수명이 늘어나고

▶▶▶ 2020년대 들어서 전 세계적으로 무알코올 맥주 시장이 뜨겁게 성장하기 시작했다. 소비자의 세대교체가 일어나며 술에 대한 소비 태도 또한 변화했다.

기성세대가 열심히 술을 마셔도 시장은 정체에서 하향세일 수밖에 없다. 그런데 흥미롭게도 맥주 시장에서 상승세인 분야가 크래프트 맥주와 무알코올 맥주다. 크래프트 맥주는 기존의 맥주 시장과 품질의 차이가 있을 뿐 같은 시장이다. 그런데 무알코올 맥주는 다르다. 알코올이 없는 맥주니까 취할 일도 없다. 전 세계 무알코올 맥주 시장은 연평균 20% 이상의 성장세라고 한다.

통상적으로 다 무알코올이라 부르지만, 엄밀히 무알코올과 논알코올이 있다. 통상 0.00%로 표기된 제품은 무알코올, 0.0% 표기 제품은 논알코올로 분류된다. 둘 다 제로 아닌가 싶겠지만, 논알코올은 일반 맥주와 동일한 원료·발효·숙성 과정을 거친 뒤 마지막 여과 단계에서 알코올만 추출해 도수는 0.05% 미만이다. 아주 미미하게 알코올이 있긴 하다. 맥주의 알코올 도수가 4~10%이니까, 이것과 비교하면 아주 낮다. 논알코올 맥주를 마셔서 취하려면 엄청난 양을 마셔야 하는데, 현실적으로 어렵다. 그래서 온라인으로 구매가 가능하다. 기존 맥주는 온라인 구매가 불가능하다. 구매도 쉽고, 맥주 마시는 분위기도 난다. 과거에 만든 무알코올과 달리 요즘 만든 것은 맥주 마시는 느낌에 아주 가깝다. 2030세대가 무알코올 맥주의 주 소비층이고, 그중에서도 여성의 비중이 높다. 하이네켄, 버드와이저, 호가든, 칭따오, 기린, 하이트 등 국내외 주요 맥주 브랜드에선 대부분 무알코올 맥주가 나온다. 이건 더 이상 비주류 시장이 아니라는 뜻이다. 전 세계적으로 무알코올 맥주 시장이 시작된 건 오래되었지만, 뜨겁게 성장한 건 2020년대다. 확실히 술 소비자의 세대교체이자, 술에 대한 소비 태도 변화 때문이다.

시장 조사 전문 기관 유로모니터 인터내셔널Euromonitor International에 따르면, 국내 무알코올 맥주 시장 규모가 2012년 13억 원에서 2014년 81억 원, 2020년 150억 원, 2021년 200억 원으로 커졌다. 2025년에는 2000억 원 정도가 될 것으로 업계는 전망하고 있다. 술이 취하는 맛으로 먹는 거지 무알코올이어서 취하지도 않는데 이렇게 큰 시장이 되겠냐고 반문하는 사람도 있겠지만, 이미 일본의 무알코올 맥주 시장은 700억 엔(약 7000억 원) 이상이다. 맥주 시장에서 무알코올 맥주 시장의 비율이 10%를 넘어서는 국가가 많아졌을 정도로 이제 술은 취하지 않아도 소비한다. 술 같지만 엄밀히 술이 아니니 판매 채널, 고객층도 달라질 수 있다. 무알코올 맥주는 칼로리도 낮다. 술은 마시고 싶은데 살찌는 게 걱정인 사람에게도 선택지가 된다. 그래도 취하지 않는데 이걸 왜 마시겠냐고 한다면, 이제 술자리의 목적은 취하는 게 아니라고 답할 수 있다. 기분 좋게 어울리고, 맛있는 거 먹으면서 시원하게 마시면 그걸로 충분하다. 무알코올이니 술자리 이후에 운전을 해도 상관없다. 훨씬 효율적이지 않을까? 그 순간 기분은 내지만, 취하지 않는 것을 장점이자 효율성, 합리성이라 여기는 사람들은 점점 늘어난다.

하이네켄에서 무알코올, 논알코올 맥주를 마셔 본 경험 있는 2030 남녀 500명을 대상으로 조사한 결과, 무알코올 맥주를 왜 마시냐는 질문에 '취하고 싶지 않아서'가 43.4%였다. 무알코올 맥주뿐 아니라, 무알코올 위스키, 무알코올 와인, 무알코올 사케 등도 점점 시장을 확대시켜 간다. 같이 어울려서 즐거운 시간을 가지는 건 필요한데, 꼭 취할 필요는 없다. 술자리를 기피하거나, 술을 꺼리는 이들 중 취하는 것에 대한 걱정이 있는 이들, 술을 못 마시는 이들도 많다. 건강 때문에 술을 꺼리는 이들도 많다. 술자리에 대한 극단적 효율성은 술자리를 안 가지는 걸까? 취하지 않는 술을 마시는 걸까?

제로 탄산음료도 뜬다. 엄밀히 탄산이 제로가 아니라, 칼로리가 제로다. 탄산음료는 설탕과 고칼로리가 문제다. 그래서 탄산은 살리되 칼로리를 뺀 탄산수를 마신다. 2021년 전 세계 탄산수(스파클링 워터) 시장은 334억 3000만 달러였는데, 2028년에 769억 5000만 달러로 커질 것으로 업계는 전망한다. 국내에서도 2016년 903억 원이던 탄산수 시장이 2021년 2189억 원으로 커졌다. 탄산의 청량감은 포기하지 못하지만, 설탕과 칼로리는 얼마든지 포기할 수 있다. 앞서 무알코올 맥주 시장을 주도하는 2030세대 여성이 제로 탄산 시장도 주도한다. 이들로 인해 탄산음료업계도 제로 칼로리 탄산 음료를 더 확대하게 만들고 있다. 기성세대가 맥주든 콜라든 관성적으로 계속 소비해 왔다면, MZ세대로 대표되는 2030세대는 여기서도 '제로'를 받아들이며 변화를 주도하고 있다. 사실 여기서도 핵심은 무칼로리, 무알코올의 '제로'가 아니라, 아무리 오래된 문화이자 전통이어도 필요하다면 버릴 수 있다는 점이다. 웰니스 관련 단체 GWIGlobal Wellness Institute는 글로벌 웰니스 시장 규모가 2025년까지 7조 달러로 성장할 것으로 전망했는데, 국가별 웰니스 시장 규모에서 한국을 미국, 중국, 일본, 독일, 영국, 프랑스, 캐나다에 이어 세계 8위로 분석했다. 경제력과 웰니스 시장은 비례 관계다. 소득이 많을수록 건강에 더 투자할 여력이 있기 때문이다. 식습관 관리와 다이어트, 건강 관리를 위한 운동과 건강식품 시장도 계속 커진다. 반대로 그동안 관성적으로 해 왔던 식습관이나 소비를 줄이게 된다. 이 과정에서 중심은 자기 자신이 된다. 자신을 위한 인생, 자기 취향과 욕망이 반영된 인생이 더 강조된다.

우린 의식주에서도 과잉 소비를 했다. 과거로부터 이어 온 관성도 소비하면서, 새롭게 등장한 새로운 소비도 한다. 한 손엔 아날로그, 다른 손엔 디지털을 쥐고 이중으로 소비하기도 한다. 축소 지향과 극단적 효율성도 과시적 비소비와 연결되는 트렌드다. 관성적 소비를 과감히 버리고 줄이는 욕망이 일상으로 확대된다. 우린 극단적 효율성의 시대를 살아가고 있다. 어디까지 버리고 줄일 수 있을까? 막연한 풍요의 시대는 끝났다. 절제의 시대다.

11장

취향의 디테일, 디테일의 과시

Life_Trend_2023

#취향 #아트페어 #프리즈서울 #키아프 #나이키스타일홍대 #DE&I #어댑티브패션 #정치적올바름 #디테일 #스케일 #혼밥 #혼술 #1인가구 #파인다이닝 #꾸안꾸 #꾸꾸 #인테리어 #미니멀리즘

취향은 〈라이프 트렌드〉 시리즈에서 지속적으로 주목한 트렌드 코드다. 소비/라이프 트렌드에서 가장 중요한 욕망이 바로 취향이기 때문이다. 자신이 무엇을 좋아하는지, 싫어하는지를 명확히 아는 것에서 시작해, 자신이 좋아하는 것에 더 집중하는 것이 취향 소비다. 《라이프 트렌드 2016: 그들의 은밀한 취향》을 통해 취향 소비가 한국인의 중요한 트렌드가 되었음을 제시했고, 《라이프 트렌드 2020: 느슨한 연대 Weak Ties》에서 '취향 인플레이션'을 제시하며 취향의 과시, 취향의 과잉을 통한 양적 진화가 결국 취향의 질적 진화로 넘어가는 트렌드를 제시했었다. 이젠 디테일이다. 질적 진화가 더 심화되면 결국은 취향의 디테일이 중요해진다. 취향의 상향 평준화 속에서 결국 과시가 되는 것은 취향의 디테일이다. 꼼꼼한 것을 이야기하는 것이 아니라 욕망의 섬세함, 차이를 위한 더 구체적인 심화다. 2023년 트렌드를 이야기하며 비소비의 과시로 시작해 디테일의 과시로 마무리한다.

당신은 어떤 작가의 어떤 작품을 소유하고 있는가?

▼

아트 페어 프리즈FRIEZE가 2022년 9월 서울에서 열렸다. 1970년에 시작한 스위스의 아트바젤Art Basel, 1974년에 시작한 프랑스 파리의 FIAC와 함께 3대 아트 페어로 불린다. 2003년에 런던에서 시작한 프리즈는 이후 뉴욕, LA에 이어 아시아에선 서울을 선택했다. 프리즈 서울은 21개국 119개 갤러리가 참여했는데, 그중 해외 갤러리는 107개다. 세계적인 갤러리들도 참여했고, 해외의 컬렉터들도 한국을 찾았다. 아트 페어는 작품을 관람하는 전시가 아니라 작품을 거래하는 성격의 행사다. 구경만 하러 오는 사람도 많긴 하지만 작품을 사고파는 것이 목적인 행사다. 프리즈 서울은 국내 대표 아트 페어인 키아프Kiaf(한국국제아트페어)와 같은 시기에 같은 공간에서 서로 연결되어 진행했다. 세계적인 아트 페어와 국내 아트 페어를 비교하는 건 의미 없고, 대신 프리즈 서울 효과로 키아프도 더 큰 관심과 성과를 만들었다. 국내에 이렇게 아트 페어에 열광하는 사람들이 많았을까 할 정도로 사람들이 많이 왔다. 프리즈와 키아프는 7만 명 이상이 다녀갔고, 거래된 미술품만 수천억 원대다. 뭐든 속전속결 빠른 한국인들이어서인지 비싼 그림 구매에도 결정은 빠르고 거침없다. 해외 갤러리와 미술 시장으로선 한국 시장의 가능성에 주목할 수밖에 없다.

특히 아트 페어에 2030세대가 많이 온다. 2021년 키아프 때 2030세대가 오픈 런하듯 아트 페어에 들어가기도 했는데 2022 키아프와 프리즈 서울에도 2030세대가 많았다. 인스타그램에 인증 사진이 넘쳐 났다. 2030세대는 기성세대 부자들이 이미 선택한 유명 작가의 작품이

▶▶▶ 키아프, 즉 한국국제아트페어는 대한민국을 대표하는 아트 페어다. (출처: 키아프 홈페이지)

2021년 KIAF 방문객 연령 분포

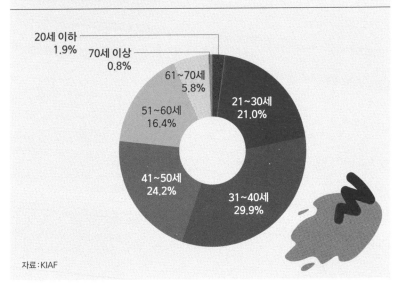

20세 이하
1.9%

70세 이상
0.8%

61~70세
5.8%

51~60세
16.4%

21~30세
21.0%

41~50세
24.2%

31~40세
29.9%

자료: KIAF

아니라 아직 선택받지 못한, 앞으로 뜰 작가들의 작품을 선택한다. 예술 작품은 부자들이 더 많이 사긴 하지만, 부자만 사는 게 아니다. 누구든 작품을 사는 순간 컬렉터가 된다. 아트 페어의 컬렉터가 엄청난 재력가일 필요는 없다. 유명 작가도 처음부터 유명 작가였던 게 아니다. 누구나 뜨기 전이 다 있다. 뜨기 전에 싸게 샀던 작품은 작가가 뜨고 나면 그 가격이 급등한다. 이것은 전적으로 안목과 타이밍의 성과다. 운도 필요하겠지만, 그보다는 안목이다. 좋은 안목은 꾸준하게 예술 작품을 경험하고, 자신만의 취향을 쌓아 간 사람들의 몫이다. 되팔려고 사는 게 아니라 멋지고 좋아서 사는 것이기도 하다. 전문적인 투자자와 컬렉터가 아니고선, 투자라는 관점보다는 '취향의 향유', '예술 작품에 대한 소유욕'이 더 핵심이기도 하다. 몇백만 원으로 살 수 있는 작품들도 많고, 그걸 소유하는 것만으로도 얻는 즐거움이 있다. 예술 작품은 공산품과 달리 아주 희소하고, 때론 유일무이다. 모두가 가지는 것이 아니라 나만 가지는 것이 주는 만족감이 있다.

한국은 세계 미술 시장에선 비주류였다. 아시아에서도 홍콩, 상하이, 도쿄가 더 중요한 미술 시장이었다. 하지만 최근의 성장세를 보면 달라졌다. 국내 미술 시장은 2019년 3811억 원, 2020년 3277억 원이었지만, 2021년 9157억 원으로 급성장했고, 2022년은 1조 원을 넘길 것이다. 예술경영지원센터가 운영하는 '한국 미술시장 정보시스템'에 따르면, 2022년 상반기 미술 시장 규모는 (분할 소유권 시장까지 포함하면) 약 5639억 원이다. 갤러리(화랑)가 2450억 원, 경매(10개 경매 회사 낙찰 총액)는 1450억 원, 아트 페어(6개)가 1429억 원, 분할 소유권 시장이 310억 원 규모다. 2019, 2020년에 비해 2021, 2022년이 3배 정도 커진 것이다. 2021년 가상 화폐, NFT, 미국 주식 시장의 호황으로 자산 가치가 커진 이들의 영향으로 미술품 구매가 늘어난 것도 있고, 팬데믹이 부자가 더 부자가 된 기간이라는 점도 영향을 줬으며, 2030 MZ세대가 미술 시장에 진입한 것도 영향을 줬다. 가상 화폐나 NFT 등에도 투자를 하는 2030세대로선 예술 작품에 대한 투자도 적극적이다. 취향을 소비하면서, 작품을 소유하고 재테크도 도모한다. 한 작품을 수많은 사람들이 공동으로 사서 되팔아 차익을 거두려는 투자도 증가세다. 2030세대마저 예술 작품을 투자의 대상으로 인식하게 만든 건, 그들 또래 연예인의 영향이 크다. 대표적인 사람이 BTS의 RM, 빅뱅의 지드래곤이나 탑 등이다. 자신의 집을 드러내거나 자신의 SNS에서 예술에 대한 관심과 함께 컬렉터로서의 면모도 보여 주며, 때론 예술적 취향을 과시한다. RM은 해외 일정 중에 관심 있는 전시나 갤러리, 작가의 스튜디오를 방문하기도 하는데, RM의 선택을 받은 곳은 마케팅 효과가 생겨서 사람들이 몰리고 작품 가격도 올라갈 정도다. 분명 2030세대가 예술 시장에 진입한 건 시장으로선 호재다. 살 사람이 늘어나니 팔기도 수월해지고, 더 많이 팔 수 있게 되었다.

예술 작품은 취향적 소비재다. 객관적, 합리적으로 가격을 매기는 것 자체가 불가능하다. 누구는 바가지를 쓴다. 실제로 갑자기 돈을 크게 번 졸부나 유행처럼 컬렉터가 된 연예인들 중에선 해외 갤러리의 재고 처리를 맡게 되거나, 시세보다 훨씬 비싸게 구매하기도 한다. 미술 시장으로선 유명 연예인이나 셀럽, 부자들은 마케팅 측면에서나 작품 판매에서 활용 가치가 높다. 그중 일부는 안목 있는 컬렉터로 성장할 수 있겠지만, 그 외는 미술 시장의 성장에 좋은 자양분이 되어 준다. 어떤 작가의 어떤 작품을 좋아한다는 것이 취향의 1단계였다면, 어떤 작가의 어떤 작품을 내가 소유하고 있다는 것이 취향의 2단계다. 1단계에선 유명한 작가와 작품 위주로 취향이 반응했다면, 2단계에선 자기만의 안목이 반영되어 유명하지 않은 작가와 작품에도 취향이 반응한다. 돈이 많다면 유명한 작가의 작품도 소유하겠지만 그렇지 않은 사람들에겐 아직 뜨지 않는, 미래의 유명 작가의 작품을 미리 소유하는 것이 자신의 취향을 과시하는 방법이기도 하다. 바로 취향의 디테일, 디테일의 과시가 되는 것이 작품 소유다. 명품 가방을 살 돈이면 소유할 수 있는 미술 작품도 많다. 명품 가방이 더 이상 과시 도구로서 힘이 많이 떨어졌다면, 미술 작품은 이제 시작이다.

왜 나이키는 세계 최초의 새로운 매장을 홍대에 차렸을까?

▼

글로벌 스포츠 브랜드 나이키는 2022년 7월, 나이키의 새로운 오프라인 매장이자 스타일 콘셉트를 경험하는 크리에이티브 스튜디오를 오픈했다. 이전에 없던 매장 형태를 세계 최초로 만든 도시가 바로 서울이다. 그것도 홍대다. 나이키가 새롭게 시도한 오프라인 매장 이름이 바로 '나이키 스타일 홍대Nike Style Hongdae'다. 도대체 뭐가 새로운 걸까? 한정품을 팔고, 래플(추첨)로 구매 기회를 부여하고, 줄을 서서 오픈 런을 하는 건 이젠 새롭지도 않다. 이 정도는 이미 다들 한다. 이곳은 온·오프라인을 결합하며, 디지털 세대들의 오프라인 놀이터를 지향한다.

매장에 대한 설명이 왜 이리 길고 복잡할까 싶겠지만, 제품만 파는 공간이 아니라 제품을 창의적으로 경험하고 자신의 취향대로 커스

▶▶▶ 나이키는 2022년 7월 나이키 스타일 홍대를 오픈했다. 새로운 오프라인 매장이자 스타일 콘셉트를 경험할 수 있는 크리에이티브 스튜디오로서, 세계 최초로 소개된 새로운 매장 형태다. (출처: 나이키 홈페이지)

텀할 수도 있다. 유튜브나 틱톡 등 SNS 콘텐츠를 만들 수 있는 스튜디오도 예약제로 빌릴 수 있는데, 크로마키 합성이 가능한 그린 스크린도 있다. 피팅룸도 옷 갈아입는 목적의 1차적 공간에서 진화해 옷 입고 촬영하기 좋게 다양한 조명 세팅도 가능한 스튜디오 같다. 찍고 나서 맘껏 온라인에 업로드하면 된다. 인스타그래머블한 공간이 바로 이곳의 스튜디오와 피팅룸이 되는 것이다. 인플루언서들이 이곳에 가서 찍고 과시하면 이는 1020세대의 욕망을 키운다. 티셔츠를 살 때 태블릿 PC로 자신이 원하는 사진이나 로고, 자수 등을 넣어 나만의 유일한 티셔츠로 디자인해서 구매할 수 있다. 매장 외관에 나이키 로고 2만여 개가 장식되어 있는데, 이것은 홍대 지역 아티스트와 고객들이 직접 그린 것들이다. 나이키 멤버십 회원들만 갈 수 있는 SNKRS(스니커즈) 라운지도 운영하는데, 나이키 신발에 한해 클리닝 서비스도 있고, 나이키를 소재로 한 다양한 아트 워크 전시를 하며, 나이키에 대한 브랜드 충성도를 가지게 한다. 이런 것들이 다 매장의 정체성을 보여 주는 요소다.

나이키 스타일 홍대에선 옷을 남녀 구분하지 않는다. 어떤 옷은 어떤 성별에 맞는 것이라는 규정 자체를 하지 않는다. 각자 알아서 자기 취향대로 자기에게 맞는 걸 고르면 그만이다. 패션에서의 성별 구분 자체가 없는 젠더리스이자 중립적 태도인 젠더 뉴트럴, 여기에 성별을 유동적으로 오가는 젠더 플루이드Gender fluid가 반영된 매장인 것이다. 이곳이 디지털 세대의 오프라인 놀이터, 즉 Z세대를 중심 타깃으로 하고 있는 매장이라는 의미다. 미국 갤럽Gallup이 2020년 18세 이상 미국인 1만 5000명 이상과 인터뷰 조사를 한 결과에 따르면, 미국 성인 5.6%가 스스로를 LGBT라고 답했다. 갤럽은 이 조사를 주기적으로 해 왔는데, 이때 결과가 역대 가장 높은 비율이었다. 성인 중에서도 베이비붐 세대는 스스로가 LGBT라고 한 비율이 2.0%, X세대는 3.8%로 성인 평균을 하회했지만, 밀레니얼 세대는 9.1%, Z세대는 15.9%로 월등히 높았다. 밀레니얼과 Z세대의 LGBT 비율이 높은 건 자신을 양성애자라고 답한 이들이 많아서다. 특히 LGBT라고 답한 Z세대 중 3분의 2 이상이 스스로를 양성애자로 답했다. 이는 문화, 패션에서의 젠더리스 트렌드와도 무관하지 않을 것이고, 이들이 젠더, 윤리, 환경 등 다양한 가치를 더 적극 수용하는 세대라는 것도 영향이 있을 것이다. 이들은 성 정체성뿐 아니라, 인종과 국적의 다양성에도 관대하다. 미국의 Z세대가 아닌 한국의 Z세대의 태도도 크게 다르지 않을 것이다. 그리고 이 매장을 만들 때 재활용 자재를 쓰고, 매장에 있는 가구도 폐가구를 재생한 것이다. 앞으로 나이키가 만들 오프라인 매장은 모두 재활용,

재생, 폐기물 최소화를 기본으로 한다. 나이키 제품에서도 이미 신발은 재활용 소재가 20% 이상 사용되고, 친환경 소재 표시가 있는 의류는 재활용 소재 비율이 55% 정도다. 젠더와 기후 위기 이슈에 가장 적극적으로 관심을 갖는 세대도 Z세대이고, 이들이 타깃인 브랜드로선 더더욱 디테일하고 능동적으로 지속 가능성, ESG를 비즈니스에 녹여 넣어야 한다. 젠더, 환경 이슈를 비롯해 개인화, 경험 중심, 취향, 개성, 그리고 디지털 네이티브는 소비재 브랜드가 가장 중요하게 여길 트렌드 코드이자 욕망의 디테일이다. 이를 명분 위주, 개괄적으로 내세우는 수준에서 진화해 디테일한 새로움을 구현해 가야 하는 게 브랜드들의 숙제다.

나이키는 D2C_{direct to consumer} 전략을 중요하게 구현하고 있다. 모든 소비재 브랜드가 이 전략을 지향하는데, 자체 온라인몰과 자체 직영 매장 중심으로 생산과 유통 모두 브랜드 자체적으로 하려 한다. 점점 판매 비중은 온라인몰이 커지고, 직영 매장은 플래그십으로 대형화하며 경험 중심화한다. 백화점이나 오프라인 쇼핑몰에 입점하거나, 소규모 가구 매장을 운영하는 방식은 유통 비용이 많이 든다. 그래서 모든 소비재 브랜드는 D2C로 간다. 특히 브랜드 가치가 높은 유명 브랜드일수록 이 방향으로 가는 게 더 큰 이득이 된다. 새로운 오프라인 매장을 테스트하는데, 나이키 스타일 홍대에 이어 두 번째로 만들어질 도시는 중국 상하이다. 아시아 시장이 성장성 있는 큰 시장이기도 하지만, 새로운 오프라인 매장을 서울과 상하이에 먼저 테스트하는 것도 생각할 일이다. 가장 역동적으로 새로움을 소비하고, 취향을 적극적으로 발산하는 소비자가 Z세대이고, 그중에서도 아시아의 Z세대, 그중에서도 서울과 상하이가 현재의 트렌드를 주도하고 있다는 의미기도 하다. 상하이는 양, 서울은 질에서 트렌드를 주도하는 도시다.

홍대는 여전히 특별하다. 홍대의 클럽, 힙합, 그리고 스트리트 문화는 스니커즈 문화와 맞닿아 있다. 나이키가 한정판 스니커즈 시장을 위해 2016년 '나이키 SNKRS 홍대'를 오픈했다. 한국에 한정품 스니커즈 열풍, 스니커즈 리셀 열풍을 일으킨 진원지이기도 하다. 이곳이 리뉴얼해서 '나이키 스타일 홍대'가 된 것이다. 1020세대가 가장 좋아하는 온라인 패션 플랫폼인 무신사가 오프라인 플래그십 스토어를 만들면서 가장 먼저 잡은 곳도 홍대다. 무신사의 핵심 콘텐츠 중 하나가 스니커즈이기도 하다. 2021년 5월 말 홍대 플래그십 스토어를 오픈하고, 강남 플래그십 스토어는 2022년 7월에 오픈했다. 무신사에겐 강남보다 홍대가 더 중요한 핫 플레이스인 것이다.

홍대 자체로도 여전히 2030세대의 유입이 많은 핫 플레이스이지만 인접한 핫 플레이스인 망원동, 연남동, 합정동, 상수동, 신촌 등이 직선거리 2킬로미터 이내다. 이들 모두 홍대 권역인 셈이다. 핫 플레이스로서 홍대가 오래되었지만 여전히 밀려나지 않고 있다. 오히려 핫 플레이스의 핫 플레이스라고 해도 될 정도로 주변 지역을 새로운 핫 플레이스로 만드는 정신적, 문화적 거점이라고 해도 과언은 아니다. 구관이 명관이란 말이 홍대에게 잘 어울린다.

DE&I
: 배려의 디테일은 중요한 욕망이자 비즈니스 기회다

▼

디테일과 스케일은 핫 플레이스의 건물이나 상업 서비스에서만 나오는 게 아니다. 우리가 놓쳤던 디테일도 새로운 기회가 된다. 그중 하나가 바로 다양성, 형평성, 포용성을 의미하는 DE&I_{Diversity, Equity, Inclusion} 혹은 D&I_{Diversity & Inclusion}이다. 성별, 인종, 나이, 종교 등 모두를 있는 그대로, 각자의 다름을 다양성으로 인정하고 포용하고, 공정한 접근권과 기회에서 모든 사람이 차별 없이 평등하게 대우하는 것을 의미한다. 글로벌 기업에서는 조직 문화이자 인사 제도에서 DE&I가 보편적으로 적용되고 있고, ESG 분야에서도 공시에서 중요한 이슈로 다루고 있다. UN PRI(책임 투자 원칙)은 2022년 2월 'Diversity, Equity & Inclusion: Key Action Areas For Investors' 보고서를 통해, DE&I에 대한 글로벌 규제가 늘어나는 상황에서 투자자들이 집중적으로 관심을 가져야 한다고 강조했다. 구글 트렌드에서 2012년 8월부터 2022년 8월 말까지 10년간 'DE&I, D&I, Diversity & Inclusion'에 대한 관심도 추이를 봤다. 최근 수년간 관심도가 크게 높아지고 있었고, 이런 추세는 계속 이어질 가능성이 크다.

어댑티브 패션_{Adaptive Fashion}은 장애인이나 몸이 불편하고 거동이 자유롭지 못한 이들을 위한 패션이다. 우리가 일상적으로 입는 옷에도 그들에겐 불편한 요소가 있다. 살아가면서 장애인이 되거나, 몸이 불편해지는 경우가 많다. 우린 이런 환경에 적응해 가며 살아야 한다. 그래서 적응하는 패션이란 의미로 어댑티브 패션이라고 부른다. 글로벌 시

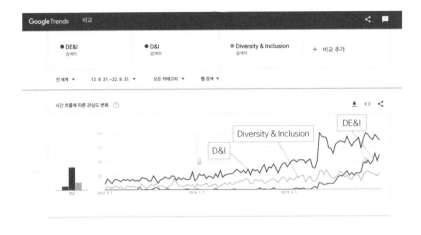

장 조사 기관 코헤런트 마켓 인사이트Coherent Market Insights에 따르면, 어댑티브 패션의 시장 규모가 2026년까지 4000억 달러로 성장할 것이다. 우리 돈으로 500조 원이다. 한국에선 어댑티브 패션 시장이 아주 미미하다 보니, 뭐 이리 세계 시장 규모가 클까, 예측이 잘못된 건가 싶을 수 있겠지만, 스태티스타의 자료에 따르면 2021년 세계 시장 규모는 3340억 달러다. 이미 존재하는 엄청난 규모의 시장이다. 미국, 영국, 유럽이 대부분 차지하는 시장이다. 한국에 장애인이 없는 것도 아니고, 몸이 불편한 사람도 없지 않다. 그럼에도 불구하고 그동안 우린 이런 부분에 대한 사회적 배려와 투자가 없었다. 멋 부릴 권리는 누구에게나 있다. 드라마 속 우영우에게만 열광했지, 실제 한국 사회는 장애인을 비롯, 소수자에게는 최악의 환경이다. 반대로 생각해 보면 국내 패션계도 어댑티브 패션을 새로운 시장으로 보고 적극 나설 필요가 있다. 일부 패션 브랜드에서 하고 있긴 하지만 제한적이다. 국내에서도 어댑티브 패션이 돈 되는 시장이 될 가능성은 충분히 있다. 그들을 포용하는 것 자체가 비즈니스가 아니라, 그들을 포용하기 위해 패션의 새로운 디테일을 부여하는 것이 바로 비즈니스가 된다. 이렇듯 디테일은 중요한 욕망이자 비즈니스 기회다.

DE&I와 연결되는 것 하나가 PC_{Political Correctness}(정치적 올바름)주의다. 인종, 언어, 종교, 장애, 성별 등에 대한 표현에서 편견과 차별이 포함되지 않도록 하자는 것이다. 과거엔 무심코 썼거나, 의도적으로 악의를 가지고 썼던 차별의 표현이자 언어를 지금 시대의 기준에 맞게 바꿔서 차별과 편견을 없애는 것이 올바르다는 생각에서 나온 것이 PC주의다. 언어가 인간의 사고에 영향을 준다는 가설에 따라, 차별적 언어를 쓰면 차별주의자가 될 수 있다는 해석도 가능하다. PC주의가 미국에서 시작된 것은 우연이 아니다. 미국이라는 다인종, 다민족 사회에서 차별과 편견, 갈등이 심각하게 드러났고, 그에 따른 사회적 충돌이자 손실도 컸다. PC주의는 갈등을 해소하고 다양성을 유지하기 위해선 필요했고, 사회적 진화 측면에서도 필요했다. 물론 PC주의가 가진 독선, 경직성에 대한 부정적인 반응이 가장 큰 것도 미국이다. 정치적 올바름을 강경하게 따지고 적용할수록, 사회가 개인의 자유를 억압하는 상황도 만들어지기 때문이다. 그럼에도 불구하고, PC주의와 DE&I가 가진 본질적 의미이자 순기능은 점점 확대될 수밖에 없고, 우리의 의식주와 정치, 경제, 사회, 문화 모든 영역에서 이것을 얼마나 잘 적용시키느냐가 앞으로 중요해질 수밖에 없다. 결국 여기서도 디테일의 힘이 필요하다.

모든 새로운 현상, 특이한 것들이 다 트렌드가 되는 게 아니다. 트렌드 이노베이터, 트렌드 세터들이 다양한 욕망을 드러내며 수많은 이슈들을 생산해 내고 트렌드를 유도하지만 그중 일부만이 트렌드가 된다. 과거엔 대중이 받아들일 보편적 욕망에 부합하느냐가 중요했다. 트렌드 세터와 보편적 대중 사이에선 간극도 존재했었고, 트렌드를 받아들이기 위해 소요되는 돈을 쓸 수 있는 여력도 차이가 크다 보니 아무리 흥미롭고 매력적이어도 다 트렌드로 확산되진 못했다. 그들만의 리그에 머물다 사라지는 것들이 많았다. 그런데 점점 간극이 줄어들고 있다. 돈도 선택과 집중을 하다 보면 부자가 아니어도 자신이 좋아하는 것을 위해선 적극적으로 쓰기도 한다. 인생의 가치 변화, 삶의 태도 변화는 사람들을 새로운 트렌드에 좀 더 관대하게 만들어 주고 있다. 그렇다고 모든 걸 다 받아들일 순 없겠지만, 절대 못 받아들이겠다고 긋던 선은 줄어들었다.

선택받는 트렌드는 디테일에서 결정된다

▼

도심은 디테일이었다. 오래된 도시는 그 안에서 신도시와 구도시로 나뉜다. 오래된 구도심의 낡은 지역을 다 밀어 버리고 재개발하진 않는다. 구도심은 도시 재생으로 되살리는데, 과거와 현재, 세련된 것과 촌스러운 것, 한국적인 것과 이국적인 것들의 혼종이 많다. 성수동, 을지로, 망원동, 연남동, 익선동, 한남동(이태원), 서촌 등이 다 디테일에 강하다. 공장과 창고가 많던 성수동이 거듭나고, 망원동, 연남동, 연희동, 상수동 등 홍대 인접권이 뜨고, 이태원 인접권인 경리단길, 해방촌, 한남동이 뜨고, 힙지로라 불린 을지로, 낡은 한옥이 많은 익선동, 종묘의 돌담과 마주하고 있는 서순라길까지 뜬 것이 서울 핫 플레이스의 큰 흐름 중 하나다. 바로 2010, 2020년대의 핫 플레이스인 이들의 공통점은 모두 강북이고, 모두 개발이 덜 된 낡고 낙후된, 상대적으로 임대료와 부동산 가격이 싼 지역(지금은 많이 비싸졌지만)들이었다. 그리고 이들 동네는 골목도 꽤 있고, 주차도 잘 안 되는 곳이 많다. 오래된 낡은 건물을 재생한 곳도 많고, 규모가 아주 작은 매장도 많다. 디테일에서 시선을 끌어야만 한다. 반면 지방이자 도시 외곽은 스케일이었다. 개발하기 가장 좋은 것은 비어 있던 땅이다. 상대적으로 땅값이 싸고, 개발할 땅도 많다 보니 규모로서 압도하기 유리하다. 관심받지 못하고 소외된 지역일수록 더더욱 스케일을 통해 사람들의 시선을 끌어야 했다. 대도시에선 상상도 못 할 규모의 카페가 지방에서 만들어지는 건 이런 이유다. 바닷가에 빌딩만 한 카페나 레스토랑이 들어서는 건 외곽의 스케일이 가진 힘이다. 바다뷰, 산뷰도 물론이고, 스케일이 받쳐 주면 논뷰도 통한다. 그래서 도심은 디테일, 외곽은 스케일이란 기본 공식이 유효했다.

물론 서울의 도심은 스케일도 디테일도 강하다. 서울의 도심 한복판의 핫 플레이스는 디테일과 스케일이 공존한다. 대규모 자본이 투입되어 스케일 안에 디테일이 녹아들기도 하고, 작더라도 디테일이 강한 곳들이 많다. 도심에선 규모와 상관없이 모두 디테일이 강하다. 그렇게 해야만 선택받을 수 있다는 것을 알고 있기 때문이다. 대도시에는 상대적으로 경험치가 높은 사람들이 많고, 경험과 취향도 상향 평준화될 정도로 높아지고 있어서다. 그 덕분에 카페든 레스토랑이든 술집이든 복합 문화 공간이든 좋은 곳들이 너무 많다.

도심은 디테일, 외곽은 스케일! 취향은 디테일, 전시는 스케일! 스몰 브랜드는 디테일, 빅 브랜드는 스케일! 태도는 디테일, 돈은 스케일! 우리를 둘러싼 다양한 디테일에 우리가 반응한다. 디테일이 바로 욕망이 된다. 디테일과 스케일은 서로 반대말이 아니다. 디테일이 약하면 스케일로 보완하고, 스케일이 약하면 디테일에서 승부를 볼 수 있지만, 디테일과 스케일이 함께 갖춰지면 그보다 강력한 것도 없다. 건축 거장으로 손꼽히는 루트비히 미스 반데어로에가 자신의 건축 비결을 묻는 질문에 'God is in the details(신은 디테일에 있다)'란 답을 꼭 했을 정도로, 실제 그는 건축 과정에서 볼트 하나까지 꼼꼼하게 챙기는 건축가이기도 하다. 그에겐 스케일을 위해서 디테일이 필요한 셈이다.

《뉴욕타임스》에서 그의 부고 기사를 쓰면서, 'The devil is in the detail(악마는 디테일에 있다)'라며 패러디하기도 했다. 이제 우린 'K-contents is in the detail'이란 말을 써야 할지 모른다. K 팝, K 무비, K 웹툰, K 드라마, K 푸드 등 수많은 K 컬처와 K 콘텐츠를 과거엔 아시아를 중심으로 소비하다가 이젠 북미, 유럽을 비롯 전 세계가 소비한다. 최근 수년간 전 세계에서 가장 약진한 나라의 콘텐츠가 한국의 콘텐츠라고 해도 과언이 아니다. 이건 운이 아니다. 어쩌다 돌고 돌아 한국까지 기회가 온 것도 아니다. 전적으로 한국 대중문화와 콘텐츠 산업의 진화다.

한때는 일본의 콘텐츠가 세계적으로 소비되며, 한국에선 일본 콘텐츠 따라 하기가 유행이던 적도 있었다. 그때 한국의 콘텐츠는 크리에이티브와 디테일의 아쉬움이 있었다. 하지만 한국의 콘텐츠는 이제 K-디테일이라 해도 될 정도다. 한국 대중문화가 세계 시장에서 통하는 가장 큰 이유는 디테일에 강해졌기 때문이다. 음악이든 영화든 드라마든 완성도가 높고, 트렌디하다. 이는 한국의 대중문화 소비자들의 경험과 취향이 상향 평준화되고, 대중문화 생산자들도 상향 평준화될 정도로 역량을 성장하고 심화시켰기 때문이다. 그렇기에 앞으로도 오래 세계 시장의 주류 문화를 생산해 낼 가능성이 크다. 스케일은 디테일이 가능하게 힘을 실어 준다. K 컬처와 K 콘텐츠에 막대한 자금 유입이 되기 시작하면서, 이제 디테일에도 더 투자할 수 있고, 제작 환경도 더 개선된다. 이런 선순환이 중요하다. 이건 디테일을 다루는 태도의 문제다. 다른 분야로도 확장될 여지가 크다.

왜 상대적으로 덜 관심받던 지역에 관심이 늘어났을까?

▼

이유는 여행지 선택에서 취향과 디테일 때문이다. 아무리 좋은 곳도 흔하고 익숙하면 좋은 줄 모른다. 지금 시대에 여행을 간다는 건, 여행한 경험을 남들과 공유한다는 의미이기도 하다. 남에게 보여 줄 자신의 경험이자 선택에서 남들이 잘 모르는, 아직 많이 가지 않은 여행지를 선택하는 건 합리적이다.

신한카드 빅데이터연구소가 집과 직장 모두 서울인 고객들의 결제 데이터 1억 5000만 건을 분석한 결과가 있다. 그중 2019년 7월과 2022년 7월의 휴가 관련한 업종의 결제를 통해 서울 사람들이 어떤 지역으로 많이 휴가를 갔을지 살펴본 데이터가 있는데, 3년 전에 비해 휴가를 간 사람이 가장 많이 증가한 지역은 제주로 37.4%, 그다음이 강원 37%, 전남 32.6%, 부산 24.2%, 경북 23.1%, 충북 22.6%, 울산 19.6%, 전북 18.8%, 경남 18.2%, 충남 17.2% 순이었다. 도, 광역시 기준으로

주요 광역시 휴가자 수 증감률

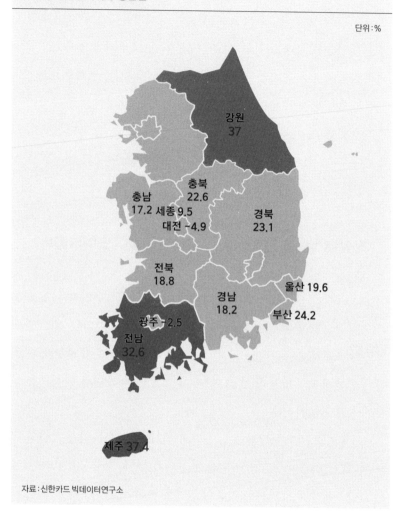

단위 : %

강원
37

충북
22.6

충남
17.2 세종 9.5
대전 - 4.9

경북
23.1

전북
18.8

울산 19.6

경남
18.2

부산 24.2

광주 - 2.5
전남
32.6

제주 37.4

자료 : 신한카드 빅데이터연구소

봤을 때 대부분 증가했다. 2019년 7월은 코로나19 펜데믹 이전의 휴가
시즌이고, 2022년 7월은 사회적 거리 두기가 해제되고 맞은 휴가 시즌
이다. 2020, 2021년 7월은 펜데믹 가운데 있다 보니 휴가가 크게 위축

되었다면, 2022년 7월은 정상화되었다고 해도 과언이 아니다. 2019년 7월에는 해외여행을 지금보다 훨씬 더 많이 갔다. 2022년 7월에 국내 주요 지역으로 휴가를 간 사람이 전반적으로 늘어난 건 여전히 해외여행이 위축된 효과도 크고, 팬데믹 기간 중국 내 여행이 활성화된 효과도 크다.

　서울 사람들이 휴가를 간 국내 지역 중 2019년 7월 대비 2022년 7월에 가장 많이 증가한 빅3 지역은 제주, 강원, 전남으로 모두 서울 기준 동쪽 끝, 남쪽 끝, 그리고 바다 건너 끝이다. 사실 제주와 강원의 증가율이 높은 건 이해가 간다. 원래 한국인이 가장 사랑하는 인기 휴가지였고, 바다가 중요한 여름 휴가지이기도 하다. 그런데 전남이 부산보다 더 증가율이 높다는 점과 경북이 부산에 버금갈 정도로 증가율이 높았다는 점이 특이하다. 이 데이터만 봤을 때는 전남과 경북이 눈에 띈다. 여름 휴가지이자 국내 여행지로 선호도가 갑자기 높아진 지역이다. 아무리 좋은 것도 너무 흔해지면 가치가 떨어진다. 여행지, 휴가지에서도 새로운 곳이 자꾸 필요하다. 팬데믹 이전까진 해외가 새로운 곳이었다. 그런데 해외로 나가는 게 위축되니, 국내에서 새로운 곳을 찾는다. 교통이 편리한 지역 거점 중심으로만 가던 것에서 작은 소도시, 알려지지 않고 숨겨진 곳들이 자꾸 발굴된다. 그런 점에서 전남, 경북은 서울 사람들에겐 상대적으로 멀고, 잘 알려지지 않은 소도시가 많았다고 볼 수 있다. 그리고 강원을 가더라도 양양, 고성처럼 과거엔 상대적으로 덜 관심받던 지역이 최근에 급부상했다.

　가장 증가율이 높은 제주지만, 오히려 20대의 선택은 2019년 7월보다 2022년 7월에 줄었다. 서울 사람들은 2020, 2021년에도 휴가를 제주로 갔다. 그러는 사이 제주는 더 비싸고 복잡해졌다. 제주에 갈 돈으로 다른 중소 도시에서 휴가를 보내는 게 더 낫다고 여기는 20대들이 많아졌다. 남들 다 가는 제주보단 남들이 잘 안 가는 곳에서 자기만의 개성, 취향을 드러내는 걸 선택하고 있다고도 볼 수 있다. 기존의 국내 유명 관광지는 기성세대가 선택한 곳이다. 오래전부터 그들에 의해 관광지가 되고 계속 커지고 비싸지고 복잡해졌다. 기성세대가 선택한 관광지를 물려받아야 할 이유는 없다. 팬데믹 이전엔 해외여행을 가장 적극적으로 갔던 이들이 2030세대이기도 했는데, 그때도 기성세대가 픽한 해외여행지를 다녔지만 새로운 곳도 적극 발굴했던 것이 그들이었다. 로컬 트렌드를 적극 받아들이고, 관심 갖는 이들도 2030세대다. 팬데믹 이전부터 로컬은 중요 트렌드로 커져 갔는데, 팬데믹을 거치며 더 커지고 있다. 대도시 내에서도 구도심이나 외곽의 개발이 덜 된 낡은 지역과 지방 소도시가 로컬 트렌드의 진원지가 되고 있다. 로컬 트렌드에서도 디테일과 스케일은 중요하다.

신한카드 빅데이터연구소에 따르면, 2022년 6~7월의 해외여행 관련 이용 금액을 2019년 6~7월의 이용 금액과 비교하면 항공 -43%, 면세점 -58.4%였다. 2020, 2021년에 비해선 2022년에 해외여행이 늘어나고 관련 매출이 늘었지만, 팬데믹 이전 수준까지 가는 데는 시간이 걸린다. 달러 가치 상승으로 인해 국내 소비자가 해외여행에서 느끼는 체감 물가는 더 높아질 것이고, 미국발 금리 인상도 2023년까지 이어질 것이기 때문에 해외여행의 증가 속도가 붙긴 어렵다. 2023년에도 여전히 국내 여행은 팬데믹 이전보다는 기회의 시간이다. 국내 여행에서 누구나 다 아는 유명 관광지보다, 소외되고 숨겨진 곳들은 더 주목받을 기회가 생길 것이다.

디테일이 바꾸는 트렌드
: 의식주의 작지만 큰 변화

▼

실내 수영장에선 기능적인 원피스 수영복이 단연 원 톱이지만, 야외 수영장이나 바닷가 휴양지에선 비키니가 주인공이었다. 선 베드에 누워서 태닝을 할 때도, 매력적인 모습을 뽐내기 위해 인스타그램에 사진을 올릴 때도 비키니가 과시적 아이템으로 선택되었다. 그런데 이제 원피스 수영복도 과시의 도구로 선택되고 있다. 원피스 수영복이 가진 몸매 보정 기능이나 과도한 노출이 부담스러운 이들의 선택지, 기능적인 수영복이 필요한 이들의 선택으로서가 아니다. 비니키 수영복을 대신해 과시적, 패션의 아이템으로 선택된 것은 원피스 수영복에 다양한 소재, 컬러, 디자인 등 디테일이 구현되면서다. 어깨끈이 가늘거나, 어깨끈이 하나만 있거나, 니트를 소재로 쓰거나, 세련된 디자인에 레트로 컬러와 패턴을 쓰는 등 원피스 수영복이 화려하고 멋있어졌다. 결국은 디테일이다. 수영복 트렌드에서 원피스와 디테일이 만나면서 패션 피플의 선택을 받게 되고, 이는 비키니 단독 주연에서 비키니와 원피스 수영복의 공동 주연으로 바뀌고 있다.

혼밥, 혼술은 보편적 트렌드가 되었다. 여럿이 먹을 수 있는데 괜히 혼자 먹는 게 아니라, 혼자 먹는 게 가장 편하거나 1인 가구의 증가가 만든 트렌드다. 하지만 대부분 식당, 카페, 술집 등에선 테이블이 2인, 4인용으로 만들어져 있다. 혼자서 4인 테이블에 앉는 건 다소 신

경 쓰일 일이다. 그래서 1인석을 만드는 곳들이 늘어 가고, 1인석엔 스마트폰 충전도 가능하게 한다. 밥이든 술이든 혼자 먹는 사람들에게 스마트폰은 중요하다. 그리고 1인석만 따로 한쪽에 만들거나, 아예 1인용 식당을 만드는 것보단, 자연스럽게 서로 섞여 있게 하는 것도 중요하다. 혼밥 전용 식당, 혼술 전용 술집 이미지는 득보다 실이 많을 수 있다. '혼자' 먹거나 '같이' 먹거나 중요한 건 '맛', '분위기'인 것이다. 유명 식당, 유명 술집에서 '혼자'라도 편하게 즐기고 싶은 것이지 혼밥족, 혼술족끼리만 가는 공간을 원하는 게 아니다. 이런 것은 혼밥, 혼술 트렌드에 대응하는 가장 기본적인 디테일이다. 두 명이면 두 가지 메뉴를 시켜서 같이 먹을 수 있다. 하지만 한 명이 두 가지 메뉴를 시키면 돈도 돈이지만 양이 많아 남길 수밖에 없다. 이걸 절충해 혼자서 두 가지를 시킬 때 양을 조절해 주고, 가격도 조절해 주는 디테일도 필요하다. 1인 가구는 계속 증가하고 혼밥, 혼술도 계속 증가할 것이다. 더 이상 식당, 술집에서 혼밥, 혼술이 비주류가 아니다. 더 이상 혼밥, 혼술 하는 사람들이 눈치 볼 상황을 만들지 않아야 한다. 1인 가구 증가로 혼밥족이 이슈가 될 때 접근했던 초기 방식에서 진화가 필요하고, 그 중심엔 디테일이 있다. 1인 가구를 위한 디테일이 1인 가구의 의식주와 라이프스타일에서 가장 중요한 소비 욕망을 만들어 낼 것이기 때문이다.

미식에서도 디테일이 중요해졌다. 유명한 식당, 맛있는 식당을 찾아가 줄 서서라도 먹는 것에서 시작해, 이젠 그 식당의 식재료는 어떤 것인지, 셰프는 누구인지 등을 따지고 있다. '유명한 식당에서 나도 먹었다'를 드러내는 것에서, '어떤 셰프가 만든 것을 먹었다'로 미식을 이야기하면서도 유명세보다 구체적인 스토리이자 요리의 실체에 대해 이야기한다.

파인 다이닝의 고객층에 변화가 생겼다. 파인 다이닝의 점심시간대는 법인 카드로 밥 먹는 사람과 소위 강남 사모님이라 불리는 경제력 있는 아줌마들이 주류였다. 이제 법인 카드를 가진 사람들이 확 줄어들고, 그 자리에 2030세대가 진입했다. 돈 많은 2030세대만이 아니다. 파인 다이닝에서의 식사 경험을 위해 투자하는 것이다. 저녁 식사 한 끼에 15~25만 원 정도 하는 파인 다이닝도 많다. 대신 점심 식사는 상대적으로 낮은 가격대다. 파인 다이닝fine dining은 말 그대로 질 좋은 정찬, 비싼 식사를 파는 고급 식당이다. 양식이 많고 일식, 한식, 중식도 고급 식당은 다 있다. 미슐랭 스타 레스토랑들도 있고, 오마카세도 있다. 오마카세는 스시가 대표적인데, 이젠 한우 고급 식당도 오마카세 스타일이다. 프렌치나 이탈리안 레스토랑에서도 셰프가 알아서 주는 요리가 있다. 뭘 먹을지를 손님이 정하는 게 아니라 요리사가 정하는 건데, '아무거나 주세요'가 아니라 '알아서 좋은 걸 제대로 주세요'다. 이것도 일종의 취향 큐레이션이다. 셰프를 믿고 그의 선택이자 취향을 따르는 것이다. 중요한 건 미식가가 급증했다는 사실이다. 엄밀히 진짜 미식가인지 아닌지는 모르겠고, 미식가를 자청하는 사람들이 급증했다는 것이 더 맞을 것이다. 음식의 식재료와 레시피, 셰프의 이름까지 꿰고 다니는 이들이 있고, 인스타그램엔 파인 다이닝에서 찍은 음식 사진들로 넘쳐난다.

삼성패션연구소가 2022년 가을 여성복 패션 트렌드에서 제시한 키워드가 '꾸꾸(꾸미고 꾸민)'다. 그동안 '꾸안꾸(꾸민듯 안 꾸민)'가 여성복 패션에서 중요한 트렌드였던 것과 상반되는 키워드다. 꾸미고 꾸민다는 것은 멋지게 잘 차려입었음을 티 낸다는 의미다. 패션에서 디테일이 더 중요해지는 것이다. 여성들이 화려하고 과감하게 스타일을 꾸민다는 건 팬데믹이 저물고, 엔데믹이 전환되는 상황에 대한 패션 해석이기도 하다. 1990년대를 연상시키는 크롭 톱과 미니스커트의 유행이 계속되고 있는 중에, 오버사이즈 핏의 재킷과 와이드하고 루즈한 바지 같은 슈트 룩도 확산세고, 수년째 인기 있던 프레피 룩의 인기도 계속 되고 있다. 그리고 젠더리스 패션이 패션 피플을 넘어 일상으로 확대되고 있다. 더 이상 젠더리스, 젠더 뉴트럴, 젠더 플루이드가 그들만의 리그가 아니라 대중적 패션이 되었다. 패션과 뷰티에서 성 구분이 사라지면서 더 다양하고, 디테일한 상품이 나온다. 패션계가 그동안 암묵적으로 지켜 왔던 규칙과 관성이 다 깨지고, 패션의 본질에 더 다가서게 되기도 한다.

영끌과 벼락 거지라는 유행어의 배경에 부동산 가격 폭등이 있다. 우린 집을 삶의 공간이 아니라 재산으로 바라보고 살아왔고, 부동산 가격 폭등이 더해지면서 이런 시각은 더 심해졌다. 하지만 모두가 그렇게 쏠린 건 아니다. 두 부류가 이 시각에서 벗어났다. 첫 번째 부류는 부자다. 애초에 그들이 삶의 공간으로 무게 중심을 옮긴 건 돈이 충분해서가 아니다. 돈이란 건 있어도 있어도 결코 충분하다 느끼진 못한다. 숫자로 이뤄진 욕망에는 끝이 없기 때문이다. 부자 중 상당수가 부동산으로 재산을 크게 늘렸다. 그들의 변화는 더 이상 부동산, 특히 집을 통해서 자산 가치를 키우는 것은 한계가 왔음을 인식해서일 수도 있다. 또 다른 부류는 돈이 아닌 취향이자 자신의 개성을 중요하게 여기는 이들이다. 이들 중에선 돈이 많을 수도 적을 수도 있겠지만, 적으면 적은 대로 많으면 많은 대로 각자의 선택지 내에서 삶의 공간으로서의 집을 누린다. 집을 바라보는 태도가 바뀌면, 우린 집 안의 디테일에 더 투자하게 된다.

인테리어에서 미니멀리즘이 확산되며 같이 연결된 것은 디테일이다. 집 안의 공간을 더 넓어 보이게 하기 위해, 장식과 구조는 단순하고, 벽과 바닥의 컬러와 톤도 조정한다. 겉으론 벽처럼 보이지만 히든 도어를 통해 숨어 있는 수납 공간을 늘리고, 가전은 빌트인으로 한다. 이렇게 미니멀하게 구현된 실내 인테리어에선 디테일이 더더욱 중요해진다. 미세한 차이가 세련됨과 고급스러움을 결정한다. 고급 주택으로 갈

수록 미니멀리즘과 디테일의 결합이 두드러진다.

왜 집에 대한 욕망이 바뀔 수 있을까?

▼

한국인은 아주 개인주의적인데 소비에선 획일적인 경향이 있고, 일본인은 아주 집단주의적인데 소비에선 개성적인 경향이 있다는 이야기가 있다. 두 국가의 소비 성향을 이렇게 단순히 일반화하는 건 분명 위험하긴 하지만, 한국 사회가 과거에 비해 개인주의가 크게 확산된 건 분명하고 소비에서의 개성은 아직 부족한 편이다. 나름 개성 강한 핫플레이스인 홍대를 지나가도 배가 다 보이는 크롭 티, 허리와 골반을 드러내는 스타일, 통 넓은 와이드 팬츠를 입은 사람들이 많다. 이런 스타일을 Y2K 패션이라고 하는데, 1990년대 말과 2000년대 초에 유행했던 패션이다. Y2K 패션은 계속 유행 중인데 20대가 주로 소비한다. 가장 트렌드에 민감하면서 가장 취향 소비에 관심 많은 그들이 비슷한 옷을 입고 다니는 셈이다. 패션뿐 아니다. 책이든 뭐든 베스트셀러 위주로 팔리고, 명품에서도 새로운 5초 백이 계속 등장하는 것을 보면 소비에서 획일적 경향이 있다는 말은 어느 정도 맞긴 하다. 가장 획일적인 소비가 바로 아파트다. 한국인 10명 중 6명은 아파트에 산다. 단독주택에 사는 건 2명이 채 안 되는데, 이들 중 상당수도 아파트로 가고 싶어 한다. 아파트는 아니지만 오피스텔, 빌라 등 공동 주거 시설에 사는 이들도 아파트로 가고 싶어 한다. 전 세계에서 아파트에 대한 선호도가 가장 높은 나라라고 해도 과언이 아니다. 대도시에 과밀하게 모여 살다 보니 아파트는 아주 실용적 선택이고, 놀랍게도 한국인의 욕망에도 잘 부합했다. 아파트라는 공간이 부합한 게 아니라, 아파트라는 상품이 우리 욕망에 부합했다. 아파트를 산다는 것은 계속 오른다는 것을 의미했고, 2021년까지 그 신화는 정점에 이르렀다.

아파트를 비롯한 부동산 시장이 하락세로 돌입하면서 부동산을 바라보는 관점의 변화가 이어질 수 있고, 투자가 아닌 취향으로서의 주거 공간에 주목하는 욕망은 더 커질 가능성이 있다. 단독 주택, 전원 주택, 세컨드 하우스에 대한 수요 증가는 주거 형태만 바뀌는 게 아니라 주거를 둘러싼 욕망과 취향이 바뀌는 것이기 때문이다. 그동안 어떤 집에 사느냐는 '가격'을 과시했고, 어떤 가구, 어떤 인테리어를 하느냐로 '취향'을 드러냈다. 아무리 비싸고 좋은 아파트여도 같은 단지에 수백 개의 획일적인 구조의 집이 있다. 자신만의 개성과 차별화를 드러내는 데는 한계가 있다. 하지만 단독 주택으로 넘어가면서는 자신만의 공간 설계가 수월해진다. 아파트는 마음대로 벽을 허물거나 구조를 바꿀 수 없다. 아무리 자기 집이어도 천장은 윗집의 바닥과 함께 쓰고, 바닥은 아랫집의 천장과 같이 쓰고, 벽은 옆집과 같이 쓴다. 이런 상황에선 개성과 취향을 드러내 봤자 가구와 벽지(페인트), 소품들 정도에 불과하다. 사실 아파트는 재산적 가치, 투자의 가치로선 탁월할지 몰라도 개성과 취향에선 취약하다. 분명한 건 아파트 가격 하락세가 커질수록 한국인의 아파트에 대한 욕망도 한풀 꺾일 것이다.

법원 경매 전문 업체 지지옥션에 따르면, 2022년 7월 서울의 아파트 경매 낙찰률은 26.6%로 2008년 12월(22.5%) 이후 가장 낮았다. 2022년 8월에 36.5%로 조금 오른 듯 보이지만, 서울의 아파트는 경매에서 3건 중 1건 정도만 낙찰되고 있다는 사실을 주목해야 한다. 다른 곳도 아닌 서울의 아파트다. 심지어 강남의 아파트도 경매에서 유찰되기도 한다. 부동산 투자에서 서울 아파트, 그중 강남 아파트는 투자 가치가 높은 편이었는데, 확실히 투자 심리가 위축되었다는 증거다. 2022년 1~8월 서울 아파트 평균 낙찰률은 45.5%다. 2021년 같은 기간의 평균 낙찰률 72.67%에 비해 크게 떨어졌다. 특히 2022년 상반기보다 하반기의 낙찰률이 크게 떨어졌다. 이런 추세면 2022년 연간으로 따져도 낙찰률이 40% 이하가 될 가능성이 크다. 2022년 8월 기준 서울 아파트 경매 낙찰가율은 93.7%다. 낙찰가율은 감정가 대비 낙찰가 비율인데, 100% 이하로 떨어진다는 것은 감정가보다 싸게 거래된다는 의미다. 아래 그래프는 2021년 3월부터 2022년 8월까지의 서울 아

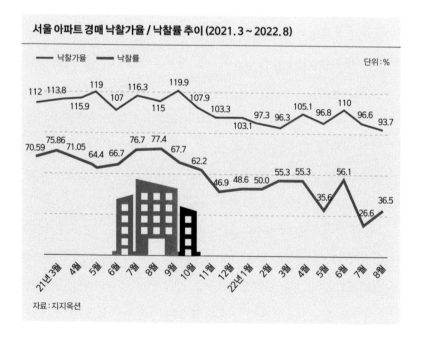

서울 아파트 경매 낙찰가율 / 낙찰률 추이 (2021. 3 ~ 2022. 8)

자료: 지지옥션

파트 경매에서 낙찰가율, 낙찰률 추이다. 그래프의 기울기를 통해서도 확실히 흐름의 변화를 볼 수 있다. 서울 아파트보다 경기도, 인천 등 수도권 아파트의 낙찰가율은 조금 더 낮다. 지방으로 갈수록 더 낮다.

부동산 시장이 냉각되면 경매 건수는 늘어나고, 낙찰률과 낙찰가율은 떨어진다. 통상 법원 감정가는 시세보다 싸다. 그런데 시세가 하락세면 이전에 감정한 가격이 투자자 입장에선 비싸다. 유찰이 되고, 낙찰률이 떨어질수록 경매 시작가도 떨어진다. 경매 시장은 투자 시장 성격이 강하다. 실거주자가 참여하는 시장이라기보다 경매에서 시세보다 싸게 낙찰받아 시세만큼 되팔아 수익을 얻으려는 투자의 접근이다. 이런 시장이 경색되는 건 투자로서의 가치가 떨어졌다는 의미다. 아파트 경매 시장의 추이가 실제 아파트 매매 시장의 선행 지표가 되기도 한다. 아파트가 한국인에게 가장 비중이 높은 주거 형태이니 아파트 매매 시장의 변화는 빌라, 오피스텔, 단독 주택 등 모든 주택에 영향을 미친다.

문제는 아직 경매 물량이 크게 늘어난 게 아니란 점이다. 대출 이자가 높아지고, 빚내서 산 집의 대출을 못 갚는 이들이 늘어나면 금융기관에서 회수하기 위해서라도 경매 진행이 늘어나는데, 아직 그 단계까진 안 갔다. 즉 앞으로 경매 물량이 쏟아지고 아파트 시세는 하락세가 커질 수 있다. 인플레이션을 잡겠다고 금리 인상에 강경한 태도를 보인 미국은 2023년까지 기준 금리를 올릴 기세이고, 한국도 그 흐름에서 벗어날 수 없다. 아파트 매매가가 급매 중심으로 크게 떨어진 신호가 나오지만 이제 시작일 뿐이다. 2022년 2, 3분기로 이어지며 하락세가 뚜렷하고, 일부 아파트는 수억 원씩 떨어졌지만 2020~2021년의 상승률과 비교하면 하락률은 크지 않다. 2020~2021년 때 폭등했던 매매가의 상당수를 내어 줄 수도 있다. 물론 모든 아파트가 그런 건 아니겠지만, 부자들이 선호할 일부 아파트의 시세 추이만 예외 상황일 것이고, 수도권과 지방 모두 하락을 겪을 것이다. 이는 아파트만 그런 게 아니다. 주택뿐 아니라 상업용 건물, 토지도 영향을 받겠지만, 아파트만큼 큰 하락 폭은 아닐 것이다. 아파트의 위기, 이건 2023년에 끝날 일이 아니다.

참고자료

1. 과시적 비소비

최민경, 〈美 기후 대응에 480조 투자… 신재생 시대 열린다〉, 《머니투데이》, 2022년 8월 9일.

박종오, 〈역대급 미국 물가 대책… 한국과 완전 다른 3가지〉, 《한겨레신문》, 2022년 8월 10일.

이기림, 〈증시 불확실성에 0%대 예탁금 이자… 지친 동학 · 서학 개미들, 탈출 러시〉, 《뉴스원》, 2022년 8월 4일.

김성현, 〈메타, 분기 매출 사상 첫 감소… 광고 불황 직격탄〉, 《지디넷코리아》, 2022년 7월 28일.

신수용, 〈[르포] 고물가에 재래시장은 '썰렁'… 샤넬 매장은 밤샘 '오픈런'〉, 《뉴스핌》, 2022년 7월 5일.

박은희, 〈[일러스트 이코노미] 알뜰폰 · 도시락 · 컵라면 · 통근버스… 살기 위해 지갑을 닫았다〉, 《디지털타임스》, 2022년 6월 26일.

최지희, 〈日 물가 급등 위협 속 커지는 100엔숍 시장… 명품 거리 긴자까지 진출〉, 《프레스맨》, 2022년 4월 6일.

김지섭, 〈영업이익 메이시스 178%↑ '미국판 다이소' 43%↑… 최고가 아니면 최저가만 팔린다〉, 《조선일보》, 2022년 6월 9일.

곽도영, 구특교, 이지윤, 〈'R의 공포' 현실화… 삼성전자 재고 50조 처음 넘어〉, 《동아일보》, 2022년 8월 19일.

김은경, 〈'센트럴파크 44배' 창고가 꽉 찼다…1년 만에 전 세계가 재고로 몸살〉, 《한경비즈니스》, 2022년 8월 9일.

최보윤, 〈2000만 원 주얼리도 온라인에서 산다… 큰손된 MZ세대들〉, 《조선일보》, 2022년
8월 1일.

홍성용, 〈당근마켓이 연 중고 거래 시장 신세계·롯데가 뛰어드는 이유는〉, 《매일경제》,
2022년 3월 15일.

장형태, 〈당근마켓, 1800억 투자 유치… 단숨에 3조 유니콘 등극〉, 《조선일보》, 2021년 8월
5일.

빈센트, 〈당근마켓과 넥스트도어의 차이점은?〉, 《ㅍㅍㅅㅅ》, 2022년 6월 8일.

정상혁, 〈밥맛 없는 인간들에게 끌린다… '소식좌' 열풍〉, 《조선일보》, 2022년 8월 9일.

윤효정, 〈'소식좌' 박소현·산다라박, 웹 예능 '밥 맛 없는 언니들' 론칭〉, 《뉴스원》, 2022년
7월 12일.

이준, 〈[푸드&라이프] 새로운 먹방 트렌드 '소식 먹방'〉, 《식품외식경영》, 2022년 6월 2일.

공인아, 〈소식하는 여자〉, 《보그코리아》, 2018년 2월 5일.

박수현, 〈"5000만 원 시계를 카톡 선물로?"… 명품에 꽂힌 카카오·네이버〉, 《비즈조선》,
2022년 5월 3일.

이하린, 〈5초백 샤넬도 지겨워… 젊은 층, 디자이너 브랜드로 몰린다〉, 《매일경제》, 2022년
6월 16일.

안혜원, 〈명품 콜라보 불패?… '구찌다스 한정판'에 MZ세대 무덤덤 [안혜원의 명품의 세
계]〉, 《한국경제》, 2022년 6월 18일.

윤정훈, 〈고물가에 'B급 과일' 찾는 고객 늘었다〉, 《이데일리》, 2022년 7월 27일.

박준호, 〈[ET뉴스 픽!] 고물가에 늘어난 '짠물 소비'… B급 제품 찾는다〉, 《전자신문》,
2022년 7월 16일.

김민정, 〈이젠 '궁상'이 아니다… MZ세대 번지는 '무지출 챌린지'〉, 《이데일리》, 2022년 7월
14일.

장서윤, 〈고물가에 지갑 닫았다… MZ세대 '무지출 챌린지' 해보니〉, 《JTBC》, 2022년 7월
25일.

신현지, 〈[핫코너] "나 오늘 한 푼도 안 썼어요" 무지출 가계부 쓰는 2030〉, 《조선일보》,
2022년 6월 2일.

독립쪼렙, 〈'무지출 데이' 소비 없이 행복해지고 싶었다〉, 《한겨레신문》, 2022년 6월 4일.

김정남, 〈'킹달러' 들고 미국인들 유럽 몰려간다 [김정남의 미국은 지금]〉, 《이데일리》,
2022년 7월 24일.

장병창, 〈유로화 약세 특수 '美 관광객들로 파리 쇼핑 거리 활기'〉, 《어패럴뉴스》, 2022년 7월 28일.

정혜원, 〈새해 첫 달 채식으로, 한국 고기 없는 월요일 '비건 리셋 2022' 행사〉, 《비즈니스포스트》, 2021년 12월 9일.

안효성, 〈'티턴산의 계시'는 '고통스러운 긴축'… 파월 · 이창용 "금리 올린다"〉, 《중앙일보》, 2022년 8월 28일.

하현옥, 〈파월 입만 처다본다, 오늘 밤 '잭슨홀의 계시' 나오나〉, 《중앙일보》, 2022년 8월 25일.

안효성, 〈물가 높이고, 성장률 낮추고… 한은, 경기 침체 우려 속 베이비 스텝〉, 《중앙일보》, 2022년 8월 25일.

김민정, 〈'44조' 중고 명품시장 파워… 럭셔리 업계가 탐내는 강력한 무기〉, 《중앙일보》, 2022년 8월 20일.

오경천, 〈2021년 국내 5대 백화점 70개 점포 매출 순위〉, 《어패럴뉴스》, 2022년 1월 5일.

《2022년 6월 온라인 쇼핑 동향》, 통계청, 2022. 8.

《7월 중 금융 시장 동향》, 한국은행, 2022. 8.

Paul Krugman, 〈I Was Wrong About Inflation〉, 《New York Times》, 2022. 7. 21.

Jerome H. Powell, 〈Monetary Policy and Price Stability〉, 《Federal Reserve Board》, 2022. 8. 26.

Richard O. de Visser, Suzanne Barnard, Daniel Benhama, Rachel Morsea, 〈Beyond "Meat Free Monday": A mixed method study of giving up eating meat〉, 《science direct》 2021. 11. 1.

https://hypebeast.kr/2022/4/louis-vuitton-hermes-sales-significant-increase-in-korea-2021

https://brunch.co.kr/@yeon0517/164

https://www.nytimes.com/2022/07/21/opinion/paul-krugman-inflation.html

https://www.mulberry.com/kr/madetolast/can-you-teach-an-old-bag-new-tricks

https://www.mulberry.com/kr/mulberry-exchange

https://www.federalreserve.gov/newsevents/speech/powell20220826a.htm

https://www.bain.com/about/media-center/press-releases/2022/global-personal-luxury-goods-market-reaches-288-billionin-value-in-2021-andexperienced-a-remarkable-performance-in-the-first-quarter-2022/

https://www.bain.com/insights/from-surging-recovery-to-elegant-advance-the-evolving-future-of-luxury/#

https://kream.co.kr/products/45090

https://datalab.naver.com/keyword/trendSearch.naver

https://trends.google.co.kr/trends/?geo=KR

https://www.24s.com/ko-kr/about-us

https://thevc.kr/daangnmarket/fundings

https://meatfreemondays.com

https://www.federalreserve.gov

https://www.sciencedirect.com/science/article/abs/pii/S0195666321003706

https://fred.stlouisfed.org/series/CPIAUCSL

https://fred.stlouisfed.org/series/DEXKOUS

https://fred.stlouisfed.org/series/TRMMEANCPIM158SFRBCLE

한국거래소 www.krx.co.kr

금융투자협회 www.kofia.or.kr

한국은행 www.bok.or.kr

《2022 Resale Report》, ThredUP, 2022. 5.

김용섭,《라이프 트렌드 2020: 느슨한 연대 Weak Ties》, 부키, 2019. 10.

Neil Boorman,《Bonfire of the Brands : How I Learnt to Live without Labels》, Canongate, 2007. 9.

2. 빈티지 시계와 빈티지 카, 욕망은 히스토리를 탐한다

정인지, 〈[단독] "보증서無 롤렉스도 OK"… 두나무, 명품 중고시계 거래 '출사표'〉, 머니투데이, 2022년 7월 21일.

N스타일팀, 〈[N특집] 재클린 케네디부터 폴 뉴먼까지… 유명인의 시계와 시계 경매 이야기〉,《뉴스원》, 2017년 7월 14일.

윤성원, 〈폴 뉴먼의 가장 비싼 손목시계〉,《노블레스》, 2017년 11월 7일.

심웅보, 〈군대에서 보급한 롤렉스, 3억 2천만 원에 판매되다〉,《하입비스트》, 2022년 2월 28일.

박상용, 〈670만 원 주고 산 게 8억 '대박'… 빈티지 시계 인기 폭발〉,《한국경제신문》, 2022년
  2월 14일.

김우성, 〈부호의 종착역, 빈티지 카의 세계〉,《럭셔리》 2009년 3월호.

김우람, 〈벤츠 클래식카, 경매가 1811억… "종전 최고가 두 배"〉,《이투데이》, 2022년 5월
  20일.

https://rmsothebys.com

https://www.phillips.com

https://www.christies.com

김용섭,《라이프 트렌드 2013: 좀 놀아 본 오빠들의 귀환》, 부키, 2012. 12.

3. 테니스 붐, 왜 테니스는 새로운 욕망이 되었을까?

오룡, 〈나달은 8억 원짜리 손목시계 차고 경기한다고?〉,《테니스피플》, 2020년 11월 18일.

신찬옥, 〈임정우, 동아리 가입하려 면접까지… 2030에게 골프보다 핫한 '이것'〉,《매일경제》,
  2022년 7월 10일.

김희준, 〈테니스 매력 대체 뭐길래… 테린이에게 들어보니〉,《뉴시스》, 2022년 7월 16일.

구희언, 〈MZ세대가 '테린이' 자처하는 이유〉,《주간동아》, 2022년 4월 26일.

https://datalab.naver.com/keyword/trendSearch.naver

https://www.instagram.com/explore/tags/테니스/

https://www.instagram.com/explore/tags/테린이/

https://www.rolex.com/ko/world-of-rolex/tennis/wimbledon.html

https://www.bccard.com/card/html/company/kr/bigdata/business/index.jsp

https://www.hermes.com/kr/ko/category/home-outdoor-and-equestrian/
  equestrian-and-dogs/horse/#|

4. 워케이션과 디지털 노마드 비자

박명원, 〈'산으로 출근 바다로 퇴근' 놀면서 일하는 강원 워케이션〉,《세계일보》, 2022년 8월
  12일.

오현우, 〈구글서 애플로 모셔온 억대 연봉자 "사무실 출근? 퇴사할게요"〉,《한국경제신문》,
  2022년 5월 10일.

김성현, 〈엔데믹 기대감에도 플랫폼 기업 여전히 '재택근무'〉, 《지디넷코리아》, 2022년 5월 12일.

강은경, 〈카카오, 제주에 '워케이션 센터' 짓는다〉, 《비즈한국》, 2022년 8월 11일.

이창균, 〈"생산성 향상에 도움" 놀며 일하는 워케이션, 해외로 확대〉, 《중앙선데이》, 2022년 7월 16일.

김소형, 〈여행지서 업무·휴식 '워케이션', 위드 코로나 시대 새로운 라이프스타일로…〉, 《스포츠조선》, 2021년 12월 8일.

박진영, 〈MZ세대, 어디서든 일할 수 있다… IT 업계 '워케이션' 열풍 [IT돋보기]〉, 《아이뉴스24》, 2022년 7월 18일.

안희재, 〈[Industry Review] 돈과 승진이 전부일까… 코로나 이후 일터의 다섯 가지 변화〉, 《매일경제》, 2022년 3월 4일.

장주영, 〈발리에서 원격 근무하는 사람들이 받는다는 혜택〉, 《매일경제》, 2022년 7월 2일.

강정미, 〈"1년 비자 발급해 드립니다"… 원격 근무자 유치 경쟁 활발〉, 《JobsN》, 2022년 7월 20일.

이해영, 〈JAL, 휴가지에서의 근무도 인정하는 '워케이션' 도입〉, 《연합뉴스》, 2017년 6월 23일.

박석원, 〈[특파원24시] 회사도 집도 아닌 '제3의 장소'에서 일한다〉, 《한국일보》, 2018년 2월 11일.

윤이나, 〈일본은 지금, 휴가인듯 휴가 아닌 휴가 같은 '워케이션' 확산 중〉, 《프레스맨》, 2018년 8월 17일.

김은빈, 〈인구 감소에 신음하는 日 섬들… 해결책 마련에 고심〉, 《뉴스핌》, 2018년 8월 27일.

https://tripplus.co.kr/111412/

https://post.naver.com/viewer/postView.naver?volumeNo=34158420&memberNo=27908841

〈발리에서 살아보듯 여행하기〉, 《행복이 가득한 집》, 2017년 8월호.

김용섭, 《라이프 트렌드 2019: 젠더 뉴트럴 Gender Neutral》, 부키, 2018. 10.

5. 주 4일 근무는 이미 시작된 미래!

황민규, 〈영국의 주 4일 근무 실험, 초기 평가는 '긍정적'〉, 《조선비즈》, 2022년 8월 2일.

장혜원, 〈코로나가 주 4일제 부를까… 미국·일본 등 선진국서 도입 논의 활발〉, 《아주경제》,

2022년 4월 23일.

김동한, 〈벨기에, 주4일 근무제 도입 비결 "하루에 2시간 더 일하면 돼"〉,《머니투데이》, 2022년 2월 16일.

김성모, 〈美 캘리포니아, 임금 삭감 없는 '주 4일 근무제' 법제화 추진〉,《동아일보》, 2022년 4월 18일.

명순영, 〈'뜨거운 감자' 주 4일제… '반대'할 이유 없지만 임금 깎으면 '반대'〉,《매일경제》, 2021년 12월 10일.

최동현, 〈사장이 주4일제 앞장… 신입사원 퇴사 땐 보너스도 준다〉,《아시아경제》, 2022년 7월 20일.

박병수, 〈UAE "내년부터 4.5일제 도입"… 주말도 서구식 '토~일요일'로〉,《한겨레신문》, 2021년 12월 8일.

고문수, 〈'놀금', '주 4일제'… 새 근무제 도입 기업 늘어나〉,《머니투데이》, 2022년 8월 11일.

최정석, 〈세브란스병원, 국내 최초 '주 4일제' 시범 도입 잠정 합의〉,《조선비즈》, 2022년 8월 2일.

Anna Cooban, 〈How the world's biggest four-day workweek trial run changed people's lives〉,《CNN》, 2022. 8. 1.

Julia Kollewe, 〈Thousands of UK workers begin world's biggest trial of four-day week〉,《The Guardian》, 2022. 6. 6.

Jason Lalljee, 〈A UK company testing out a 4-day work week to attract employees says it's seen a boost in productivity, profits, and morale〉,《Business Insider》, 2022. 7. 4.

Stefan Ellerbeck, 〈The UK has begun the world's biggest trial of the four-day work week. What are the pros and cons?〉,《World Economic Forum》, 2022. 6. 21.

https://www.weforum.org/agenda/2022/06/four-day-work-week-uk-trial/

김용섭,《ESG 2.0》, 퍼블리온, 2022. 7.

6. 대도시를 탈출하는 사람들과 세컨드 하우스

이혜인, 〈이게 웬 호재냐… 요즘 젊은 부부 몰리는 '세컨드 하우스 성지'〉,《한국경제신문》, 2022년 7월 31일.

최온정, 〈稅 혜택 날개 단 농어촌 주택-양도세 중과 배제 이어 종부세 혜택까지 농어촌 주택에 쏠리는 '관심'〉,《이코노미조선》, 451호., 2022년 7월 6일.

정재훈, 〈무지 라이프 스타일을 담은 초소형 집, 무지 헛 판매 시작〉,《월간디자인》, 2017년
　8월호.

김윤선, 〈[Space] 가볍고 오롯한 세컨드 라이프를 위한 집, 'ODM'〉,《Brique》, 2021년 06월
　28일.

이용규, 〈강진군의 빈집 실험〉,《전남일보》, 2022년 8월 2일.

강경희, 〈[만물상] '빈집세(稅)'〉,《조선일보》, 2022년 2월 16일.

류인하, 〈"그때는 발암 물질이 있는 줄 몰랐지" 슬레이트 지붕 철거는 계속된다〉,《경향신문》,
　2021년 9월 1일.

박용준, 〈"빈집 문제, 영국처럼 빈집세 등 인센티브 · 페널티 필요"〉,《뉴스토마토》, 2019년
　10월 28일.

간삼건축사무소, https://www.ghed.co.kr

MUJI HUT, https://www.muji.com/jp/mujihut/en.html

6sqft, https://www.6sqft.com/tiny-house-muji-huts-will-start-at-just-25000/

NAVER 데이터랩 검색어트렌드, https://datalab.naver.com/keyword/trendResult.nave
　r?hashKey=N_82f39bacb28aa954b1b2fa1554a367e2

김용섭,《라이프 트렌드 2018: 아주 멋진 가짜 Classy Fake》, 부키, 2017. 11.

7. 잘코사니와 샤덴프로이데

강수돌, 〈[강수돌 칼럼] 공정한 불평등 vs 가치 너머의 가치관〉,《한겨레신문》, 2022년 7월
　21일.

강수돌, 〈[강수돌 칼럼] 이중잣대의 역사적 기원〉,《한겨레신문》, 2022년 7월 21일.

[네이버 지식백과] 다른 사람이 불행할 때 뇌에서 느끼는 불편한 기쁨 (KISTI의 과학향기 칼
　럼)

[네이버 지식백과] Schadenfreude (교양영어사전2, 2013. 12. 3., 강준만)

한국경제연구원, 〈[보도자료] 청년 체감경제고통지수 분석〉, 2021년 11월.

한국경제연구원, 〈[보도자료] 국민고통지수 산정과 경제효과 및 시사점〉, 2022년 7월.

한국경제연구원,http://www.keri.org.

PEW RESEARCH CENTER, 〈What Makes Life Meaningful? Views From 17 Advanced
　Economies〉, https://www.pewresearch.org/global/2021/11/18/what-makes-

life-meaningful-views-from-17-advanced-economies/, NOVEMBER 18, 2021

자살률, https://www.index.go.kr/unify/idx-info.do?idxCd=8040, 통계청 국가지표체
계.

총 이혼 건수 및 조이혼율, https://www.index.go.kr/potal/main/EachDtlPageDetail.
do?idx_cd=1580, 통계청 e-나라지표.

George Lincoln Walton M.D., 《Why Worry?》(2004), https://www.index.go.kr/potal/
main/EachDtlPageDetail.do?idx_cd=1579.

Jessie Yeung, Yoonjung Seo, 〈How Koreans fell in love with an American World War
II era personality test〉, CNN, July 23, 2022., https://edition.cnn.com/2022/07/22/
asia/south-korea-mbti-personality-test-dating-briggs-myers-intl-hnk-dst/
index.html.

8. 전방위로 확장하는 클린 테크

김욱진, 〈다시 세상을 바꾸려는 빌 게이츠를 만나다〉, 《KOTRA 해외시장뉴스》, 2022년 6월
22일.

홍명표, 〈블루프런티어, 에어컨 효율 극대화한 에어컨 스타트업… 빌 게이츠 등 2000만 달러
투자〉, 《IMPACT ON》, 2022년 7월 29일.

정윤교, 〈빌 게이츠, '기후 재앙' 에어컨 문제 고치려 투자〉, 《연합인포맥스》, 2022년 8월
1일.

김강한, 〈LG, 미래 성장 동력 '클린 테크' 키운다… 5년간 2조 이상 투자〉, 《조선일보》,
2022년 6월 29일.

이성희, 〈식품, 농업, 핀테크까지… 폭넓은 클린 테크 적용〉, 《IMPACT ON》, 2022년 3월
17일.

장형임, 〈러 제재에… 비료 수요, 캐나다로 몰린다〉, 《서울경제》, 2022년 3월 15일.

박상우, 〈빌 게이츠, 미 탄소 포집 스타트업에 1천억 원 투자〉, 《월간수소경제》, 2022년 2월
4일.

김환이, 〈빌게이츠, 베조스까지 투자하는 AI 광물탐사기업 '코볼드 메탈' 뒤 숨은 전쟁〉,
《IMPACT ON》, 2021년 8월 17일.

김세진, 〈도심 속 건물을 테슬라처럼 전기로? MS와 아마존 투자한 '블록파워'〉, 《IMPACT
ON》, 2022년 3월 20일.

홍명표, 〈팜유 대체하는 새로운 클렌징 소재, 유니레버가 거액 투자하는 이유〉,《IMPACT ON》, 2022년 6월 27일.

유자비, 〈세계 곳곳 식용유 위기 영국선 "최대 3병만" 구매 제한〉,《뉴시스》, 2022년 5월 2일.

조인비, 〈'내가 먹은 초콜릿이 숲을 파괴한다?' 살짝 불편한 진실〉,《뉴스펭귄》, 2021년 4월 5일.

Casey Crownhart, 〈유전자 조작으로 농작물의 탄소 포집 능력 높인다?〉,《MIT Technology Review》, 2022년 6월 23일.

〈World Energy Investment 2022〉,《IEA》, 2022. 6.

〈Microsoft carbon removal: Lessons from an early corporate purchase〉. Microsoft, 2021.

〈Microsoft and Jeff Bezos are backing this start-up that aims to retrofit millions of old buildings with 'green' energy〉, CNBC, 2022. 3. 15.

The BEV Portfolio, https://www.breakthroughenergy.org/investing-in-innovation/bev-portfolio.

Chan Zuckerberg Initiative, https://chanzuckerberg.com.

https://www.statista.com/statistics/263933/production-of-vegetable-oils-worldwide-since-2000/

김용섭,《ESG 2.0》, 퍼블리온, 2022. 7.

9. 일상에 들어온 로봇 택시와 무인 공장, 그리고 당신의 위기

정지은, 〈"제조업 인력팽창 시대 지났다"… 삼성, 스마트공장으로 '미래 준비'〉,《한국경제》, 2022년 8월 1일.

이수빈, 〈해외임직원 5년 새 5만 명 준 결정적 이유〉,《팍스넷뉴스》, 2022년 7월 26일.

홍재영, 〈생산 공정 100% 자동화… 삼전 '무인 공장' 도입 검토에 뜨는 로봇주〉,《머니투데이》, 2022년 8월 2일.

정지은, 〈삼성전자, 2030년 '무인 공장' 도입한다〉,《한국경제신문》, 2022년 8월 2일.

이근홍, 〈'AI 스마트조선소' 구축… 자동·무인화로 '혁신 공정' 박차〉,《문화일보》, 2022년 5월 25일.

윤진웅, 〈현대차그룹, 상반기 美 전기차 시장 '넘버2'… 앞엔 테슬라뿐〉,《THE GURU》, 2022년 7월 12일.

허원석, 〈현대차그룹 미국 '전기차 보조금 제외' 대책은, 생산기지 구축 전 살얼음판〉, 《비즈
니스포스트》, 2022년 8월 19일.

강계만, 이유진, 〈美 인플레 감축법에⋯현대차는 울지만 테슬라 GM은 웃는다〉, 《매일경제》,
2022년 8월 21일.

박상우, 〈현대차·기아 노조, 현대차그룹 8조 원 규모 미국 투자 계획에 반발〉, 《M TODAY》,
2021년 5월 17일.

유수진, 〈포티투닷 최대주주 송창현 대표, 그룹 내 역할 커질까〉, 《The Bell》, 2022년 8월
3일.

문영재, 〈현대차, 美에 로봇 AI 연구소⋯ 자율 주행 '포티투닷'도 인수〉, 《지디넷코리아》,
2022년 8월 12일.

김형규, 〈자율 주행 로보 택시 연내 서비스 본격화 국토부, 민간기업 허가기준·신청법 공고〉,
《메가경제》, 2022년 8월 17일.

김채연, 〈현대차, 자율 주행 스타트업 포티투닷 인수 마무리〉, 《마켓인사이트》, 2022년 8월
12일.

성기호, 〈[글로벌 빅3 현대차] 車 넘어 달 탐험까지⋯ 미래 먹거리도 성공 방정식〉, 《아시아
경제》, 2022년 8월 17일.

박영국, 〈현대차그룹은 왜 R&D 인력을 분리시키나〉, 《데일리안》, 2022년 8월 22일.

이창균, 〈운전대 손 떼도 달리고 스톱, 연말 '레벨 3' 자율차 나온다〉, 《중앙선데이》, 2022년
8월 20일.

최원석, 〈돈 버는 능력도 1등 됐다, 테슬라의 3가지 비밀 [최원석의 디코드]〉, 《조선일보》,
2022년 3월 3일.

박기록, 〈"AI가 열일하네"⋯ 신한카드 1~7월 AI 이용건수 1660만 건, 벌써 작년 추월〉, 《디지
털데일리》, 2022년 8월 21일.

이고운, 〈구글 직원 좋겠네⋯ 평균 연봉 30만弗〉, 《한국경제》, 2022년 6월 2일.

최경미, 〈구글, '인력 감축' 대신 '업무 효율성 제고 프로그램' 가동〉, 《블로터》, 2022년 8월
1일.

유병훈, 〈실적 부진 구글, CEO가 직원들에 "생산성·집중력 높여야" 당부〉, 《조선비즈》,
2022년 8월 2일.

Jennifer Elias, 〈Google CEO tells employees productivity and focus must improve,
launches 'Simplicity Sprint' to gather employee feedback on efficiency〉, CNBC,
2022. 8. 1.

〈지속 가능경영 보고서 2022〉, 삼성전자

https://seongyun-dev.tistory.com/49

https://ir.tesla.com/press

https://ir.tesla.com/#quarterly-disclosure

https://news.samsung.com/kr/

https://www.hyundai.co.kr/news/byline-45

김용섭, 《ESG 2.0》, 퍼블리온, 2022. 7.

10. 절제의 시대, 축소 지향과 극단적 효율성

전준범, 〈젊음의 나 혼자 산다?… 2050년엔 1인 가구 43%가 70대 이상〉, 《조선비즈》, 2022년 6월 28일.

윤슬기, 〈"축의금? 안 내고 싶어요"… 관례와 '거리 두는' MZ세대〉, 《아시아경제》, 2022년 5월 17일.

김수영, 〈"5만 원 내고 손절당해"… 결혼식 축의금 얼마 해야 할까〉, 《한국경제》, 2022년 6월 6일.

양수민, 〈"10만 원 내고도 밥 먹기 미안하다" 축의금에 등골 휘는 MZ들〉, 《중앙일보》, 2022년 6월 24일.

디지털뉴스, 〈사무실 책상 배치만 봐도 어떤 회사인지 안다〉, 《중앙일보》, 2009년 5월 6일.

민태원, 〈'스탠딩 워크' 득과 실… 몸에 좋은데 장시간은 '毒'〉, 《국민일보》, 2018년 3월 27일.

최지희, 〈'선 채로 한잔'… 제3의 전성기 맞는 '다치노미(立ち飲み)'〉, 《프레스맨》, 2018년 7월 16일.

이정현, 〈'서서 일하기' 열풍, 알아둬야 할 점은?〉, 《지디넷코리아》, 2015년 11월 3일.

이창균, 〈건강에 관심 MZ세대 '제로 탄산' 열풍, 콜라·사이다 불티〉, 《중앙일보》, 2022년 6월 18일.

추민선, 〈판 커지는 무알코올 맥주 시장… "건강·맛 모두 챙겼다"〉, 《프라임경제》, 2022년 7월 4일.

김홍덕, 〈우리나라 웰니스 시장 규모는 세계 8위〉, 《티티엘뉴스》, 2022년 6월 1일.

통계청, 〈2022년 6월 인구동향〉, 2022년 8월.

통계청, 〈2021년 출생 통계〉, 2022년 8월.

통계청, 〈장래가구추계: 2020~2050년〉, 2022년 6월.

통계청, 〈2021년 인구주택총조사〉, 2022년 7월 28일.

Don Reisinger, 〈Apple's Tim Cook Says Every Apple Park Employee Has a Standing Desk〉, Fortune.com, 2018. 6. 15.

Chris Bowlby, 〈Could offices change from sitting to standing?〉, BBC, 2014. 4. 15.

Michael Mosley, 〈Calorie burner: How much better is standing up than sitting?〉, BBC, 2013. 10. 16.

식품외식경영, http://www.foodnews.news/mobile/article.html?no=563696.

Global WELLNESS, https://globalwellnessinstitute.org.

김용섭, 《라이프 트렌드 2017: 적당한 불편》, 부키, 2016. 11.

김용섭, 《라이프 트렌드 2018: 아주 멋진 가짜 Classy Fake》, 부키, 2017. 11.

김용섭, 《라이프 트렌드 2019: 젠더 뉴트럴 Gender Neutral》, 부키, 2018. 10.

김용섭, 《라이프 트렌드 2020: 느슨한 연대 Weak Ties》, 부키, 2019. 10.

김용섭, 《라이프 트렌드 2021: Fight or Flight》, 부키, 2020. 10.

김용섭, 《라이프 트렌드 2022: Better Normal Life》, 부키, 2021. 10.

11. 취향의 디테일, 디테일의 과시

이덕연, 한민구, 김경택, 〈아파트 경매 시장이 흔들린다…정말 '폭락기' 올까 [집슐랭]〉, 《서울경제》, 2022년 8월 15일.

이효지, 〈경매시장도 '냉랭'… 서울 아파트 낙찰률 13년 7개월만 최저〉, 《연합인포맥스》, 2022년 8월 11일.

홍혜민, 〈[트렌드스캔] 비키니 시대는 갔다? '원피스 수영복'의 매력〉, 《한국일보》, 2022년 8월 23일.

김상훈, 〈혼술 · 혼밥 창업의 디테일 코드〉, 《시사저널》, 1714호, 2022년 8월 23일.

안성희, 〈삼성패션연구소, 여성복 더 과감 · 화려 '꾸꾸' 대세〉, 《패션비즈》, 2022년 9월 1일.

손효숙, 〈넥타이 매고 사각팬티 입는 그 여자, 진주목걸이에 꽃무늬옷 그 남자〉, 《한국일보》, 2022년 9월 2일.

이지영, 〈'BTS 메시지와 현대미술의 만남'… 아미가 자체 기획한 특별전 열린다〉, 《중앙일보》, 2022년 6월 20일.

김아름, 〈현대 미술로까지 뻗어 나간 BTS〉, 《GQ》, 2020년 9월 28일.

조유빈, 〈나이키는 Z세대를 어떻게 파고들었나〉, 《시사저널》, 2022년 8월 3일.

이하린, 〈홍대 가면 전부 이 옷… 'Y2K 패션' 가을에도 이어진다〉, 《매일경제》, 2022년 8월 16일.

정희원, 〈편안하게 입고, 멋스러움 더하고… '어댑티브 패션' 주목하는 업계〉, 《세계비즈》, 2021년 4월 20일.

김민정, 〈편견 때문에 못 봤던 500조 시장… '우영우'들 품는 포용의 패션 [비크닉]〉, 《중앙일보》, 2022년 8월 6일.

신찬옥, 〈"똑같은 여행지 지겹다"… 2030이 부산보다 많이 찾은 이곳은〉, 《매일경제》, 2022년 8월 28일.

한영훈, 〈[빅데이터 분석] 여름 휴가 해외 이용객 늘었지만, 여전히 '코로나' 이전 절반 수준〉, 《아주경제》, 2022년 9월 1일.

김예진, 〈'결정적 4대 장면'으로 본 키아프 · 프리즈 결산〉, 《세계일보》, 2022년 9월 5일.

전성민, 〈'프리즈 서울', 첫 1조 원 시장 바라보는 한국서 흥행〉, 《아주경제》, 2022년 9월 6일.

2022년 7월 경매동향보고서, 2022.8, 지지옥션

2022년 8월 경매동향보고서, 2022.9, 지지옥션

FRIEZE, https://www.frieze.com.

Kiaf SEOUL, https://kiaf.org.

Jennifer Machin, 〈The World's First-Ever Nike Style Store Opens in South Korea〉, 《hypebae.com》, 2022. 7. 15.

https://hypebae.com/2022/7/nike-style-worlds-first-ever-store-opens-seoul-south-korea-retail.

Sebastian Bugeja-Drinkell, 〈Seoul's Nike Style is Both a Retail Space and Creative Studio〉, 《SNEAKER FREAKER》, 2022. 7. 15.

https://www.sneakerfreaker.com/news/seouls-nike-style-retail-space-creative-studio.

Jeffery M. Jones, 〈LGBT Identification Rises to 5.6% in Latest U.S. Estimate〉, 《Gallup》, 2021. 2. 24.

https://news.gallup.com/poll/329708/lgbt-identification-rises-latest-estimate.aspx.

https://trends.google.co.kr.

statista, https://www.statista.com.

김용섭, 《결국 Z세대가 세상을 지배한다》, 퍼블리온, 2021. 8.

김용섭,《라이프 트렌드 2016: 그들의 은밀한 취향》, 부키, 2015. 11.

김용섭,《라이프 트렌드 2020: 느슨한 연대 Weak Ties》, 부키, 2019. 10.